# 10%
## 적은
# 민주주의

# 10%
# 적은
## 10% LESS
## DEMOCRACY
# 민주주의

가렛 존스 지음 | 김정호 추천 | 임상훈 옮김

21세기북스

엄격한 의미에서 진정한 민주주의는 존재한 적이 없고,
앞으로도 존재하지 않을 것이다.

_ 장 자크 루소

# 민주주의에 대한 불경한 의문

김정호(서강대학교 경제대학원 겸임교수)

우리에게 민주주의는 신성한 존재다. 민주주의가 과연 얼마나 필요한지를 반문한다는 것 자체가 불경하다. 하지만 민주주의가 신성할 이유는 없다. 200년 전까지만 해도 왕은 신성한 존재였고, '왕이 왜 필요한가'라는 의문을 품는 것은 죽어 마땅한 일이었다. 왕이 신성하다는 인식이 고정관념이었듯이, 민주주의를 그렇게 받아들이는 것 역시 고정관념일 수 있다.

이 책은 민주주의에 의문을 제기한다. 세상의 일 중에는 민주적으로 대중의 뜻에 따르는 것보다 전문가에게 맡기는 것이 좋은 경우도 많음을 보여준다. 대표적인 사례로 미국의 연방준비제도와 법원을 든다. 연방준비제도, 즉 미국의 중앙은행은 미국은 물론 세계의 경제를 좌우하는 결정을 내린다. 그렇게 중요한 결정이라면 당연히 민주적 절차를 따를 만한데도 여기에 대중의 의견이 끼어들 자리는 없다. 전문가들끼리 잘 알 수도 없는 말로 토론하고 결정을 한다. 대중의 뜻에 따르지 않는다는 측면에서 민주주의보다는 독재에 가깝다. 하지만 그럭저럭 잘하고 있다는 평가를 받는다.

사실 대중이 금융시장과 통화정책에 대해서 얼마나 알겠는가. 모르는 것이 당연하다. 그런 상황에서 민주주의가 좋다며 통화정책을 대중의 뜻에 따라 결정한다면 재앙을 자초하기 십상이다.

법원 역시 민주주의를 따르지 않는다. 법원이 민주화되는 것만큼 위험한 일은 없다. 법관이 법이 아니라 대중의 뜻에 따라 판결한다면, 그 재판은 인민재판이 되고 법은 사라져버린다.

이건 우리의 경우도 마찬가지다. 한국은행 총재와 금융통화위원들을 국회의원처럼 민주적으로 선출하면 어떨까. 현재 이들은 전문가들 중에서 대통령의 임명에 의해 선출된다. 분명 민주적이기보다는 독재에 가까운 제도다. 그런데도 그럭저럭 잘 돌아간다. 어쩌면 민주적 절차에 의해 선출된 국회보다는 한국은행이 국민경제에 더 많은 이익을 가져다줄 가능성이 높다.

그렇다고 저자가 민주주의 혐오론자라고 오해는 마시라. 민주주의는 인류를 대량 아사에 빠뜨리거나 대량학살로 몰아넣은 적이 없다. 그런 것은 모두 독재의 결과물이다. 그런 의미에서 저자는 민주주의를 옹호한다고 말한다. 다만《10% 적은 민주주의》라는 제목처럼 모든 것을 대중의 뜻에 맡기는 것이 능사가 아님을 역설한다.

　저자는 이런 자신의 주장을 풍부한 사례와 연구 결과를 들어가며 풀어나가고 있다. 쉽지 않은 내용인데도 흥미롭게 잘 쓰였을 뿐만 아니라 번역도 정확하여 경제나 정치에 대한 지식이 없는 이들이라도 쉽게 읽을 만한다. 민주주의 과잉 시대를 살고 있는 한국의 독자들에게 일독을 권한다.

# 약간 적은 민주주의의 지혜

캠퍼스 경찰로부터 전화를 받는 순간 이 책을 쓸 수밖에 없겠구나 하는 생각이 들었다.

2015년 봄 나는 내가 가르치는 대학의 학생들 모임에서 짧은 강연을 했다. 학생 신문 〈제4권력〉의 기자 나탈리 슐호프Natalie Schulhof가 나의 강연을 취재한 후 '10퍼센트 적은 민주주의'라는 제목으로 기사를 실었다. 이 책의 주제를 언급한 것은 그 모임이 처음이었다. 내가 하고 싶었던 말은 부유한 민주주의 국가에서 유권자들이 정부에 관여하는 민주주의의 정도가 다소 지나치지 않는가 하는 것이다. 나는 유권자들과 더불어 선출 공직자들을 권력의 지렛대에서 조금만 더 멀리 떨어뜨려놓을 수 있다면 상황이 훨씬 나아지리라고 생각한다. 정부의 내부자들이 좀 더 많은 역할을 담당하도록 만들자. 굳이 정부 내부자들이 완벽한 사람들이어야만 10퍼센트 적은 민주주의를 통해 상황을 개선할 수 있는 것은 아니다. 그저 유권자들보다 조금 더 낫기만 하면 된다.[1] 이것이 나의 생각이었다.

강연 일주일 후 슐호프의 기사가 나왔다. 소수의 학생들 앞에 서 있는 나의 사진과 함께 실린 그 기사는 매우 정확하고 완벽했다. 기사에는 "조지메이슨 대학교의 경제학과 부교수 가렛 존스는 미국은 민주주의를 줄여야 한다고 … 더 적은 민주주의를 통해 더 나은 거버넌스(국가 경영)를 확보할 수 있을 것이라고 말했다"라고 적혀 있었다.

하지만 지금 우리가 살고 있는 새로운 소셜미디어의 세상에서 꼼꼼하고 정확한 이 기사의 세부적인 내용 하나하나까지 글자 그대로 온라인상에서 유통되지 않았다. 이데올로기적으로 경도된 웹사이트들이 〈제4권력〉에 실린 기사를 독설과 터무니없는 억측으로 왜곡하는 글을 포스팅하며 논란은 걷잡을 수 없이 번져나갔다. 그나마 마음에 들었던 글은 너무나 터무니없어서 오히려 마음에 들었던 저널리스트이자 음악가인 벤 노튼Ben Norton의 글이었다. 그는 나의 간단한 제안에 대해 비난을 퍼부은 다음 이렇게 결론지었다. "존스는 여러모로 그가 열심히 찬미하고 있는 자본주의 체제 전체를 상징하고 있는 인물이다. 그가 자신과 같은 경제적 종파의 신도들과 다른 점이 있다면, 다른 부르주아 경제학자들이 마음속으로만 생각하며 감히 공개적으로 이야기할 수 없었던 것들을 아무 부끄러움 없이 꺼내놓은 뻔뻔함일 것이다."[2]

내가 부끄러움을 모르는 철면피이고, 그렇게 대단한 것을 상징하는 인물이라니 기쁘기 그지없을 따름이다! 하지만 아쉽게도 내가 제시했던 방안들이 노튼에게는 그다지 기분 나쁘지 않았던 모양이다. 그래서인지 그는 내가 하지도 않았던 제안들을 제시했다고 하며, 나로서는 열렬히 반대하고, 감히 여기에 다시 옮겨놓기도 싫은 역겨운 아이디어들에 대해 "이 신자유주의 경제학자가 은밀히 마음에 품고 있는 생각이 아닌지 궁금하다"라고 했다.

이데올로기에 경도된 웹사이트에서 내 이야기에 대한 글을 포스팅한 후 나의 이메일함과 트위터 계정은 온통 혐오의 글로 도배되었다. 물론 나는 내 생각에 대한 반론을 환영한다. 열정적인 반론은 건강한 논쟁의 일부이기 때문이다. 하지만 잠시 동안 나는 인터넷상에서 막말로 점철된 분노의 대상이 되었다는 생각밖에는 들지 않았다. (지금도 그렇다!) 캠퍼스 경찰에게서 온 전화가 그러한 경험의 정점이었다. 조지메이슨 대학교에서 10여 년을 봉직하고 있지만, 그런 전화를 받은 것은 그때가 처음이자 마지막이었다. 경찰이 남긴 음성 메시지를 듣고 나는 바로 전화를 했다. 경찰은 누군가 학교 대표전화에 나를 비난하는 분노에 찬 음성 메시지를 남겨놓았다고 했다. 그리고 신중한 어조로 최근에 누군가를 화나게 한 일이 있냐고 물었다.

그 순간 어떤 생각이 번뜩 떠올랐고, 그 생각이 바로 이 책이 되었다. 음성 메시지를 남겨준 그 미지의 인물에게 진심으로 감사하며 이 책을 그 분에게 바치고 싶다.

## 상원의원들의 행동이 바뀐 이유

2002년 여름부터 한 해 동안에 나는 유타주 상원의원인 오린 해치Orin Hatch의 경제정책 고문 겸 법률 보좌관으로 근무했다. 그는 훌륭한 상관이었다. 직원들을 괴롭히고, 고함을 지르고, 짜증을 내고, 별것 아닌 이유로 사무실 전체에 분통을 터뜨리는 상원의원들에 대한 이야기는 국회의사당 주변에 차고 넘친다. 하지만 해치 의원은 유쾌하고, 언제나 차분하며, 주변 모든 사람에게 친절했다. 그에게는 소탈한 매력이 있었지만 그보다 훨씬 더 중요한 것은 지금은 찾아보기 힘든 품위를 갖춘 사람이었다는 점이다. 그는 특히 고故 테드 케네디 의원을 좋아했다(이들은 실제로 자주 만났다. 때로는 내 사무실 바로 밖에서 만나기도 했다). 두 사람이 만날 때면 다른 정치인들처럼 형식적으로 어깨만 살짝 대고 마는 것이 아니라 진심으로 꼭 껴안곤 했다.[3]

의회의 기준에서 볼 때 내가 강력하거나 영향력 있는 직원은 아니었겠지만, 나는 한 해 동안 현실 세계의 정치에 대해 많은 것을 배웠다. 관찰을 통해 배웠고, 특히 많은 이야기를 경청하려 했다. 이밖에도 의회에서 2004년 여름에는 합동경제위원회의 상원 쪽에서 일을 했고, 그보다 먼저 1995년에는 6개월 동안에 해치 상원의원의 사무실에서 인턴으로 근무했다. 깅리치 혁명이 막 시작되던 때여서 많은 것을 볼 수 있었다. 아마 평생 가도 그 당시에 겪었던 모든 이야기를 다 풀어놓을 수 없을 것이다.

경험을 통해 내가 깨달았던 가장 중요한 사실은 선거가 가까워지면 상원의원들의 행동이 그전과 완전히 달라진다는 것이었다. 미국 상원의원의 임기는 6년이다. 상원의원들은 세 그룹으로 나뉘며, 2년마다 한 그룹씩 선거를 치른다. 상원의원의 보좌관들은 어떤 의원들이 '선거 사이클에 들어섰는지', 다시 말해 선거가 2년 밖에 남지 않았는지에 촉각을 곤두세운다. 지금은 은퇴한 미드웨스트 출신의 중진 상원의원의 보좌관이 지나치는 말로 이야기했던 내용이 기억난다. 16년 전의 기억이지만 대충 "지난 4년간은 정당의 비위에 맞춰서 투표를 했지만, 이제 선거 시기에 들어갔으니 선거에서 이기기 위해서 다시 중도 노선으로 돌아서겠지" 정도의 말이었다.

그렇다. 선거가 다가올수록 상원의원들의 행동이 이전과 달라지는 것은 명백하다. 하지만 유권자들이 쉽게 속일 수 있는 사람들이라면, 텔레비전 광고와 몇 번의 악수만 가지고도 마음대로 조종할 수 있는 꼭두각시에 불과하다면, 아무리 선거가 임박하더라도 상원의원들은 그저 겉으로만 바뀐 척하는 것으로도 충분하다.

선거구에 좀 더 자주 내려가고, 출신 지역 텔레비전과 더 빈번하게 인터뷰를 하고, 휘날리는 깃발을 배경으로 미소 짓고 있는 상원의원의 가족들이 등장하는 광고가 늘어나는 것이 선거가 다가왔음을 알려 주는 유일한 지표가 될 것이다. 이것은 피상적인 변화이며, 실질적인 변화라고 할 수 없다. 하지만 상원에서 나는 그보다 더 커다란 변화를 목격했다. 상원의원들은 이전과는 다르게 표결하고, 다른 유형의 법안을 만들고, 행정수도에서 하는 활동이 선거구에 어떻게 전달될지를 궁금해하며 걱정했다. 상원의원들은 유권자들이 최근 과거에 대해 관심을 두고 있다고 믿고 행동하는 듯했다. 여기서 '최근'이라는 말이 중요하다.

긴 임기의 장점을 알게 되며 어떤 교훈을 얻었냐고 묻는다면 다음과 같이 말할 수 있다. 우선  정치인이 담대하기를 원한다면, 선거가 있는 해에는 많은 기대를 접어라. 그리고 당신이 지지하는 정치인이 더 담대해지기를 바란다면 선거가 임박하길 기다려라.

## 비민주적인 것과 독립적인 것

나는 금융경제학을 전공했다. 처음에는 미국의 중앙은행이라 할 수 있는 연방준비제도가 미국 경제에 영향을 행사하는 다양한 방식에 대해 연구했다. 예를 들어 느슨한 금융정책을 펼 것인가 긴

축 금융정책을 펼 것인가, 국채를 팔 것인가 살 것인가와 같은 금융정책의 변화가 이자율, 고용, 전체 경제 활동에 어떤 영향을 미치는지에 대한 연구였다. 금융경제학에서는 어떤 정부가 오늘 취하는 조치가 내일 민간 영역을 어떻게 만들까에 대한 연구를 흔히 찾아볼 수 있다. 금융경제학자들은 여기에서 한 걸음 더 나아가 어떤 종류의 정부가 통치하고 있는지, 어떤 종류의 정부 관료들이 좀 더 훌륭한 정책을 펼치는지에 대해 질문을 한다. '무엇이 올바른 선택인가?'를 넘어 '누가 더 나은 선택을 하는가?'라는 질문을 던지는 것이다.

경제학자들은 좋은 결과물을 보면 너무나 기뻐하며 인과관계의 사슬을 추적하려 든다. 사람들을 건강하게 만드는 방법을 찾는 의사들의 접근방식과 비슷하다고 할 수 있다. 의사들은 먼저 질병을 치료하는 방법을 찾으려 한다. 그다음에는 질병을 예방하는 방법을 찾고, 결국은 예방접종을 권장하고, 안심하고 먹어도 좋은 물을 보장하는 훌륭한 공공 건강 프로그램까지 추구하게 된다. 다시 말해 근본 원인을 찾다 보면 예기치 않았던 방향으로 나아갈 수도 있다.

부유한 국가의 정부가 금융정책을 운용하는 기준은 각기 다르다. 금본위제, 고정환율제, 물가 안정이라는 막연한 약속 등이다. 이러한 정책을 집행하는 관료도 다양하다. 임용된 판사처럼 민주주의와 별 관련이 없이 임기가 보장되는 사람이 있는 반면, 수상을 위해 일하며 언제라도 해고당할 수도 있는 사람도 있다. 금융경제학자들은 어떤 정부와 정부 관료들이 경제적 성공이나 비극을 예측하는지 들여다보기 시작하면서 하나의 반복적인 패턴을 찾아냈다. 한 나라의 중앙은행이 정치에서 '독립적'일수록 일반적으로 더 나은 결과가 도출된다는 것이다. 여기서 '독립적'이라는 말에 주목할 필요가 있다. 이 분야의 연구를 가리켜 '중앙은행의 독립성' 연구라고 한다. 하지만 이는 돌려 말하는 것이다. 훌륭한 중앙은행은 독립적이다. 누구로부터 독립적인가? 대체로 유권자들로부터 독립적이다.

중앙은행의 독립성의 가치에서 배운 교훈이 무엇이냐고 묻는다면 다음과 같이 답할 수 있다. 우선 유권자들과는 거리를 두고 있는 익명의 관료들에 의해 결정되고 집행되는 정책이 좋은 정책이다. 그리고 판사, 중앙은행의 간부, 무역 사무관 등 익명의 관료에 의해 정책이 결정되고 집행되기를 바란다면, 과두적oligarchic이거나 비민주적 관료가 책임을 맡아야 한다고 말하지 말아야 한다. 그냥 '독립적인' 관료를 원한다고 말하라. 그 편이 훨씬 더 듣기 좋다.

## 지식을 갖춘 유권자의 가치

지난 10여 년 동안 나는 우리의 삶을 향상하기 위해서는 똑똑한 이웃이 있어야 한다는 주제에 대해 연구했다. 나의 첫 저서《하이

브 마인드: 당신의 IQ보다 나라 전체의 IQ가 더 중요한 이유》는
이 계통의 연구들을 모아놓은 책이다. 연구를 통해서 나는 인간 두
뇌의 작동 방식, 지능검사의 가치, 심리학자들의 이야기는 재미있
으면서도 유익하다는 사실을 알게 되었다.

이 책은 나의 첫 책의 내용과는 직접적으로 아무런 관련이 없다.
하지만 내가 그 경험을 통해 배웠던 교훈은 이 책의 내용과도 관
련이 있다. 그것은 유권자의 역량은 한 나라를 부강하게 만드는 데
중요한 요소라는 것이다. 진부한 이야기지만 사실이다. 지식을 갖
춘 유권자informed voter는 좋은 정부를 만드는 데 반드시 필요하다.
바클리즈 및 여러 기업 이사회에 자문을 하고 있는 경제학자 담비
사 모요Dambisa Moyo와 조지타운 대학교의 철학자 제이슨 브레넌
Jason Brennan을 포함한 많은 사상가들이 현대 민주주의라는 환경에
서 지식을 갖춘 유권자들에게 더 많은 가중치를 줄 수 있는 방법을
모색하고 있다.

어떠한 일이 있더라도 '1인 1표'를 보장해야 한다는 주장에는 나
름대로의 편익과 비용이 있다. 21세기에 들어선 지금 비용이 대단
히 크다는 것을 잘 보여주는 충분한 데이터가 축적되어 있다. 지식
을 갖춘 유권자와 지식이 부족한 유권자 모두가 민주주의에 중요
하다는 주장에 드는 비용은 너무도 심각하여, 약간이라도 더 많은
지식을 갖춘 유권자에게 가중치를 부여하는 창의적인 방법을 찾
아야 할 때가 왔다.

이 책에서 가장 논란이 될 만한 주장이다. 지식을 갖춘 유권자들에게 좀 더 가중치를 주는 것이 편익에 비해 비용이 훨씬 크다고 결론짓는다면, 내가 제시하는 제안을 거절해주길 진심으로 바란다. 하지만 바라건대 시간을 들여 이 책에서 제시한 근거들을 살펴보라. 지식을 갖춘 유권자들에게 더 많은 가중치를 부여하는 것이 당신의 국가에는 이익이 되지 않을지 몰라도 이웃 나라에는 합리적인 선택이 될 수도 있다.

지식을 갖춘 유권자의 가치에 대해 생각하며 얻은 교훈은 다음과 같다.

- 부유한 민주주의 국가들은 지식을 갖춘 유권자에게 이미 사실상 더 많은 가중치를 부여하고 있다. 교육을 많이 받은 사람일수록 투표율이 높다는 사실은 잘 알려져 있다. 핵심적인 문제는 과연 이들의 영향력을 약간 더 상향시키는 것이 현명한 일인가이다.
- 선거제도 개혁이라는 주제에 대해 사람들이 진지하게 생각해보기를 원한다면, 이 문제에 대해 추상적으로 생각해보거나 자신의 나라가 아닌 다른 나라가 이런 개혁을 하는 게 좋을지 생각해보라고 하는 편이 낫다. 약간의 거리를 두어야만 객관성이 확보될 수 있는 법이다.

# 효율적 민주주의를 위한 제안

경제학자들은 사회과학의 난제들을 너무도 쉽게 가정해버리는 것으로 악명이 높다. 사람들이 완벽하게 합리적이라고 가정한다든지, 우리 앞에 놓인 정부 데이터가 충분히 정확해서 유용할 것이라고 가정해버리는 것이 대표적이다. 경제학자들은 이를 가지고 서로를 놀려대기도 한다. 경제학자들 사이에 오래된 농담이 있다.

물리학, 화학, 경제학을 가르치는 세 명의 교수가 무인도에 갇혔다. 절망적인 상황에서 통조림 음식으로 가득 찬 상자 하나가 해변에 떠밀려왔다. 상자에는 강낭콩, 시금치, 치킨, 감자 등 없는 게 없었다. 하지만 통조림을 딸 만한 도구가 없었다. 그래서 세 명의 교수는 각자 깡통을 따는 방법을 제시했다.

먼저 물리학자가 말했다. "야자나무에 올라가 충분한 높이에서 이 깡통들을 바위에 떨어뜨리면, 깡통이 터지며 내용물을 먹을 수 있을 거야."

그러자 화학자가 이야기했다. "깡통을 터뜨리는 것은 좋은 방법이 아니야. 그러지 말고 야자나무 잎을 말리고, 조개껍질을 갈아 그 위에 올리고, 바다 소금을 섞어 산성이 강한 반죽을 만들자고. 반죽을 뚜껑에 덮고, 햇볕 아래 며칠만 놓아두면, 반죽이 깡통을 녹여 내용물을 먹을 수 있게 될 거야."

마지막으로 경제학자의 차례였다. "깡통따개가 있다고 가정하지."

인생의 쓴맛을 체험할 때에도 경제학자들은 그 쓴맛을 달콤하게 바꾸는 충분한 설탕과 물을 가지고 있다고 가정하는 것으로 유명하다. 때로는 이것이 경제학에 대한 정당한 비판이라는 생각도 든다. 하지만 다른 분야의 연구에도 마찬가지로 적용될 수 있는 비판이라고 생각한다. 다만 경제학자들이 터무니없는 가정을 하는 것으로 더 악명이 높은 이유가 있다면 경제학에서는 그 터무니없는 가정이 눈에 더 잘 띄기 때문이다. 경제학에서 사용하는 수학은 유쾌한 부작용을 낳는다. 흔히 (사실은 '대체로'라고 말하고 싶다) 수학 때문에 형편없는 추론을 감추기가 더욱 어려워지고 있다. 똑똑하고 지식을 갖춘 사람에게 얼버무리는 말을 하고 싶다면, 수학보다는 전문용어가 훨씬 효과적이다.

하지만 나는 얼버무리고 싶지 않다. 나의 주장을 당연한 것으로 가정하고 싶지도 않다. 내가 주장하는 정치 개혁은 현실 세계에서 작동할 수 있어야 한다. 민주주의를 교양 있고 객관적인 기술자들로 대체하는 '깡통따개를 가정'하고 싶지 않다. 나는 유권자들에 의한 지배를 완벽하게 지혜로운 사람들에 의한 지배로 대체하는 능력중심주의meritocracy라는 깡통따개를 가정하지 않는다. 그 대신 나는 미래의 정치 개혁이 과거의 정치 개혁들처럼 잘 작동하리라고 가정한다. 나는 '정상적인 변동 범위 내에서', 다시 말해 실제 세계 안에서 생각하고 개혁을 제시할 것이다.

삶에서는 흔히 트레이드오프trade-off가 일어나서, 불완전한 선택을 하며 다른 것을 포기해야 한다. 이 책에서 나는 독자들을 설득할 것이다. 당신의 국가가 내가 제시하는 정치 개혁을 법제화하여 민주주의를 축소하는 개혁을 통해 평균 시민들로부터 국가에 대한 통제력을 조금 빼앗을 수 있다면, 그 개혁 후 당신의 국가가 그런 개혁이 없었을 때에 비해 훨씬 더 나은 상태가 될 것이다. 이 책을 통해 각각의 개혁의 가치에 대해 독자들을 설득할 수 있을지는 모르지만, 아주 잠깐 마음속으로만 공감하더라도 약간 적은 민주주의라는 지혜가 가져다주는 커다란 즐거움을 발견하고 놀라워할 것이다.

## Chapter 1

# 민주주의의 경제학

♦

민주주의적 평화에 대한 가장 심각한 도전은 민주주의와 평화 양
쪽 모두가 좀 더 근본적인 사회 변화의 결과물이라고 말하는 주
장이다. 이러한 사회 변화는 대체로 사회경제적 발전과 관련되어
있다.

_ 호바르 헤그리

민주주의가 위대한 이유 중 하나는 국민들이 기근으로 죽어가
도록 방치하지 않는다는 것이다. 20세기 들어 굶주림과 기근으로
인구가 급속하게 줄어든 나라는 모두 민주주의가 제대로 작동하
지 않는 나라였다. 독재국가이거나 다른 나라의 식민지인 경우가
많았다. 민주주의 정부를 가지고 있는 경우도 있었지만, 그런 경우
대부분 시민들에게 간단한 서비스를 제공하는 것조차 부담스러워
하는 허울뿐인 민주주의였다. 한 세기 이상 시민들이 정부 지도자
를 선출하는 권리를 갖고 정부가 제대로 작동해온 나라에서 굶주
림으로 많은 사람이 죽어간 적은 없다.

노벨 경제학상을 수상한 경제학자 아마르티아 센Amartya Sen은
이러한 취지에서 대담한 주장을 펼치고 있다. 그중에서 가장 유

10% 적은
민주주의

명하고 강력한 주장은 1999년에 발표한 저서 《자유로서의 발전 Development as Freedom》에서 찾아볼 수 있다. 그는 이 책에서 "세계사를 돌아볼 때 민주주의가 제대로 작동하고 있는 나라에서는 단 한 번도 기근이 일어난 적이 없다"라고 말했다.[1] 많은 연구자들이 센의 주장을 반박하려 애썼지만 모두 실패만 거듭했다. 물론 기근과 민주주의가 단순한 상관관계에 있다고 생각하는 사람도 있다. 번영이나 낮은 부패율과 같은 다른 요소들 때문에 나타나는 반복적인 패턴에 불과하다는 생각이다.

센이 사용했던 하나의 기준을 살펴보자. 어떤 나라가 민주주의가 되기 직전과 민주주의가 된 직후에 어떤 일이 벌어졌는지를 비교해보는 것이다. 인도의 마지막 기근이었던 벵골 대기근은 1943년에 일어났다. 인도는 1947년 영국으로부터 독립했다. 영국의 통치가 끝나던 당시 인도는 여전히 가난한 나라였고 정부에는 부패가 만연해 있었다. 하지만 기근으로 많은 사람들이 굶어죽는 일은 그 이후 단 한 번도 없었다. 이렇게 판단할 때 식민지에서 민주주의로 정부 유형이 바뀐 것이 많은 사람들이 생명을 구할 수 있었던 가장 중요한 이유로 보일 수도 있다.

민주주의가 기근을 막는다는 주장은 민주주의를 지지하는 강력한 근거이자 내가 믿고 있는 바이기도 하다. 이 주장과 늘 나란히 등장하는 주장도 있다. 민주주의는 유권자인 시민을 대량학살하지 않는다는 주장으로, 이 역시 100년도 넘는 실제적인 근거를 가지고 있다. 실제로 민주주의 내에서 정부 주도로 벌어지는 학살을 찾아보기 힘들다. 뉴욕 대학교의 경제학자 윌리엄 이스털리William Easterly는 1820년에서 1998년까지 전 세계에서 이 주장과 관련된 자료를 모아 새로운 데이터베이스를 구축했다. 이 작업을 통해 그가 발견한 가장 중요한 사실은 "일반적으로 고도화된 민주주의를 파악할 수 있는 하나의 지표는 대량학살을 회피하려는 경향이다. 민주주의 국가 중 상위 4분의 1의 국가에서 벌어진 학살은 전체의 0.1퍼센트밖에 되지 않는다"는 것이었다.[2] 이 책은 이미 가장 높은 수준의 민주주의에 가까이 있는 국가들을 대상으로 하고 있으므로 내가 제안하는 모든 개혁을 다 받아들이더라도 이 나라들은 여전히 상위 25퍼센트에 위치할 것이고 따라서 광범위한 대량학살의 위험으로부터 안전할 수 있을 것이다.

물론 민주주의 국가에서는 기근이 없다는 주장과 마찬가지로, 민주주의 국가에서 대량학살이 발생하지 않는다는 주장을 뒷받침하는 연구를 하는 데에도 수많은 주의사항과 조건이 있다. 예컨대 기근의 경우에는 반복적으로 제기되는 질문이 있다. 어느 정도의 기간 동안 얼마나 많은 사람들이 굶주림으로 사망해야 기근이라고 정의할 수 있는가 하는 문제다. 하지만 전반적인 메시지는 이러한 질문과 큰 관계없이 강력하다. 민주주의는 국민들이 단기간에 광범위하게 사망할 위험을 상당히 감소시키며, 다른 유형의 정부에 비해 정부가 주도하는 대량학살의 위험도 압도적으로 줄어든다.

따라서 어느 정도 수준의 민주주의는 진정한 생명 구조 장치라고 할 수 있다. 하지만 생명을 구해주는 편익을 얻기 위해서 어느 정도의 민주주의가 필요한 걸까? 사실을 말하자면, 아주 높은 수준의 민주주의가 필요하지는 않다. 이스털리는 전 세계적인 기준으로 상위 25퍼센트에 속하는 민주주의만으로도 정부 주도로 일어나는 학살의 99.9퍼센트는 예방할 수 있다고 말했다.

센도 기근을 피하기 위해서라면 여러 정당들이 진정한 경쟁을 펼칠 수 있는 선거를 보장하는 정부만 있으면 된다고 했다. 다시 말해 정당들이 대중 앞에서 자신들의 주장을 펼칠 수 있고, 개표의 공정성이 보장되는 것으로도 충분하다. 센은 여기에 언론이 어느 정도는 자유로워야 한다고 덧붙였다. 다시 말해 어딘가에서 굶주리는 사람들이 있다고 보도할 정도의 자유는 있어야 한다는 의미다. 센이 보기에는 선거에서의 경쟁과 언론의 자유만으로도 기근을 예방하기에 충분하다.

이 책에서 내가 제시하는 개혁 방안이 이 최소한의 조건을 훼손하지 않을 것이다. 앞으로 논의를 전개해나가며 나는 유권자의 권한을 줄이는 몇 가지 방법을 제시할 것이다. 예를 들어 정치인의 임기를 늘리고, 국채보유자들에게 국가를 운영하는 공식적인 역할을 부여하며, 독립적인 정부기관에 더 많은 권한을 부여하자는 등의 주장이다. 하지만 이러한 개혁 중 어느 것도 선거를 통한 경쟁과 언론의 자유를 훼손하지는 않을 것이다.

## 민주주의는 사치품인가?

비민주주의 국가에 비해 민주주의 국가가 더 부유하다는 것을 근거로 민주주의를 지지한다고 말하는 사람들도 있다. 데이터의 패턴으로 볼 때, 한 국가의 민주주의와 경제적 수준은 기본적인 상관관계에 있는 것이 사실이다. 하지만 민주주의가 기근의 발생을 막아준다는 센의 주장과 마찬가지로 이 관계에 대해서도 다른 설명이 가능하지 않은지 살펴볼 필요가 있다. 민주주의는 번영을 보장하는가? 시민들의 발언권을 보장하는 것이 정부가 파이를 빠르게 확대하는 데 도움이 되는가? 혹은 경제적 번영이 독재나 왕정을 민주주의로 전환시키는 조건을 만들어내는 것일까? 이 주장은 위대한 사회학자 시모어 마틴 립셋Seymour Martin Lipset의 이름을 따서 '립셋 가설Lipset Hypothesis'이라고 부른다.

1959년 립셋은 국가가 부유해질수록 더 많은 중간계급이 생겨나고, 중간계급은 자연스럽게 정치적으로 조직화하여 정부를 압박함으로써 자신들의 요구에 귀 기울이게 만든다고 주장했다. 그는 다음과 같이 간결하게 자신의 견해를 요약했다. "한 나라가 부강해질수록 그 나라가 민주주의화될 가능성은 더욱 커진다."[3] 경제학자라면 립셋의 이야기를 다음과 같이 바꾸어 말할 수도 있을 것이다. 민주주의는 사치품이다. 한 나라에서 사람들이 부유해질수록 사치품을 구매할 가능성이 높아진다.

조금 시간을 들여 사회과학자들이 민주주의와 경제적 성장 사이의 관계를 설명하는 이론들을 어떻게 검증했는지 알아보자. 예를 들어 어떤 나라가 민주주의로 전환한 지 몇 년 이내에 경제가 빠르게 성장했는지, 아니면 더디게 성장했는지 살펴보는 것이다. 민주주의가 기근을 없앤다는 센의 주장만큼, 앞의 주장에서도 민주주의를 찬성할 만한 근거를 찾을 수 있을까? 그렇지 않다. 전반적으로 볼 때 민주주의를 받아들인 나라들은 그 전에 비해 더 빠르게 (혹은 더 더디게) 성장하지 않는다. 따라서 이런 식의 전후before-and-after 비교 검증은 민주주의가 경제적 번영을 가져온다는 주장에 별 도움이 되지 않는다.

하지만 검증을 위해 이 방법만 사용한 것은 아니다. 다양한 기준에서 봤을 때 출발점이 흡사했던 나라들, 예를 들어 적도에서부터 거리가 비슷하고 부의 정도도 유사하며 교육 수준도 비슷한 나라들을 비교하며 이들 중에 좀 더 민주적인 국가들이 다른 나라에 비해 그 후 몇 십 년에 걸쳐 좀 더 빠르게 성장했는지 살펴보는 방법도 있었다. 이 방법은 다변량 회귀 분석multivariate regression analysis이라고 알려져 있다. 민주주의 국가가 민주주의라는 정치제도를 제외하면 다를 바가 없는 비민주주의 국가들에 비해 더 빠르게 성장하는지를 살펴본 통계는 수도 없이 많다. 이 문헌들은 명쾌한 해답을 제시하고 있다. 대답은 알 수 없다는 것이다. 민주주의의 성장이 경제 성장을 담보하는지, 경제를 둔화시키는지, 경제에 아무런 영향을 미치지 못하는지에 대해서 전문적인 수준의 합의란 없다. 텍사스 대학교 어스틴 캠퍼스의 교수 존 게링John Gerring은 다른 학자들과 함께 2005년을 기준으로 민주주의에 대한 전후 근거 검증과 다변량 회귀적 분석을 통해 얻은 자료를 모두를 검토한 후 다음과 같은 결론을 내렸다. "민주주의가 지난 50년 동안 전 세계적으로 경제 성장에 미친 효과는 아예 없거나 혹은 부정적이다."[4]

다시 말해 민주주의는 경제에 실제로 좋지 않을 수도 있다는 것이다. 실제로 민주주의는 사치품처럼 경제에 부정적인 영향을 미치거나, 경제에 아무런 영향을 미치지 못할 수 있다. 하지만 게링은 이 근거를 민주주의가 경제에 아무런 도움이 안 된다고 주장하기는 힘들다는 정도로 해석하고 있다. 민주주의와 경제적 번영은 인과관계가 아니다. 그러나 역사적 패턴에 대한 사례 중심적 연구를 통해 민주주의가 경제 성장을 가져온다는 좀 더 낙관적인 이야기를 들을 수 있지 않을까? 하지만 그렇지도 않다. "대체로 이 문제에 대한 사례 연구 접근 방식은 국가별 성장을 비교했던 결과가 옳다는 것을 확인해주었을 따름이다."[5]

저명한 MIT의 경제학자 대런 애쓰모글루Daron Acemoglu가 공저자로 참여한 〈민주주의는 성장을 낳는다〉라는 논문은 지금도 널리 회자되고 있는데, 제목만으로도 그 내용을 충분히 짐작할 수 있다.[6] 다른 많은 논문들처럼 이 논문도 전 세계 많은 나라에서 수많은 근거를 망라하여, 사례 중심으로 살펴보기보다는 통계적으로 분석했다. 하지만 이 논문에서 이용하고 있는 민주주의에 대한 척도는 놀라울 정도로 조잡하다. 아주 간단하게 이것 아니면 저것이라는 식의 이분법으로 민주주의를 분류하고 있다. 애쓰모글루가 보기에 오늘날 대부분의 사람들은 민주주의 아니면 비민주주의 사회에 살고 있다. 그 사이에는 어떤 회색 지대도 없다. 하지만 내가 앞으로 하려는 이야기의 핵심은 민주주의의 정도가 중요하다는 것으로, 바로 그 회색 지대에 대한 것이다.

## 올바른 선택이 아닌 현명한 선택

고대 민주주의를 실천에 옮겼던 것으로 알려진 아테네 민주주의는 시민들의 참여에 높은 기준치를 세웠다. 당시 민주주의란 모든 자유 시민 남성들이 정부가 고려하고 있는 모든 법안에 대해 직접 투표하는 것을 의미했다. 아테네 정부의 주요 관직은 모두 선출직이었다. 다시 말해 현대의 배심원처럼 무작위적인 선택에 의해 임명되지 않았다. 공직자는 물론 정책 역시 공개적으로 논의되었고, 공적 표결에 붙여졌다.

아테네 사람들이 현대의 '민주주의'를 보았다면 자신들의 민주주의와는 전혀 다른 것이라고 생각했을 것이다. 우리는 투표를 통해 우리를 대신하는 대표자를 뽑고, 그들은 수년에 걸쳐 중요한 정부의 결정에 참여한 다음 다시 유권자의 신임을 받는다. 하지만 아테네 시민들은 스파르타와 치열한 전쟁을 치르던 중에도 주요 군사 지도자들을 소환하는 투표를 했고, 심지어 투표를 통해 그들을 파면하기도 했다. 바로 그러한 이유로 투키디데스Thucydides도 아테네 장군직에서 해임된 후 그 유명한 《펠로폰네소스 전쟁사History of the Peloponnesian War》를 쓸 수 있었다.

아테네 민주주의를 현재로 옮겨놓는다면 아마도 스마트폰을 통해 법안에 투표해야 할 것이다. 법안이 수정될 때마다 그 수정안에 투표를 하고, 페이스북 라이브를 통해 공직자 후보에 대한 청문회를 열고, 전국 방방곡곡의 시민들이 참여하여 던지는 질문에 후보가 진땀을 흘리며 대답하고 난 후, 그 후보의 임명에 대한 투표를 하는 형태를 생각해볼 수 있다. 기술의 발달 덕분에 100퍼센트 민주주의가 거의 가능한 상황에 이르렀다.

하지만 미국 건국 초기에 뉴잉글랜드 지방에서 열렸던 소규모 모임을 제외한다면, 시민들이 정부의 모든 결정에 투표해야만 민주주의라고 생각하는 사람은 아무도 없을 것이다. 떠돌이 개 사냥꾼이 시민들에 의해 선출되지 않고 시장이 임명한다고 해서 덜 민주적인 국가라고 낙인을 찍어버리는 민주주의의 국제적인 기준은 없다. 이론적으로나 실제적으로 '민주주의'는 직접 민주주의뿐 아니라 간접 민주주의도 포함한다는 것이 당연한 사실로 받아들여지고 있다. 직접 민주주의란 정부의 모든 법안과 공직자 선출에 대해 국민투표가 이루어진다는 의미이고, 간접 민주주의란 유권자들이 서로 경쟁하는 후보자 혹은 정당 사이에서 선택을 하고, 선택받은 사람 혹은 정당이 정해진 기간 동안 실제 정부를 운영한 다음, 다시 유권자들에게 신임을 받는 제도를 말한다.

일단 '민주주의'가 광범위한 시민이 통치에 참여하는 여러 형태를 모두 포함한다는 사실만 인정하면, '어떤 유형의 민주주의가 국민들에게 가장 좋을까'라는 질문을 던질 수 있다. 여기에서 내가 민주주의란 개인의 권리를 존중하고, 어느 정도 공정한 법 체계를 가지고, 보편적 대중 교육을 제공하고, 그 밖에도 특정한 규범 혹은 정책적 결과를 포함해야만 한다고 당연히 가정하고 있지 않다는 데 주목하길 바란다. 나는 20세기 후반에 제시된 표준적인 민주주의에 대한 정의를 따르고 있다. 이 정의를 널리 알린 사람은 예일 대학교의 로버트 달Robert Dahl 교수다. 그는 민주주의의 특성을 다음과 같이 정리했다.

- (정치 과정에 대한) 효과적 참여
- 투표의 평등
- 공공의 이익과 합치되는 계몽화된 이해를 얻는 것(이는 매우 어려운 일이며, 달도 그 사실을 알고 있다.)
- 의제에 대해 최종적인 통제력을 행사하기(투표는 무의미한 의식儀式에 불과한 것이 아니다.)

- (거의 모든) 성인을 포함하기[7]

따라서 학문적인 의미에서 '민주주의'란 어떤 이상적인 정책들의 집합 혹은 이상적인 제도나 문화 규범의 집합과는 아무런 상관이 없다. 다만 유권자들이 광범위하고 실질적으로 거버넌스에 관여하고, 시민들이 인지적으로 충분히 평등한 상태에서 현명한 선택을 할 수 있다면, 그것이 바로 민주주의다. 어떤 도덕적 기준에 의한 '올바른' 선택은 필요 없다. 그저 현명한 선택이면 충분하다.

따라서 복지국가가 아니고 부패가 만연하며 소수자 집단을 차별하는 법률 체계를 가지고 있더라도 그 국가는 원칙적으로 민주주의 국가라고 할 수 있다. 실제로 이 마지막 문제, 다시 말해 민주주의가 결국 '다수의 독재'로 이어질 수 있다는 점이 많은 사람들이 오랫동안 민주주의에 대해 우려해왔던 핵심적인 문제였다. 미국 건국의 아버지들은 이 가능성에 대해 우려했던 것으로 잘 알려져 있다. 제임스 메디슨James Maidson이 집필한 〈연방주의자 논집The Federalist〉 51호(미국 헌법을 지지하는 85개의 논문 중 51호 논문으로, 연방주의 철학을 가장 잘 드러낸 것으로 알려져 있다–옮긴이)는 이 문제에 대한 당시 사람들의 생각을 잘 드러내고 있다.

이런 이유로 수세기에 걸쳐 많은 사상가들이 전면적인 민주주의에 제한을 두어야 한다는 주장을 지속적으로 해왔다. 그 방법은 문서화된 헌법일 수도 있고, 권리장전이거나 독립성을 가진 사법부일 수도 있었다. 어쨌든 듀크 대학교의 역사가 낸시 매크린Nancy MacLean의 표현을 빌자면 '민주주의에 제약'을 가하는 것이면 된다. 이 책에서 나는 현대 민주주의에 어떤 유형의 속박을 가할 때 좀 더 나은 사회적 결과를 낳을 수 있을지 고려해보려 한다.

## 민주주의와 평화의 상관관계

민주주의란 광범위한 시민이 (좋은 정책 결과를 가져오는 것과 상관 없이) 통치 과정에 관여하는 것을 의미한다. 따라서 민주주의가 우리가 생각하는 이상적인 정책이나 다른 누군가의 이상적인 정책을 실현할 가능성을 높이는지는 경험적으로 두고보아야 할 문제다. 그러기 위해서는 우선 근거를 살펴보아야 하는데, 일화나 사례 연구는 좋은 근거를 제공하지 못한다. 실제로 가장 훌륭한 근거는 국가별 혹은 전후before-and-after 비교 자료를 신중하게 검토해서 얻을 수 있다. 나는 이미 이 방법을 채택해서 민주주의와 경제 발전 사이에 인과관계가 있다는 주장이 사실이 아니라고 밝힌 바 있다.

여기서 진실성이 결여된 또 하나의 주장과, 분명하고 확실한 결과를 도출할 수 없는 또 하나의 관계를 살펴보자. 그것은 민주주의가 평화를 가져온다는 주장과 민주주의와 평화 사이의 관계다. 민주주의와 경제 발전 사이의 관계와 마찬가지로 수십 년에 걸쳐 축적된 자료를 검토하다 보면 누구라도 알 수 있는 명백한 패턴이 발견된다. 민주주의 국가들은 서로 전쟁을 하지 않으며 전쟁을 잘 일으키지도 않는다는 것이다. 정치과학자인 미네소타 대학교의 마크 벨Mark Bell이나 홍콩 대학교의 카이 퀘Kai Quek은 2018년 논문에서 "'민주주의적 평화'야말로 국제 관계 연구에서 가장 잘 알려진 발견 중 하나다. 민주주의적 평화란 민주주의 국가는 (아주 예외적인 상황을 제외하고는) 다른 민주주의 국가들과 싸우지 않으며, 굳이 싸울 때는 비민주주의 국가와 싸운다는 규칙적인 패턴을 의미한다"라고 말했다.[8]

어떤 사람들은 이 상관관계를 단순한 인과관계로 해석한다. 자신의 자식들을 전쟁터로 보내고 싶어하지 않는 시민들이 정치인들에게 영향력을 행사하여 전쟁을 시작하지 못하게 한다는 식이다. 더 나아가 민주주의 국가는 공식적이고 비공식적인 다양한 제도를 가지고 있어서 그 제도를 다른 민주주의 국가들과의 사이에 잠재된 분쟁의 싹을 제거하는 방향으로 이용한다는 주장도 있다. 이는 민주주의 규범이 국제 관계를 형성하는 힘을 가지고 있다는 것을 의미한다. 민주주의가 그 자체로 (최소한 다른 민주주의 국가들과는 물론이고 전반적인) 전쟁의 개연성을 낮춘다고 하는 이 이론은 '민주주의 평화 가설democratic peace hypothesis'이라고 알려져 있다.

하지만 민주주의가 아니라 또 다른 요소가 평화에 중요한 역할을 하고 있는 것이 아닌가 하는 의문을 떨칠 수 없다. 게다가 비교적 사실에 잘 부합하는 또 다른 주장도 있는데, 바로 '자유 평화 가설liberal peace hypothesis'이다. 이 가설에 따르면 넓게 보아 자유주의적인 제도를 가지고 있는 나라들, 다시 말해 유럽의 전통적인 자유주의의 의미에서 다양한 시장제도를 가지고 있고, 다양한 방식으로 시민의 자유를 보장하며, 다른 국가들과 광범위한 교역을 하며, 중립적이고 어느 정도 공정한 법 체계를 가지고 있는 나라들은 귀중한 무역관계에 해가 된다는 이유에서라도 전쟁을 하려 들지 않는 경향이 있다.

경제학자 앨버트 허쉬먼Albert Hirschman은 17세기와 18세기에 걸쳐 이 주제와 관련해 제시된 여러 주장들을 자신의 탁월한 저서 《열정과 이해관계: 자본주의가 승리를 거두기 전 자본주의를 찬양하던 정치적 주장들》에서 검토했다.[9] 그는 계몽주의시대 사상가들이 기업가적 사고는 경쟁 관계보다는 윈윈 관계에 기반하고 있기 때문에 자본주의가 인간의 공격성은 줄이고 상호협력을 증진한다고 믿었다는 데 주목했다. 이러한 이론은 인간은 다른 사람을 지배하려 드는 대신 자신의 은행계좌를 지배하려고 하는 편이 낫다는 경제학자 존 메이너드 케인스John Maynard Keynes의 재치 있는 말에서도 찾아볼 수 있다.

'자유 평화 가설'의 여러 버전 중에는 특히 무역 관계에 초점을 맞추고 있는 이론들도 있다. 그중 한 가지 이론에 따르면 무역과 민주주의 모두는 무력 분쟁의 가능성을 낮춘다. "우리는 (국가들 사이의) 경제적 상호의존성과 민주주의가 평화라는 중대한 편익을 낳는다는 자유주의자들의 믿음을 더욱 강력하게 지지하게 되었다."[10] 이는 주목할 만한 주장이다. 다음 장에서 살펴보겠지만, 민주주의는 자유무역에 대해 기껏해야 심드렁한 태도를 가지고 있을 따름이기 때문이다. 따라서 더 높은 수준의 민주주의를 이루는 것과 더 많은 자유주의 무역정책을 펼치는 것은 둘 다 평화로 가는 길일 수는 있지만, 둘 사이의 관계는 잔인한 트레이드오프 관계(두 개의 목표 가운데 하나를 달성하려고 하면 다른 목표의 달성이 늦어지거나 희생되는 상충 관계-옮긴이)일 수 있다.

〈평화연구저널〉 15주년 기념호에 발표한 글에서 오슬로 국제평화연구소 소속의 웁살라 대학교 교수 호바르 헤그리Håvard Hegre는 "민주주의적 평화에 대한 가장 심각한 도전은 민주주의와 평화 양쪽 모두가 좀 더 근본적인 사회 변화의 결과물이라는 주장이다. 이러한 사회 변화는 대체로 사회경제적 발전과 관련되어 있다"라고 주장했다. 경제적 번영, 시장 제도, 사회의 근대화 자체가 민주주의와 평화의 관계에 실제적인 영향을 미치고 있다는 근거들을 검토한 다음, 헤그리는 부제목을 다음과 같이 달았다. '민주주의가 미칠 수 있는 영향이란 게 아직 남아 있는가?'[11]

물론 아무리 민주주의가 평화에 직접적인 영향을 미치고 있다고 하더라도, 그것만이 평화의 원인이라고 이야기할 수는 없다. 다음 장에서는 평화의 중요한 원인이 될 수 있는 사회경제적 발전을 촉진하기 위한 다양한 개혁 방안들을 살펴볼 것이다. 우리는 민주주의와 평화의 상관관계를 잊어서는 안 된다. 하지만 그 상관관계를 파고들다 보면 평화로 가는 데에는 다양한 방법이 있다는 생각을 갖게 될 것이다.

헤그리는 공저자로 참여한 최근 논문에서 국가별 민주주의 수준을 더 깊고 정확하게 측정하고자 했다. 그와 함께 논문에 참여한 저자들은 선거를 평화를 예측할 수 있는 중요한 요소로 간주하지 않았다. 오히려 그들은 "선거에 의해 만들어지는 책임이라는 공식적인 수직 채널vertical channel 보다는 강력한 시민사회에 의해 부여되는 비공식적인 수직적 책임이나 수평적 제약이 더욱 중요하다는 사실을 발견했다."[12] 따라서 유권자들의 지지를 얻기 힘든, 좀 더 자유로운 국제 간 무역 같은 것이 오히려 평화의 개연성을 높이는 것으로 보인다. 반면에 선거는 평화의 가능성을 제고하는 데 가장 중요한 요소는 아닌 것으로 보인다. 평화는 중요하다. 하지만 10퍼센트 적은 민주주의라고 해서 평화의 개연성에 큰 변화를 가져오지는 않을 것 같다.

## 민주주의를 어떻게 측정할 것인가?

민주주의와 몇몇 사회적 결과의 관계에 대한 대부분의 연구와 마찬가지로, 민주주의를 측정하는 연구에서도 민주주의에 대해 전부 아니면 전무 식의 척도를 사용하지 않는다는 점을 주목해야 한다. 이 연구에서 학자들은 널리 알려져 있는 '정체 IV^Polity IV'와 같은 점수 기반 지수를 압도적으로 많이 사용하고 있다. 1997년 '체계적 평화를 위한 센터^Center for Systemic Peace'가 처음 만들고 몇 십 년에 걸쳐 업데이트해온 정체 IV 지수는 두 가지 주요한 지수를 포함하고 있다. 하나는 민주주의 지수이고, 하나는 별도의 독재 지수다. 0에서 10까지의 숫자로 표시되는 민주주의 지수는 세 가지 요소를 포함하고 있다.

첫 번째는 시민들이 대안적인 정책이나 지도자들에 대해 실질적인 선호도를 표현할 수 있는 제도나 절차가 존재하고 있느냐이다. 두 번째는 행정부가 행사하는 권력에 대해 제도적인 제약이 존재하는지의 여부이다. 세 번째는 모든 시민들이 일상생활과 정치 참여에서 시민적 자유를 보장받고 있느냐이다.[13]

세 번째 요소에 주목할 필요가 있다. 이와 같은 결과 중심적인 민주주의의 척도는 많은 사람들에게는 당연한 것으로 여겨질 수 있지만, 로버트 달의 평등한 정치 참여라는 민주주의의 정의와는 별 상관이 없다. 반대로 독재 지수는 현실 세계 정치에서 활력이 넘치는 경쟁이 이루어지는지 그렇지 않은지에만 초점을 맞추고 있다.

성숙한 독재는 경쟁적인 정치 참여를 대단히 제약하거나 억압한다. 행정 수반은 정치 엘리트들 중에서 규칙화된 과정을 통해 선택되며, 일단 공직에 앉으면 그 사람은 제도적 제약은 거의 받지 않은 채 권력을 행사한다. 대부분의 현대 독재국가의 행정 수반들은 사회적·경제적으로 상당한 권력을 행사한다. 하지만 우리는 이를 독재의 특징적인 속성이라고 생각하지 않고, 정치적 이데올로기와 선택의 함수로 간주하고 있다.[14]

두 번째 문장은 정체 IV 팀이 독재의 명백한 상관물(사회적·경제적 선택에서 자유가 적은 것)과 독재 그 자체(정치 경쟁의 제한)를 구별하고 있다는 사실을 보여주고 있다. 많은 학자들이 정체 IV의 제안에 따라 이 두 지수를 더해 민주주의에 대한 지수로 삼고 있다. 프리덤 하우스(1941년 뉴욕에 설립된 비영리 인권단체로 전 세계의 민주주의와 인권 및 언론 감시 활동을 하고 있다-옮긴이)의 세계자유지수나 고故 타투 반하넨Tatu Vanhanen(핀란드의 정치학자-옮긴이)의 민주주의 지수와 같은 지수도 민주주의를 측정하는 데 널리 이용되고 있다. 정체 IV는 인터넷에서도 무료로 볼 수 있다. 정체 IV 팀은 아무런 맥락 없이 등급 지수만을 제시하지 않는다. 이들은 각 나라의 정치제도에 대해 짧은 에세이를 덧붙이고 있는데, 이 에세이는 민주주의라는 채권에 대한 등급 평가와도 같은 느낌을 준다.

정체 IV 등급 지수에서 주목해야 하는 것은 광범위한 시민의 관여만을 민주주의의 척도로 삼고 있지 않다는 것이다. 정체 IV의 지수는 민주주의의 장점에 대한 학문적·대중적 논의에서 시민의 참여와 시민권이 흔히 언급된다는 식으로 말하면서 둘 사이의 구분을 일정 정도 불분명하게 만들어버린다. 그래서 때로 우리는 '좋은 정책적 결과'가 민주주의의 정의 속으로 슬그머니 들어오고 있는 것은 아닌지 두 눈을 부릅뜨고 감시해야 한다. 나는 유권자들의 참여를 조금 줄이는 것이 정부의 결과물을 향상시키는지, 악화시키는지에 초점을 맞추려 하기 때문에, 유권자의 참여와 정부 결과물을 분리해서 측정할 수밖에 없다.

## 민주주의의 레퍼 곡선

1980년대 당시 서든캘리포니아 대학교에 재직하고 있던 경제학자 아트 레퍼Art Laffer는 어느 날 냅킨에다 세상을 바꾸어놓은 그래프를 그렸다. 전해지는 이야기에 따르면, 레퍼는 그래프 가로축에는 '세율', 세로축에는 '세수'라고 쓴 다음, U자를 뒤집어놓은 듯한 간단한 모양의 그래프를 그렸다. 세율이 0일 때 정부는 세수를 거둘 수 없다. 세금을 전혀 부과하지 않기 때문이다. 한편 세율이 100퍼센트일 때에도 정부는 전혀 세수를 거둘 수 없다. 자신들이 버는 모든 돈을 정부가 가져간다는 것을 알게 된 사람들은 일을 하거나 투자를 하려 들지 않기 때문이다.

  좀 더 현실적으로 생각해보면 세율이 100퍼센트일 때 사람들은 비합법적인 경제 활동을 하고, 몰래 숨어서 일하며, 실제로 얼마나 버는지에 대해서 정부에 거짓말을 하려 들 것이다. 그 가운데 어딘가에 정부의 세수를 극대화할 수 있는 최적의 세율이 있다. 1970년대 최고 세율이 70퍼센트에 치닫고 있을 때, 레퍼는 세수를 극대화하기에 세율이 너무 높다고 확신했다. 세율을 낮춰야 정부의 세수가 더 증가한다는 것이었다.

  이 '지복점bliss points'(소비자의 만족이 최대화되는 지점-옮긴이) 혹은 스윗 스팟sweet spot은 트레이드오프 관계가 지배하고 있는 세상에서 계속해서 등장하기 마련이다. 진화에도 커다란 몸집이 갖는 편익과 비용은 트레이드오프 관계에 있다. 몸집이 크면 힘도 세서 먹잇감을 더 잘 잡을 수 있다는 이점이 있지만, 매일 더 많은 칼로리가 필요하고 더 많은 영양분을 분해해야 할 뿐만 아니라 다른 포식자들의 눈에 더 쉽게 띄어 목표물이 될 수 있다는 비용도 생긴다. (진화생물학의 법칙에 따르면 몸집이 큰 포유류는 빠르게 멸종한다. 예를 들어 호랑이, 코끼리, 인간은 등장한 지 얼마 되지 않았기 때문에 우리가 쉽게 볼 수 있는 종들이다. 반면 날다람쥐나 두더지 같은 종은 오랫동안 살아 있는 포유종이다.)[15] 각각의 종은 나름대로 독특한 스윗 스팟을 찾는다. 다시 말해 커다란 몸집이 주는 편익과 비용 사이에서 균형을 찾는다. 경제학에서는 아트 레퍼에게 경의를 표하기 위해 뒤집어진 U자 모양으로 표시할 수 있는 관계를 레퍼 곡선 유형의 관계라고 부르곤 한다.

다행스럽게 경제학자들은 비용과 편익을 비교하는 데 능숙하다. 하지만 이는 사회과학에서는 기본적으로 사용되는 선형적 사고방식linear thinking 혹은 최소한 순서에 입각한 사고를 버린다는 것을 의미한다. 좀 더 많은 민주주의, 좀 더 많은 의료비 지출, 좀 더 많은 1인당 소득, 좀 더 많은 인권, 좀 더 많은, 좀 더 많은 …. 지금의 양이 충분하다고 해도, 사람들은 더 가지려 들지 않을 이유가 있을까? 이를 '뷔페 증후군buffet syndrome'이라고 한다. 뷔페 증후군이란 비용에 대해서는 전혀 고려하지 않고 무조건 많이 가지려 드는 경향을 일컫는 말로, 싱가포르 사람들이 정부의 건강보험이 무료라는 이유로 과도하게 이용하려는 성향을 가리키는 말로 처음 사용되었다.[16]

이후에 살펴보겠지만, 유권자들이 정부에 관여하는 것은 편익은 물론 비용도 낳는다. 문제는 그 비용이 너무 흔히 무시되고 있다는 점이다. 나는 전반적으로 볼 때 세계의 부유한 민주주의 국가들이 민주주의의 레퍼 곡선에서 지나치게 민주주의가 많은 쪽으로 치우쳐 있다고 생각한다. 그림으로 나타내면 표1과 같다. 이에 대한 실제적이면서도 현실적인 개혁은 다음과 같은 결과를 낳을 수 있을 것이다.

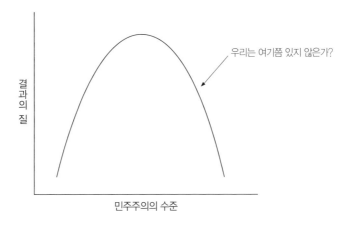

세로축: 결과의 질

가로축: 민주주의의 수준

우리는 여기쯤 있지 않은가?

**표1_민주주의의 레퍼 곡선**

- 국가를 조금 덜 민주주의적인 국가로 만든다.
- 실질적이며 장기적인 경제적 편익을 낳는다.
- 자원의 비용은 거의 초래하지 않는다.
- 포괄적인 개념에서 인권을 축소하기보다는 오히려 강화한다.

(다른 어떤 것이 아니라 실용적인 관점에서) 마찬가지로 중요한 점
은 이러한 개혁을 실천에 옮기는 국가들은 여전히 민주주의적으
로 보이고, 그들 스스로도 그렇게 생각하리라는 것이다. 어쨌든 내
가 50퍼센트 적은 민주주의를 추천하고 있는 것은 아니지 않은가?

## 민주주의의 손익분기점

20년 전 하버드 대학교의 경제학자 로버트 배로Robert Barro는 멋진 논문 몇 편을 발표했다. 그중에는 국가별 자료를 통해 어떤 경제적·사회적·지리적 요소가 한 나라의 장기적인 경제 성과를 잘 예측할 수 있는 변수가 될 수 있는지에 대한 논문도 있었는데, 이는 당시로서는 새로운 방법이었다. 배로는 여러 통계 자료를 비교하여 어떤 요소가 더 중요하고 어떤 요소는 통계적 환상에 지나지 않는지를 일목요연하게 보여주었다. 그는 민주주의와 장기적인 경제성장률 사이에서 레퍼 곡선 관계를 발견하고 득의양양했다. 민주주의의 수준이 낮을 때는 조금만 민주주의가 발전해도 경제성장률이 눈에 띄게 향상되었다. 하지만 민주주의가 일정 수준 이상으로 발전하면 경제성장률은 훨씬 낮아졌다. 1996년 배로는 민주주의의 지복점은 상당히 낮은 수준의 민주주의라고 추정하며 다음과 같이 말했다. "이러한 발견에 따르면 1994년 민주주의 지수가 0.5로 중간 정도의 민주주의를 기록한 멕시코나 말레이시아와 같은 국가들은 민주화가 진척될수록 경제성장률이 둔화될 것이다. 게다가 칠레, 한국, 대만과 같이 정치적 자유가 이미 자리 잡고 있는 나라에서는 미래의 경제 성장은 아마도 지체되고 말 것이다."[17] 이와 같은 그의 예측은 곰곰이 새겨볼 필요가 있다.

배로의 민주주의 레퍼 곡선 이론이 학계에서 널리 받아들여지고 있다면 나의 주장은 이미 반쯤은 검증된 셈이다. 어떤 지점을 지나면 민주주의와 경제적 번영은 분명 트레이드오프 관계를 갖는다. 부유한 국가들은 더 높은 수준의 민주주의를 이루기 위해 노력할 수도 있다. 하지만 시민들이 이 트레이드오프 관계에 대해 냉정하게 판단하고 더 많은 유권자들이 참여하는 민주주의가 가져오는 경제적 대가에 대해 알게 되는 순간, 그들은 어렵사리 쟁취한 유권자의 권력을 기꺼이 어느 정도는 내려놓으려 할 수도 있다.

구체적인 예를 들어보자. 배로의 추산에 따르면, 평균 수준의 민주주의에서 가장 높은 수준의 민주주의로 발전할 때 1인당 연간 경제성장률은 1.6퍼센트의 하락한다.[18] 이는 한 세대, 다시 말해 30년이 지나면 같은 수준의 민주주의 국가에 비해 3분의 1 정도 가난해진다는 이야기다. 세 세대가 지나면, 즉 우리 손자손녀들의 시대가 되면 복합성장률이라는 마법으로 인해 중간 수준의 민주주의 국가가 높은 수준의 민주주의 국가에 비해 훨씬 더 부유해질 것이다. 그렇다면 당신은 300퍼센트 성장에 대한 대가로 정치인에게 좀 더 긴 임기를 보장하고 유권자의 자격을 제한하며 헤게모니를 장악하고 있는 단일 정당을 기꺼이 지지하겠는가? 당신은 이 주장을 지지하지 않을 수도 있지만 주변 사람들 중에는 이를 지지하는 사람도 많을 것이다.

하지만 최근 연구에서 배로의 민주주의 레퍼 곡선을 찾아보기는 힘들다. 예를 들어 민주주의 개혁 전후의 동일한 나라를 비교하는 등의 좀 더 정교한 방법을 동원한 결과 민주주의와 경제 성장은 레퍼 곡선 관계를 보이지 않았기 때문이다. 하지만 대부분의 연구들은 내가 앞에서 언급했던 주장에 동의했다. 이는 곧 혼란을 의미한다. 다시 말해 어떤 나라의 민주주의 정도와 장기적인 경제적 성과 사이에는 분명한 관계가 관찰되지 않았다.

이 혼란은 두 가지를 의미한다. 첫째, 더 많은 민주주의는 더 나은 경제적 성과를 낳는다는 대중들의 믿음은 일단 기근을 피할 정도의 민주주의 수준에 도달한 이후에는 그야말로 '대중들의 믿음', 다시 말해 최소한의 진지한 근거도 찾아볼 수 없는 거짓말에 불과하다. 둘째, 민주주의와 경제 성장을 연관짓는 자료들은 논란이 많고 뒤죽박죽이므로 이런 식의 전반적인 비교로는 좀 더 많은 민주주의 혹은 좀 더 적은 민주주의의 편익과 비용을 비교할 수 없다. 따라서 나는 개별적인 채널을 통해 평가해야 한다고 생각한다. 정확한 메커니즘, 다시 말해 어떤 정책적 개혁이 가장 적은 비용으로 커다란 편익을 생산할 수 있는가를 살펴보는 것이 민주주의와 경제 성장과의 관계를 결정하는 데 도움이 될 것이다.

민주주의와 경제적 성과의 전반적인 관계는 혼란스럽게 보이지만, 내가 제시하는 민주주의를 축소하는 개혁이 제대로 작동할 것 같다는 믿음이 든다면, 10퍼센트 적은 민주주의가 이 세상에 실현될 수도 있을 것이다.

## 가장 부강하고 민주적인 국가를 위한 민주주의

큰 그림이 혼란스러운 상황에서 정책적 결과를 개선하는 방법을 찾기 위해 더 깊이 따져볼 수밖에 없는데, 이는 민주주의와 경제 성장의 관계를 다루고 있는 여러 문헌에서도 어렵지 않게 찾아볼 수 있다. 사실 배로 자신도 인플레이션과 경제 성장 간의 관계를 다룬 또 다른 연구를 통해 이러한 혼란에 일조했다. 열성적인 금융경제학자들은 높은 인플레이션율은 경제에 좋지 않다고 말한다. (인플레이션율이 높다는 것은 전반적인 물가의 평균 증가율이 높다는 것을 의미한다.) 교과서에도 인플레이션으로 야기되는 다양한 문제가 구체적으로 적혀 있다.

- 대부분의 조세제도는 이자 소득에 대해서도 세금을 강요한다. 인플레이션율이 높아서 이자가 올라가도 세금은 내야 한다.
- 인플레이션율이 높을 때 경제 상황은 불안정하기 마련이다. 따라서 개인이나 기업이 정확한 장기 계획을 세우기 힘들어진다. 장기 계획이란 미래의 물가에 기반을 두기 때문이다.
- 인플레이션율이 높을 때 개인과 기업은 오랜 시간에 걸쳐 안정적인 가치를 유지하는 안전자산에 투자하려는 경향이 있다. 반면에 위험할 수는 있지만 사회적으로 좀 더 가치 있는 자산에 투자하려 하지 않는다.

- 행복에 대한 설문조사에 따르면 사람들은 정말 인플레이션을 싫어한다. 실업만큼은 아니지만 둘 사이의 격차는 크지 않다. 미국과 유럽에서 실시한 행복에 대한 설문조사에 따르면, 인플레이션율이 1퍼센트 높아지는 것이 실업률이 0.6퍼센트 상승한 것만큼이나 사람들의 행복을 감소시킨다는 추정도 있다.[19]
- 몇 달마다 달러, 페소 혹은 유로화의 구매력을 재평가해야 하는 것은 성가신 일이다. 이와 관련하여 하버드 대학교의 그레고리 맨큐Gregory Mankiw 교수는 잊기 힘든 비유를 들었는데, 매년 몇 인치가 1피트가 되어야 하는지를 표결한다면, 가장 많은 표를 받는 선택지는 언제나 '12인치'가 되리라는 것이다.[20] 이 비유를 통해 맨큐는 왜 달러의 구매력을 자의 측정 능력과 다르게 취급해야 하는지 의문을 제기했다. 물가가 안정되어 있다면 우리는 좀 더 중요한 문제에 대해 생각할 시간을 가질 수 있을 것이다.

따라서 전반적으로 볼 때, 매우 낮은 인플레이션율 혹은 제로 인플레이션에 대한 주장은 매우 강력해 보인다. 그리고 세금, 편의성, 투자 효율성의 측면에서 볼 때 (1970년대 미국이 경험했던) 연간 7퍼센트의 인플레이션이 그다지 심각하지 않았다고 주장하기는 대단히 힘들어 보인다.

하지만 문제가 있다. 배로는 (1990년대 중반 발간된 영향력 있는 조사보고서에서) 높은 인플레이션율이 장기적으로 경제적 성장을 해치는지 살펴보았다. 민주주의와 성장을 다루는 문헌에서 널리 사용되는 국가별 비교를 사용한 결과, 인플레이션율이 한 해에 15퍼센트 이상만 아니라면 경제 성장을 해친다는 근거를 찾아볼 수 없었다.[21] 배로는 15퍼센트 이하의 인플레이션이 한 국가의 경제 전망에 해가 될 수 있는 가능성을 완전히 배제할 수는 없었다. 하지만 그 근거는 혼란스러웠다. 뉴욕 대학교의 이스털리 교수는 2005년 발간한 《경제 성장 핸드북Handbook of Economic Growth》에서 "인플레이션에 대한 경험적 문헌에 따르면 인플레이션은 한계 수준 이상일 때에는 부정적인 영향만을 미친다. 하지만 그 한계가 어디냐에 대해서는 논란의 여지가 있다"라고 말했다.[22]

진지하고, 정직하고, 근거에 입각하여 사고하는 사람이라면 어떤 결론을 내려야 할까? 인플레이션은 높은 수준에서 장기적으로 지속되는 경우에만 한 국가에 해가 되는가? 연간 1퍼센트의 인플레이션이냐 혹은 9퍼센트의 인플레이션이냐는 경제적으로 중요한 문제가 아닌가? 그렇지 않다. 둘 사이의 구분은 중요하다. 전 국가에 대해 국가별로 10년 이상 비교를 해보면 그렇다는 사실이 드러난다. 이 국가 수준의 통계 기법이 잡음이 많고 혼란스러운 근거만을 제공한다면 정확하고 잘 설명된 방법, 다시 말해 경제학자들이 미시적 토대microfoundations라고 부르는 방법에 의존해보는 것이 좋겠다.

미시적 토대는 인플레이션이 해로운 효과를 미친다는 상당한 근거를 보여주고 있다. 해로운 효과의 예로는 앞서 말했듯이 순전히 인플레이션으로 인한 이득에 세금을 내야 하는 것, 6개월마다 레스토랑 메뉴를 고쳐야 하는 것, 내년 인플레이션율이 4퍼센트일지 12퍼센트일지 몰라 장기적인 사업 계획을 세우기 힘든 것 등이 포함될 것이다. 그렇다. 연간 8퍼센트의 인플레이션이 80퍼센트 인플레이션보다는 낫다. 하지만 매년 8퍼센트씩 인플레이션이 지속된다면, 아무리 국가 수준의 통계 분석으로는 밝혀내지 못한다고 할지라도 장기적인 피해가 발생할 가능성은 높다고 할 수 있다. 미시적 토대를 근거로 인플레이션에 반대하는 주장은 모호하기 이를 데 없는 국가별 근거에 비해서는 훨씬 더 뛰어나고, 현명하고, 유용한 정보를 제공해준다.

앞으로 취하게 될 접근 방식이 바로 이런 것이다. 민주주의와 경제적 성과 사이의 관계에 대한 국가별 근거는 대단히 '별로'였기 때문에 나는 미시적 토대라는 좀 더 정확한 개별 경로를 통해 약간 적은 민주주의야말로 세계에서 가장 부강하고 가장 민주적인 국가에 도움이 된다는 주장을 펼칠 것이다.

## 민주주의의 모험

경제학자 벤저민 올켄Benjamin Oklen과 벤저민 존스Benjamin Jones

는 민주주의의 경제적 결과를 독재의 경제적 결과와 비교한 독특한 논문을 발표했다. 이들은 평범한 것들에 주목하며 글을 시작했다. 예를 들어 사과는 독재국가에서나 민주주의 국가에서나 똑같이 잘 자라기 마련이다. 하지만 이들은 논문의 결론이 아니라 출발점에서 이 사실을 제시하고 있다. 이들은 전통적인 '위인' 이론, 다시 말해 어떤 나라의 리더가 바뀌면 그 나라의 상황이 실제로 바뀐다는 이론을 검증하려 했다. 이들은 한 나라의 정치 지도자가 예기치 않게 사망한 이후 몇 년에 걸쳐 그 나라의 경제성장률이 어떻게 변하는지 살펴보았다. 이들의 논문 제목은 다음과 같은 질문을 던지고 있다. "지도자들이 중요한가?"[23]

이들은 정치 지도자가 (암살에 의하지 않고) 갑자기 사망한 후 그 나라의 경제적 성과를 살펴보기 위해 여러 사례들을 정리하다가 정치 지도자의 가장 흔한 사망원인이 심장병이라는 사실도 덤으로 알아냈다. 정치 지도자의 죽음은 한 나라의 평균 경제성장률에 커다란 영향을 미쳤을까? 평균적으로는 그렇지 않았다. 하지만 차이가 있기는 했다. 그 차이는 사망한 지도자가 독재자였느냐 민주적인 지도자였느냐에 따라 발생했다. 이들의 연구에 따르면 독재국가에서는 독재자의 사망 이후 성장 변동성growth volatility이 엄청나게 증가했다. 다시 말해, 독재자가 죽고 새로운 지도자가 등장하면 경제성장률이 급속하게 상승하거나 하락했고, 이전의 성장률을 유지하는 경우가 드물었다. 하지만 민주적 지도자가 사망한 경우에는 경제성장률은 요동치지 않았다. 따라서 '지도자가 중요하다'는 이론은 민주주의 국가보다는 독재국가에 더 잘 적용되는 듯하다. 결론적으로 말하면, 최고 지도자가 많은 권력을 갖고 있는 경우에만 리더는 중요하다.

올켄과 존스의 발견을 눈여겨봐둘 필요가 있다. 민주주의의 수준을 약간 떨어뜨리는 것은 위험한 일이다. 어느 정도는 독재의 방향으로 나아가는 것일 수도 있기 때문이다. 나는 비용이 적게 드는 개혁 방안을 제시하려고 하지만, 정말로 비용이 들지 않는다고 말할 수 없다. 모든 개혁에는 위험이 뒤따른다. 내가 제시하는 것보다 상황이 더 나아질 수도 있지만, 더 악화될 수도 있다. 하지만 내가 기아와 독재라는 실질적 위험에 직면하고 있는 나라가 아니라 세계에서 가장 부강한 민주주의 국가들에게만 10퍼센트 적은 민주주의를 추천하고 있다는 사실을 기억해주길 바란다.

10퍼센트 적은 민주주의로 가는 길에는 위험이 도사리고 있다. 하지만 평균적으로 볼 때, 우리는 부유하다. 어느 정도 위험을 감수할 만한 여력이 있다.

◀ Chapter 2

# 임기가 길어야
# 유능한 정치인이 된다

◆

공직자들의 임기에 대해 연구한 결과, 임기가 짧은 것은 좋지 않은 결과를 가져올 수 있다.

_마크 쉘커

　직업 정치인들은 재선이 되는 데는 도가 튼 사람들이다. 미국 의회를 분석한 가장 중요한 소책자의 주제가 바로 이것이다. 《의회: 선거 커넥션Congress: The Electoral Connection》이라는 책에서 예일 대학교의 정치학자 데이비드 메이휴David Mayhew는 의회를 재선 공장으로 생각하는 게 의회를 이해하는 최선의 방법이라고 주장했다.[1] 여러 위원회, 의장직, 청문회, 표결 등 모든 시스템을 통해 국회의원들은 지역구민에게 자신들이 엄청난 일을 하고 있다는 인상을 심어줄 수 있는 충분한 기회가 있다. 자신이 유능하고, 헌신적이며, 지역구민들과 적극적으로 소통하는 의원이라는 명성을 쌓을 수 있다. 여기까지만 보면 메이휴가 오늘날의 정치를 냉소적으로 그리고 있다고 생각하겠지만, 사실 메이휴의 책은 1970년대에 출간

되었다. 그의 이야기는 시대를 초월한 진실을 담고 있는 듯하다.

대의 민주주의라는 민주주의의 시각에서 보자면, 대단한 일이다. 선출된 정치인들은 유권자로부터 전권을 위임받아 중요한 문제를 검토하기에는 시간과 에너지가 부족한 유권자들을 대신해 그들과 같은 생각을 가지고 결정을 내리니 말이다. 고객은 언제나 옳다는 시장경제의 주장에 대한 정치적 버전이라 할 수 있다. 지역구민을 대표하는 일에는 여러 가지가 있지만, 그중에서도 지역구민에게 자신이 엄청난 일을 하고 있다고 알려주는 것이야말로 무엇보다 중요하다. 아마도 약간의 쇼맨십은 국민에 의한 정부를 표방하는 민주주의가 치러야 하는 대가일 것이다. 쇼맨십이 사회에 미치는 비용은 그다지 크지 않을 수도 있다.

하지만 인류학적인 연구라고까지 여겨지는 메이휴의 의회 분석은 그렇지 않다고 이야기한다. 메이휴는 나의 조지메이슨 대학교 동료였던 고故 짐 뷰캐넌Jim Buchanan과 고든 털럭Gordon Tullock의 연구에 부분적인 영향을 받았다. 뷰캐넌과 털럭은 공공선택이론public choice theory이라고 알려져 있는 분야를 개척한 사람들이다. 공공선택의 관점에서 보면 정치인과 유권자의 관계는 경제학에서 기업과 소비자와의 관계와 크게 다를 바 없다. 기업이 이윤을 극대화하길 원하는 것처럼 정치인도 재선 가능성을 최대화하길 원한다. 소비자들이 최저 가격으로 자신들이 선호하는 물건과 서비스를 구매하길 원하는 것과 마찬가지로 유권자들도 최저 가격으로 자신들이 원하는 서비스를 제공해줄 정치 대표자를 원한다. 물론 이윤을 추구하는 기업도 있지만 고상한 동기를 추구하는 비영리재단도 있는 것처럼, 고상한 동기를 가진 이타적인 정치인도 있다. 하지만 정치든 경제든 경쟁이 벌어지고 있는 시장에서는 이타주의가 가장 큰 동기가 아니라는 쪽에 내기를 거는 편이 안전하다. 자신보다 더 나은 사람이 입후보했기 때문에 재선을 포기하는 이타적인 정치인은 '사실 저 친구가 파는 차가 이 차보다 더 품질도 좋고 가격도 싸요'라고 이야기하는 자동차 딜러만큼이나 찾아보기 힘들다.

공공선택이론이 제기하고 있는 여러 아이디어들을 검증하며 메이휴는 우리의 정치제도가 마주하고 있는 기능장애를 보여주었다. 정치인이 대중의 칭찬을 받을 수 있는 일과 칭찬을 기대할 수 없는 일 둘 중에서 하나를 선택을 해야 한다고 하자. 예를 들자면 전자는 선거구에 있는 재향병원 확장을 위해 기금을 확보하는 일이고, 후자는 대체로 위원회 활동을 공개할 수 없는 정보 관련 부서를 감사하는 일 같은 것이다. 이런 경우 훌륭한 정치인이라면 지금이야말로 병원을 확장할 적기라는 결정을 내리는 데 그리 오랜 시간이 걸리지 않는다. 우리의 정치제도는 국회의원들이 더 수월하게 시민들에게 칭찬을 받고 신뢰를 얻을 수 있는 일에 골몰하도록 부추기고 있다.

정치인에게는 대중으로부터 자신이 칭찬받을 만한 일을 하고 있다는 신뢰를 얻는 것이 중요하다. 의회가 구성되는 방식 때문에 유권자들은 정치인들이 많은 일을 하고 있다는 주장에 시큰둥하다. 사람들에게 당신이 엄청난 일을 하고 있다고 말하는 건 어렵지 않다. 말은 가장 쉬운 방법이다. 하지만 그것을 증명하기는 쉽지 않다. 정치인들은 이를 감안하여 목표를 선택한다. 유권자들은 눈에 보이는 결과를 중시한다. 따라서 새 고속도로 교차로를 건설하거나 재향병원을 확장하는 것과 같은 포크 프로젝트pork project(지역구를 위한 선심성 사업을 위해 정부 예산을 남용하는 것-옮긴이)를 진행할 때는 칭찬을 받는다. 반면 정부의 비밀을 다루느라 하루 종일 무슨 일을 하는지 누구에게도 말할 수 없는 하원 정보위원회에서 열심히 일하는 것처럼 눈에 보이지 않는 성과를 유권자들은 중요하게 여기지 않는다. 유권자들은 정치인이 지역구에 경제적으로 도움이 되는 행동을 할 때나 그 정치인을 좋아한다.

학교 기금을 더 많이 확보하거나 군사 기지에 새로운 일자리를 만드는 것은 그 자체로 대단한 일이기도 하다. 게다가 포크 프로젝트야말로 정치인들이 정치자금 모금 행사에만 온통 정신이 팔려 있지 않다는 것을 보여주는 좋은 증거다. 포크 프로젝트는 정치인들이 유권자들을 위해 최소한 어느 정도는 활동을 했다는 사실을 증명하기 때문이다. 하지만 이는 정치인들이 가시적인 데만 초점을 맞추고, 비가시적인 것은 거의 무시하고 있다는 의미이기도 하다. 프랑스 경제학자 프레데릭 바스티아Frédéric Bastiat는 우리가 경제학에서 배워야 하는 현명하고도 훌륭한 교훈에 대해 다음과 같이 말했다. "나쁜 경제학자와 좋은 경제학자 사이에는 단 하나의 차이가 있을 뿐이다. 나쁜 경제학자는 가시적인 효과에 자신을 가두어버린다. 반면 좋은 경제학자는 눈으로 볼 수 있는 효과는 물론 반드시 예측해야 하는 효과까지도 감안한다."[2]

따라서 정치인들로 하여금 비가시적인 효과, 다시 말해 지금 당장은 볼 수 없지만 잠재적으로 예측할 수 있는 효과에 진심으로 관심을 기울이게 만드는 사회적 메커니즘이나 보이지 않는 손이 있다면 좀 더 나은 경제정책을 선택할 수 있을 것이다. 이 장에서는 바로 그러한 메커니즘에 대해 이야기할 것이다. 이 메커니즘을 위해서는 유권자의 건망증이 필요하다.

## 유권자의 건망증이 선거에 미치는 영향

유권자들은 가시적인 결과를 보길 원하고 정치인들은 유권자들이 원하는 성과를 보여주고 싶어한다는 이론에 대해 인류학적 색채는 빼고 좀 더 형식적인 관점에서 검증한 연구가 있다. 메이휴의 책이 출간된 지 몇 십 년 후 하버드 대학교의 정치학자 케네스 셰프슬Kenneth Shepsle과 몇몇 연구자들은 메이휴의 아이디어를 이용해 유권자들이 단기기억을 가지고 있다는 사실을 증명하려 했다.

유권자들은 가까운 과거만을 기억하기 때문에 미국의 정치제도는 선거가 얼마 남지 않는 기간 동안에 유권자들을 만족시키는 데 초점을 맞추고 있다는 것이다.

앞에서 이야기했듯이 미국 상원의원의 임기는 6년이고, 이들은 언제나 재선 출마를 염두에 두고 있다. 연임에 대한 제한은 없기 때문이다. 다시 말해 당선되는 순간 상원의원은 자신의 명성을 쌓고 지역구 유권자들에게 좋은 인상을 남길 수 있는 6년을 보장받는 셈이다. 하지만 셰프슬이 발견했듯이, 상원의원들은 포크 프로젝트를 최대한 미뤄두는 경향이 있다. 다시 말해 이들은 임기의 마지막 2년 동안 지역구에 15퍼센트 더 많은 프로젝트를 이행하고, 15퍼센트 더 많은 지출을 한다. 따라서 상원의원이 선거에 들어가는 시기가 되어야 지역 주민들은 가장 큰 이익을 얻을 수 있다.[3] 상원의원들은 마치 졸업무도회에 가기 위해 가족용 차를 빌리려는 십대처럼 행동한다. 십대 소년들은 부모에게 어려운 부탁을 하기 전에 며칠 정도는 자신의 방을 열심히 치운다. 이러한 행동이 (부모는 물론 유권자들에게도) 효과가 있다는 사실은 대부분의 사람들이 가까운 과거에 지나칠 정도로 많은 관심을 두고 있다는 사실을 입증한다.

'최근에 나를 위해 무슨 일을 했나요?'는 1980년대 자넷 잭슨Janet Jackson의 노래 제목이지만, 많은 사람들이 다른 사람들을 평가하는 데 기준으로 삼는 질문이기도 하다. 미국 기업들이 분기별 이익 예상처에 지나치게 초점을 맞추고 있는 게 아닌가 하는 논쟁에서도 사람들이 최근의 보상에만 집중하는 경향을 볼 수 있다. 왜 기업들은 먼 미래를 바라보며 단기간에는 이익이 나지 않을 수도 있는 커다란 전략적 결정을 내리지 못하는 걸까? 지난 3개월간의 이익이라는 근시안적인 시각은 기업의 장기적인 성과에 안 좋은 영향을 미치고 있지는 않은가? 아마도 그럴 수 있다. 이와 같은 교훈이 미국의 상원에도 적용될 수 있다. 만일 유권자들이 몇몇 주식투자자처럼 근시안적인 태도를 고수한다면, 경제·사회·외교정책의 성과에 부정적인 영향을 미칠 수 있다.

정확한 경제 전망을 하는 것으로 유명한 예일 대학교의 경제학자 레이 페어Ray Fair는 유권자들이 근시안적인 시각을 가지고 있다는 근거를 제시하고 있다. 미국 대선 결과를 예측하는 그의 모델은 1916년부터 한 세기에 가까운 자료를 바탕으로 하고 있다. 그는 사람들이 대통령 후보를 선택하는 데 대선이 있는 해의 경제가 상당히 중요한 역할을 한다는 사실을 발견했다. 2009년 그는 대선에 영향을 미치는 경제 성장의 주요 지표는 '선거가 있는 해의 3분기 동안의 1인당 실질 GDP 성장률'이라고 요약했다.[4]

1인당 실질 GDP란 인플레이션을 감안한 1인당 소득을 의미한다. 다시 말해 선거가 있는 해의 아홉 달이 유권자들이 대통령을 선택하는 데 있어 가장 관심을 갖고 보는 기간이라는 것이다. 자유세계를 이끌어갈 지도자를 선택하는 문제에서 미국 유권자의 소득 증가에 대한 기억은 채 1년도 소급되지 않는 것이다.

여기서 유의해야 할 점이 두 가지 있다. 첫째, 페어는 1990년대 초반에 치러졌던 대선 이후 자신의 모델을 업데이트했다. 당시 대선에서 조지 W. 부시George W. Bush가 최악이라고는 할 수 없지만 그다지 내세울 것 없는 경제 성과를 보인 후에 선거에서 패배했다. 페어는 경기가 대단히 좋은 '호황 분기boom quarter'가 있는 경우에는 유권자들이 대선이 치러지는 해보다 더 먼 과거의 경제 성과까지 기억한다는 사실을 발견했다. 이 경우 유권자들은 2년 혹은 3년 전이라는 아주 먼 과거의 극단적인 경제 상황도 기억했다. 이 사실은 기억해둘 만한 가치가 있다. 하지만 그러한 호황 분기는 이례적인 것이다. 만일 유권자가 대단히 예외적인 경우에만 오래전의 경제 상황을 기억한다면, 그 자체가 경제의 장기적인 미래를 유권자들에게 선불리 맡기기 망설여지는 근거도 될 수 있다. 게다가 페어의 예측 모델에 따르면 대선이 있는 해의 성장 효과보다도 호황 분기 효과에 더 많은 잡음noise(관측 대상의 실제값을 가려 예측 불가능하게 만드는 어떤 과정이 존재하고 있음을 가리키는 통계학 용어—옮긴이)이 끼어들 수 있다.[5]

두 번째 유의할 사항으로는, 유권자들은 높은 인플레이션을 기억하고 혐오한다는 점이다. 심지어 그것이 대통령 임기 초반에 일어났던 일이었더라도 말이다. 하지만 고전적인 재정 문제, 다시 말해 실질 소득 성장이라는 관점에서 볼 때, 대선의 경제 효과는 일반적으로 아주 확실하게 최근 과거를 중심으로 하고 있다.

　낙관적인 사람이라면 이와 같은 유권자들의 단기기억이 오히려 다행스러운 일이라고 반박할 수도 있다. 선거가 4년 혹은 5년이 남아 있는 상원의원은 유권자들에게 인기가 없을 수도 있지만 나름 훌륭하고, 심지가 굳고, 미래를 충분히 내다보면서 판단을 하고, 선거가 1~2년 남아 있을 때에만 유권자들에 영합하지 않느냐는 주장을 할 수도 있다. 하지만 상원의원이 임기의 처음 4년 동안 다른 집단, 예를 들어 정치자금 기부자에게 영합한 다음에 나머지 2년 동안만 유권자들에게 관심을 돌릴 수도 있다. 이처럼 온갖 종류의 다양한 상황이 발생할 수 있다. 따라서 이론만으로는 이 문제에 대한 대답이 불가능하므로, 최근에 있었던 자료 중심 연구를 통해 분류해보기로 하자.

## 짧은 임기가 가져온 근시안적 사고

　국제 무역에 관한 한 경제학자들은 모든 전문가 집단 중에서 가장 통일된 견해를 보여주고 있다. 시카고 대학교의 연구소인 IGM<sup>Initiative on Global Markets</sup>은 정기적으로 전 세계 주요 경제학자들은 물론이고 유럽에 관심을 갖고 있는 별도의 경제학자들을 대상으로 다양한 정책에 대한 설문조사를 실시한다. 지난 10년간 어떤 식으로 질문을 던져도 전 세계를 대상으로 하는 IGM 패널과 유럽 IGM 패널 모두에서 무역 장벽을 낮추는 편이 그 나라 경제에 도움이 된다는 데 동의하는 경제학자들이 압도적으로 많았다. 외국인들을 국내 시장에서 경쟁하게 만드는 것은 좋은 일이다. 좀더 싸게 상품을 구할 수 있을 뿐만 아니라 보이지 않는 손이 국내 노동자들을 좀 더 생산성이 높은 분야로 이동시켜주기 때문이다.

2016년 IGM이 경제학자들에게 던진 설문의 질문은 다음과 같다. "유럽 내에서 상품과 서비스의 좀 더 자유로운 이동으로 평균적인 서구 유럽 시민은 1980년대 이후 좀 더 잘 살게 되었다."[6] 설문에 참여한 유럽 경제학자 중에서는 68퍼센트가 이 항목에 매우 동의했고, 24퍼센트는 동의했다. 다시 말해 거의 모든 사람이 동의한 것이다. 경제학자들은 무역이 소득 분포에 어떤 영향을 미치는지를 늘 염두에 두고 있으므로, IGM의 유럽 패널에게는 다음과 같은 설문을 던졌다. "유럽 내에서 좀 더 자유로운 상품과 서비스의 이동으로 인해 1980년대 이후 서구 유럽의 많은 저숙련 노동자들은 가난해졌다." 이 항목에는 동의하지 않는 사람들이 더 많았다. 20퍼센트는 저숙련 노동자들이 더 가난해졌다는 데 동의했고, 2퍼센트는 매우 동의했다. 반면 42퍼센트는 동의하지 않았고, 10퍼센트는 매우 동의하지 않았다. 18퍼센트는 불확실하다고 답했다. 다시 말해, 다섯 명 중 한 명은 많은 저숙련 노동자들이 더 못살게 되었다고 생각했고, 또 다섯 명 중 한 명은 확실하지 않다고 답했다.

유럽 내 무역협정이 서유럽의 저숙련 노동자들에게 피해를 준다는 데는 전혀 합의가 도출되지 않았다. 파이를 키우는 변화에는 흔히 비용이 수반되는데, 돈으로 측정할 수 없는 비용이 발생하기도 한다. 가령 부모가 더 많은 돈을 벌기 위해 대도시로 이사를 간다고 할 때, 가족 중 한 아이는 자신이 가장 아끼는 친구를 영원히 잃을 수도 있다.

2018년 유럽-중국 무역에 대한 설문도 유사한 해답을 제시하고 있다. 중국과 좀 더 자유롭게 무역을 하는 것은 유럽에 커다란 도움이 된다. 주요 산업에 종사하고 있는 유럽의 노동자들에게는 해가 될 수 있지만, 그런 이유만으로 중국 철강에 높은 수입 관세를 부과하는 정책을 주장하는 것은 곤란하다.[7]

낮은 무역 장벽이 전반적으로 이익이 된다는 데 동의하는 경제학자의 비율은 대략 90퍼센트 정도로, 십대 소녀들에게 자궁경부암 예방접종을 해야 한다는 데 동의하는 의사의 비율과 비슷하다.[8] 이는 전문가들의 합의에 가깝다.

그러면 정치인들이 전문가들의 합의를 좀 더 지지하게 만드는 메커니즘은 무엇인가? 미국 의회에서 해답을 찾아보자. 미국의 상원은 임기가 6년인데 비해 하원의 임기는 2년에 불과하다. 무엇 때문에 상원의원들은 무역 장벽을 낮추는 데 찬성표를 던질까? 중요한 요소 중 하나는 선거가 얼마나 남았는지이다. 상원의원이 선거 시기에 들어가면 무역 장벽을 낮추는 데 찬성표를 던질 가능성이 10퍼센트 줄어든다. 브뤼셀 자유대학교의 경제학자 파올라 콘코니Paola Conconi와 연구자들은 2014년 아주 적절한 제목의 논문을 통해 이 사실을 밝혔다. 논문 제목은 〈정책입안자의 지평과 무역 개혁: 선거의 보호무역주의적 효과〉였다.

콘코니와 연구자들은 각주에 자신들의 주장에 대한 근거로 하나의 사례를 제시했다. "뉴욕주 상원의원으로 재직하는 첫 임기 동안 힐러리 클린턴Hillary Clinton 의원은 무역 자유화 법안에 여섯 번 표결했다. 네 번은 무역 자유화에 찬성했고, 두 번은 반대했다. 네 번의 찬성표는 임기가 시작되고 4년 이내에, 두 번의 반대표는 임기 말 2년 동안에 이루어졌다."[9] 정치인들은 선거가 다가오면 이전과는 다른 행동을 한다. 시골 장에 더 자주 모습을 드러내고, 교회 예배에 더 많이 참석하는 데서 그치지 않는다. 이들은 전문가들이 압도적으로 동의하는 좀 더 자유로운 국제 무역을 위한 정책 개혁에 동참하는 데 주저하는 경향을 보인다.

콘코니는 또 한 가지 중요한 사실을 발견했다. 선거 시기에 접어든 상원의원들이 하원의원과 똑같은 행동을 한다는 것이다. 이 시기 동안 상원의원은 임기가 2년밖에 되지 않는 하원의원처럼 보호무역주의에 찬성표를 던지는 경향을 보였다. 그리고 당선이 확실하거나 은퇴가 확정된 상원의원들은 선거 시기에 접어들지 않은 상원의원처럼 투표한다. 선거에서 보호무역주의를 지지하는 태도는 "의원직을 잃을까 봐 두려워하지 않는 상원의원에게서는 나타나지 않는다."[10] 선거가 다가올 때, 특히 선거에서 접전이 예상되는 경우, 상원의원들은 보호무역을 지지하는 유권자들의 태도에 관심을 갖기 시작한다.

콘코니의 창의적인 연구는 선거 시기가 된 상원의원들을 다른 세 집단들과 비교하며 일관성 있는 결과를 도출하고 있기 때문에 대단히 설득력이 있다. 그 다른 세 집단은 선거가 아직 많이 남아 있는 상원의원과 하원의원 그리고 유권자들을 두려워하지 않는 선거 시기의 상원의원이다. 선거가 다가오고, 게다가 선거가 박빙의 상황이 예상될 때 미국의 정치인들은 대부분의 경제학자들이 지지하는 정책을 지지하지 않는 경향을 보였다. 이후 연구에서 콘코니와 공저자들은 대선을 코앞에 둔 미국 대통령들은 그 전에 비해 무역 분쟁에 대한 불만을 더 많이 제기하는 경향이 있음을 발견했다. 〈의심스러운 시기에 제기되는 무역 분쟁〉이라는 논문 제목이 모든 것을 말해주고 있다. 이 논문의 저자들은 한 걸음 더 나아가 대통령들이 이러한 무역 분쟁의 정치적 결과에 관심을 가질 수밖에 없는 이유까지도 설명하고 있다. "미국의 무역 분쟁은 스윙 스테이트swing state(미국 대선의 승부를 결정하는 중도의 성격을 가지고 있는 주들-옮긴이)의 중요한 산업과 관련 있는 경향이 있었다."[11]

결국 정치인들에게 중요한 것은 언제나 정치이고, 그것도 단기적인 스윙 스테이트에서의 정치다. 장기적인 경제 번영을 위해 냉정하고 침착하게 계획을 세우는 것은 그들의 관심사가 아니다. 몇 십 년에 걸쳐 축적된 자료와 수없이 많은 판단에 비추어보자면, 선거가 다가온다는 것은 좋은 경제학에는 나쁜 소식이다.[12]

## 선거가 세계 경제에 미치는 영향

이는 미국에만 국한되는 이야기가 아니다. 평균적으로 이 이야기는 전 세계적으로 통용될 수 있는 사실이다. 런던 경제대학의 행정학 교수 스테파니 리커드Stephanie Rickard와 미네소타 대학교의 행정학 교수 테리 캐러웨이Teri Caraway가 함께 진행한 IMF International Monetary Fund 프로그램에 대한 연구가 이에 대한 가장 훌륭한 근거를 제시하고 있다.[13] 개발도상국에 대한 IMF의 대출과 금융지원책에는 흔히 단서 조항이 붙는다. 그중 하나가 노동시장 개혁이다. 최저임금을 낮추고, 노동자의 해고를 쉽게 만드는 등 시민들이 반대할 만한 많은 변화를 요구한다. 국제 무역정책과 마찬가지로 노동시장 정책 역시 경제학자들이 광범위한 합의를 보이며, 일반 대중과는 의견을 달리하는 영역이다.

2017년 프랑스의 에마뉘엘 마크롱Emmanuel Macron 대통령이 근본적인 노동시장 개혁을 제안했을 때 IGM의 유럽 패널이 보였던 반응을 살펴보자. 마크롱 대통령은 다음과 같이 주장했다. "고용 보장을 축소하고, 노동 협상을 회사 차원으로 분산시키고, 직업 연수 프로그램의 접근성을 제고하면서 노동 수요에 대응하게 만드는 프랑스의 노동시장 정책 개혁은, 다른 모든 상황이 동일하다면, 프랑스의 경제 생산성을 향상시키게 될 것이다."[14] 그의 또 다른 주장에도 유럽 경제학자들은 반응을 보였다. "고용 보장을 줄이면 프랑스의 균형 실업률equilibrium unemployment rate(노동시장이 균형을 이루고 있어 취업자와 실업자의 수가 변하지 않는 상태에서의 실업률-옮긴이)도 감소시킬 수 있을 것이다."

'생산성'이란 노동자 1명당 생산량을 의미한다. 따라서 첫 번째 진술은 노동시장 개혁이 파이의 크기를 증가시킬 수 있다고 말하고 있다. 두 번째 진술은 개혁이 경제 스펙트럼에서도 낮은 쪽에 있는 사람들에게 도움을 줄 수 있을지 묻고 있는 질문과도 같다. 유럽의 높은 실업률은 인적 자본과 경력이 부족한 사람들에게 특히 피해를 주고 있기 때문이다. 생산성에 관한 첫 번째 진술에 대해 유럽 경제학자들의 3분의 2는 동의하거나 매우 동의했다. 두 번째 실업률에 관한 진술에 대해서 반은 동의했지만, 많은 사람들은 기권을 하거나 잘 모르겠다는 입장을 취했다. 하지만 이들 중 그 진술에 반대하는 입장을 가진 사람들은 어느 쪽도 5퍼센트가 넘지 않았다.[15] 따라서 경제학자들이 노동시장 개혁에 대해서 무역 자유화만큼 압도적으로 지지하지는 않지만, 전반적으로는 거의 한쪽 편을 들고 있다고 보아야 한다. 다시 말해 경제학자들은 시장친화적인 자유주의 경제를 지지하고 있다.

그렇다면 선거가 임박하더라도 이러한 경제학자들의 의견과 일치하는 정책이 유지될 수 있을까? 리커드와 캐러웨이는 선거가 다가올 때 IMF가 노동시장 자유화에 대한 요구를 자제하는지 살펴보았다. 금융위기는 무작위로 찾아온다. 따라서 선거까지 시간이 많이 남아 있을 때 금융위기가 닥치면 IMF는 생산성 향상을 위한 개혁을 요구할까? 리커드와 캐러웨이는 IMF가 297차례에 걸쳐 개입했던 전 세계 민주주의 국가들의 사례를 검토한 후에 다음과 같이 말했다. "평균적으로, 선거가 6개월 이내에 치러지는 상황에서 서명된 IMF 프로그램의 노동 조건이, 선거까지 많이 시간이 남아 있을 때 합의된 조건에 비해 50퍼센트는 덜 엄격했다."[16] IMF가 많은 미국 상원의원과 마찬가지로 행동한다는 사실이 드러난 것이다. 선거가 임박했을 때 IMF 역시 전문가들은 우호적이지만 유권자들은 비우호적인 반응을 보이는 개혁을 밀어붙이기를 주저하는 것으로 판명되었다.

또 다른 연구에 따르면 금융위기에 처한 국가들은 위기 해결에 유용한 방안을 받아들이기를 주저한다. 그것은 환율을 약화하는 것, 다시 말해 통화를 평가절하하는 것이다. 하버드 대학교의 행정학과 교수 제프리 프리든Jeffry Frieden은 이 분야의 전문가다. 라틴 아메리카에 초점을 맞춘 2001년 논문에서, 그와 공저자들은 이렇게 썼다. "선거를 앞둔 상황에서는 통화를 평가절하하는 정책은 계속 연기되어, 새로운 정부가 들어서고 난 직후가 되어서야 실행되는 경향이 있다."[17]

통화를 평가절하하면 수출되는 물건의 값이 싸지기 때문에 수출이 증가한다. (따라서 수출 위주 산업에 직접 도움이 된다. 이 산업체의 수가 많지는 않지만, 한 나라 경제에서 중요하고도 대단히 생산성이 높은 부분이다.) 반면에 수입품은 좀 더 비싸진다. (따라서 스마트폰, 텔레비전, 그 밖의 수입 전자제품 같은 것을 대량으로 구매하는 소비자들에게는 커다란 타격이 된다.) 따라서 유권자들은 통화의 평가절하가 그 나라 경제를 강화하는 실제적인 수단이라는 사실을 인정하면서도, 단기적으로는 통화를 평가절하하는 데 불만을 품을 수도 있다. 런던 경제대학의 머레이크 클라인Mareike Kleine과 클레멘트 미노디에Clement Minaudier는 다음과 같이 요약했다. "프리든, 게치와 스타인에 따르면 정부는 총선 직전에는 아무리 올바른 방안이라도, 대중에게 인기가 없을 수도 있는 통화의 평가절하 정책을 실행하려 들지 않는다."[18]

이제 선거를 앞둔 정부가 효과적일 수는 있지만 유권자들에게 인기가 없기 때문에 실행에 옮기기를 주저하는 세 가지 주요 분야를 알게 되었다. 바로 무역정책, 노동시장 규제, 환율 정책이다. 유권자들을 의식할 때, 정치 엘리트들은 경제의 파이를 키우는 데 주저하는 것으로 보인다.

## 선거가 가까워질수록 생산성이 낮아지는 이유

이제까지 선거가 가까워지면 정치인들이 대중에 영합하는 요구를 하고, 인기가 없는 정책에서는 발을 빼는 경향을 살펴보았다. 하지만 임박한 선거가 미치는 영향에 대한 논의에서 더 많이 주목받는 부분이 있다. 그것은 선거가 있는 해에는 그 어떤 것도 이루기 힘들다는 사실이다. 휴스턴 대학교의 에두아르도 알레만Eduardo Alemán과 에르네스토 칼보Ernesto Calvo는 민주화된 이후의 아르헨티나를 연구하며, 선거가 있는 해에는 다른 해에 비해 국회가 일을 덜 한다는 사실을 밝혀냈다. 부분적으로는 국회의원들이 선거 유세에 바쁘다 보니 정족수를 채우기가 힘들기 때문일 수 있다.[19] 그리고 국회가 일을 하지 않는 것이 그렇게 나쁘다고만은 할 수 없다. 나쁜 법안을 통과시키는 것보다는 입법부와 행정부가 선거에 골몰하느라 입법 활동을 내팽개치고 있는 편이 더 나을 수도 있다.

그러나 모든 민주주의 국가에서 선거가 있는 해에 입법부의 생산성이 낮아지는 것은 아니다. 노스캐롤라이나 대학교의 프랭크 밤가트너Frank Baumgartner와 연구자들에 따르면 프랑스의 국회의원들 역시 선거가 있는 해에 생산성이 낮아지며, 일반적인 법안은 물론 큰 변화를 가져올 수 있는 주요 정책을 통과시키는 사례가 현저히 줄어든다. 하지만 2년마다 큰 선거가 치러지는 미국에서는 국회의원들이 2년 중 첫 번째 해에 좀 더 많은 청문회를 열고, 선거가 있는 해인 두 번째 해에는 좀 더 많은 법안을 통과시키는 경향이 있다. 하지만 미국에서도 주목할 만한 패턴이 있다. 전반적으로 볼 때 선거가 있는 해에 의회는 50퍼센트 더 많은 법안을 통과시키지만, 주요 정책 법안은 2년 주기로 고르게 분산되어 통과된다. 이를 상대적으로 보자면, 정치인들이 어려운 결정을 2년 중의 첫해에 앞당겨 처리하며 가능하면 선거로부터 멀리 떼어놓으려 한다는 의미다. 그렇다면 아르헨티나, 프랑스, 미국의 국회의원들 모두 임기 초기에 비교적 중요한 일을 더 많이 처리한다는 말이 된다.[20]

잠시 눈을 돌려 선거철에는 정부도 일을 덜 한다는 사실을 보여주는 또 다른 근거를 살펴보자. 1976년부터 2009년까지 유럽연합 국가들을 조사한 한 연구에 따르면, 유럽연합의 국가들이 선거를 목전에 두게 되면서, 브뤼셀에 있는 유럽연합 정부가 협약을 제정하는 빈도가 줄어들었다. 예를 들어 독일에서 선거가 다가오면 독일의 입법 과정만 늦춰지는 데서 그치지 않고, 유럽연합 전체의 입법 과정이 늦춰진다. 이 논문의 공저자인 런던 경제대학의 머레이크 클라인과 클레멘트 미노디에는 "총선이 다가오면 협정이 체결될 가능성도 현저히 줄어든다. 유럽연합 주요 회원국에서 선거가 가까워지면 이 효과가 특히 부각된다"라고 말했다.[21]

버클리 대학교의 경제학자 에르네스토 달 보Ernesto Dal Bó와 산안드레스 아르헨티나 대학교의 경제학자 마틴 로시Martin Rossi는 대단히 독특한 상황에서, 긴 임기가 보장된 정치인들이 더 열심히 일을 한다는 근거를 찾아냈다.[22] 이 팀은 임의적으로 몇몇 정치인의 임기를 연장했던 두 번에 걸친 아르헨티나 정치 개혁을 연구하며, 임기가 무작위로 연장된 정치인이 임기가 연장되기 이전 그리고 임기가 연장되지 않은 정치인과 비교하여 행동이 어떻게 달라졌는지 살펴보았다.

아르헨티나 정부는 두 번의 개혁을 단행했다. 한 번은 1983년 당시 하원의원의 임기를 2년, 4년으로 바꾸었고, 2001년에는 상원의원의 임기를 2년, 4년, 6년으로 바꾸었다. 날을 정해 정부가 공개 추첨을 했으니 누가 보아도 무작위로 임기가 정해졌다고 할 만했다. 달 보와 로시는 몇 가지를 기준으로 '입법 활동 노력'을 평가했다. 특정한 국회의원이 제출한 법안, 특정한 국회의원이 제출하여 결국 법률로 확정된 법안, 그밖에 다른 네 가지 유사한 객관적인 척도가 사용되었다. 이들은 그들의 발견 중 하나를 다음과 같이 요약했다. "예를 들어 임기가 늘어난 상원의원의 법안 제출은 50퍼센트 증가했다. 하원의 경우, 통과되는 법안이 두 배 가까이 증가했다."[23] 이들의 결론은 다음과 같다.

임기가 연장되자 의원들은 더 많은 노력을 했다. 임기의 단축이 입법 활동 노력에 대한 의욕을 좌절시키는 것으로 보인다. 이는 선거 유세로 정신이 없어서라기보다는 자본 회수investment payback의 논리에 따른 것이다. 다시 말해서 오랜 기간에 걸친 노력이 수익을 생산하는 경우, 기간이 길어질수록 이러한 수익을 포착할 수 있는 가능성이 커진다. 이를 좀 더 넓은 의미로 말하면, 직업 안정성은 개인의 책임감은 감소시킬 수 있지만, 노력은 증진시킬 수 있다.[24]

이러한 결론을 내린 후 달 보와 로시는 경제학자들이라면 좀처럼 하지 않는, 그러나 사실은 좀 더 자주해야 할 특이한 행동을 했다. 직접 국회의원들을 찾아가 이야기를 나누며, 임기 연장이 동기부여에 어떤 영향을 미쳤는지 물어본 것이다. 물론 정치인들은 CEO나 우리의 배우자들과 마찬가지로 주로 듣기 좋은 말을 해주는 사람들이지만, 그렇다고 해도 그들의 생각은 경청할 만한 가치가 있었다. 정치인들에게 보장된 직업 안정성이 좀 더 좋은 국회의원이 되겠다는 동기를 부여해주었느냐고 묻자, 그들은 "그 설명에 대해 대단히 근거가 있다고 평가했다."[25]

미시간 대학교의 정치학자 로시오 티티우닉Rocío Titiunik은 미국의 주 상원의원들을 살펴보고 유사한 사실을 발견했다. 아칸소주, 일리노이주, 텍사스주의 선거구가 조정되며 몇몇 주 상원의원들은 무작위로 2년 혹은 4년의 임기를 부여받았다. 이렇게 자연스럽게 벌어진 실험을 통해 우리는 임기 기간과 의정활동 사이에 상관관계가 아닌 인과관계가 있음을 알게 되었다. 〈상원의원을 주사위로 뽑기: 임기의 기간과 의정활동〉이라는 티티우닉의 논문 제목이 벌써 둘 사이에 인과관계를 제시하고 있다. 논문 초록에는 다음과 같은 대목이 있다.

> 여러 주마다 커다란 차이는 있지만, 모든 주를 함께 검토해보았을
> 때, 2년 임기를 받은 상원의원들은 4년 임기를 받은 상원들에 비해
> 더 많이 기권을 했고, 법안은 더 적게 제출했으며, 지역 선거구민과
> 소통은 적었다. 게다가 짧은 임기를 받은 상원의원들은 상당히 많
> 은 돈을 요구하고 지출했다.[26]

2년 임기를 받은 상원의원들이 원래부터 상대적으로 게으른 사람이었을 가능성도 있지만, 이런 생각은 하지 않는 게 좋겠다. 정치인들은 다양한 방법으로 시간을 보낸다. 선거유세도 하고, 법안을 만들고, 유명인사를 만나고, 혹은 장차 기업 로비스트가 되기 위해 인적 네트워크를 구축하느라 바쁠 수 있다. 이러한 정치인들을 입법 활동에 전념하도록 만드는 것은 쉽지 않은 일이다. 그리고 앞에서 이미 여러 번 살펴보았듯이 정치인들이 대중보다는 전문가들이 찬성하는 법안에 동의하게 만드는 것은 더더욱 어려운일이다. 선거가 빈번하게 치러질 때는 입법 활동이 줄어든다. 더욱중요한 점은 좋은 법안의 공급이 줄어들 가능성이 크다는 것이다.
　정치인들의 담대함에는 한계가 있다. 선거가 있는 해는 선출직공무원에게 유권자들의 요구를 거절하라고 요구하기에는 적절한시기가 아니다. 하지만 민주주의는 잦은 선거를 필요로 한다. 로버

트 달은 자신의 책《민주주의On Democracy》에서 어떤 나라를 민주주의라고 부를 수 있으려면 '자유롭고, 공정하고, 빈번한' 선거가 있어야 하고, 공직자의 임기가 길면 길수록 정부 내에서 유권자들의 발언권이 줄어든다고 주장했다.[27] 물론 빈도는 정도의 문제다. 임기가 20년인 나라를 민주주의라고 부르기는 힘들다. 고대 아테네에서처럼 임기를 1년으로 정함으로써 투표권을 가진 시민이 국가 권력을 철저하게 통제할 수 있었던 것도 사실이다. 짧은 임기는 시민들이 국가를 통제할 수 있게 해주는, 시민에 의한 지배를 위한 하나의 도구다.

조금 덜 빈번하게 선거를 치르는 경우, 예를 들어 2년 혹은 3년의 임기를 4년 혹은 6년으로 늘릴 수 있다면, 정치인들이 좀 더 담대하게 맡은 바를 처리할 수 있을 것이고, 그러면 전 세계의 부유한 민주주의 국가들이 좀 더 나은 경제정책을 취하게 될 가능성도 커질 것이다. 그러면서도 우리는 여전히 민주주의 사회에 살고 있다고 생각할 수 있을 것이다. 내가 제안하는 개혁이 바로 이런 것이고, 앞으로 이런 개혁에 대한 논의를 진행할 것이다. 내가 제안하는 개혁은 유권자들로부터 약간의 권력을 빼앗기는 하지만 여전히 정부에서 중요한 발언권을 행사할 수 있게 만들어주는 개혁이다. 10퍼센트 적은 민주주의란 바로 그런 것이다.

◀ Chapter 3

# 비민주적 중앙은행의
# 경제적 효과

◆

현명한 정부는 금융정책을 탈정치화하려 노력한다. 예를 들어 오랜 임기를 보장받고, 정치라는 난장판에서 단절되어 있는 비선출 전문가의 손에 금융정책을 맡기는 것이다.

_앨런 블라인더

돈을 찍어내는 능력 그리고 그 돈을 누구에게 줄지 결정할 수 있는 능력은 사람들이 가장 원하는 초능력 중 하나다. 슈퍼맨처럼 눈에서 빛이 나오거나 스파이더맨처럼 벽에 붙어 있을 수 있는 능력보다 사람들이 원하는 리스트에서 훨씬 앞에 있다. 하지만 만화책에서나 볼 수 있는 초능력과 달리 돈을 찍어내는 능력은 실제로 존재한다. 그리고 그것은 부유한 민주주의 국가들이 유권자들과 최대한 분리해놓으려 하는 능력이다.

유럽중앙은행, 일본은행, 잉글랜드은행, 미국 연방준비제도(연준)FED와 같은 중앙은행들은 이러한 권한을 부여받은 정부기관이다. 오늘날의 중앙은행은 대체로 다른 은행들에게 돈을 '대출'해주는 형태로 자신들에게 맡겨진 임무를 수행한다. 하지만 이들이 은행에 대출해주는 돈은 우리가 은행에서 빌리는 돈과는 다르다. 대출을 원할 때, 우리는 어떤 은행에서 대출을 해야 할지를 먼저 두루 살펴보아야 한다. 하지만 중앙은행이 돈을 대출을 해줄 때는 그냥 돈을 만들어낸다. 이 돈은 예를 들자면 도이체방크와 같은 일반 은행의 계좌에 전자신용electronic credit의 형태로 예치된다. 일단 돈이 만들어지고 일반 은행 계좌에 예치되고 나면, 은행은 마음대로 그 돈을 쓸 수 있다. 은행은 가능하면 높은 금리로 빠르게 그 돈을 모두 대출해주려 한다. 하지만 그 대출금을 정해진 시간에 중앙은행에 상환하지 않는다면 커다란 문제가 발생하므로 도이체방크의 입장에서 보자면 아무런 대가가 없는 공짜 돈은 아니다. 하지만 돈을 만들어내는 중앙은행의 입장에서는 공짜 돈이다.

중앙은행이 돈을 찍어내는 일만 하는 것은 아니다. 하지만 돈을 만들어내는 것은 중앙은행이 하는 대표적인 일이라 할 수 있다. 중앙은행은 경기를 부양하고 싶을 때는 (낮은 금리와 같은) 후한 조건으로, 경기를 둔화시키고 싶을 때는 (높은 금리와 같이) 가혹한 조건으로 대출을 해준다. 중앙은행이 하는 다양한 역할에 대해서는 평생을 연구해도 부족하겠지만, 어쨌든 이것이야말로 가장 핵심적인 역할이라고 할 수 있다. (나의 박사학위 논문은 연준이 담당하고 있는 역할 중에서도 아주 작은 부분이라고 할 수 있는, 연준이 금리를 통제하는 일상적인 방식에 대한 것이었다.)

돈을 찍어내는 것은 중앙은행에게 주어진 핵심적인 권한인 동시에 유럽, 일본, 영국, 미국 정부들이 유권자들에게서 완전히 분리해놓고 있는 권한이다. 주류 경제학은 이 반민주적인 결정을 위대한 선택으로 여기는데, 이 장에서는 그 이유를 살펴볼 것이다. 중앙은행의 사례를 꼼꼼히 살펴보면서 정부의 어떤 부분에 대해서는 엘리트들이 좀 더 많이 통제할 필요가 있음을 입증하고, 이 부분을 시민이 통제하는 것에 대해서는 비판할 것이다.

## 경쟁력 있는 중앙은행의 조건

"세상에 공짜 점심은 없다." 내가 수십 년 동안 들어왔고, 경제학자들이 즐겨 이야기하는 속담이다. 경제학자들의 냉소주의를 잘 보여주는 동시에 우리의 삶이 아주 힘든 트레이드오프 관계로 가득하다는 것을 상기시켜주는 말이다. 하지만 진짜 공짜 점심이 있다면, 게다가 그 공짜 점심이 맛도 있고 몸에도 좋다면 어떨까? 지나칠 정도로 많은 교육을 받은 경제학자로서 전문적인 조언을 하자면, 그런 공짜 점심이라면 당연히 먹어야 한다.

1993년 두 명의 경제학자는 놀라운 공짜 점심이 있다는 사실을 밝혀냈다. 하지만 하나의 단서가 있었다. 그 공짜 점심을 위해서는 민주주의를 약간 희생시켜야만 한다는 것이다. 하버드 대학교의 저명한 교수인 알베르토 알레시나Alberto Alesina와 래리 서머스Larry

Summers는 고전적인 질문을 던졌다. 한 나라의 선출직 공무원이 중앙은행을 직접 통제해야 하는가?[1] 아니면 중앙은행은 선출직 공무원들로부터 독립되어 마치 종신 임기를 보장받은 판사처럼 유권자들의 변덕스러운 기분에 전혀 영향을 받지 않아야 하는가? 그런 다음 이들은 중앙은행의 목표를 합리적으로 검토했다. 중앙은행은 최대한 안정적이고 낮은 인플레이션, 안정적인 실업률, 안정적이면서도 높은 경제성장률을 목표로 한다. 상당히 안정적인 물가와 풍부한 일자리는 중앙은행이 추구하는 정책 목표로서 비교적 논란의 여지가 없는 것들이다.

이러한 목표를 위한 가장 경쟁력이 있는 중앙은행의 형태는 어떤 것일까? 정치와 연결된 중앙은행일까? 아니면 정치와 단절된 중앙은행일까? 대답을 하기 전에 먼저 이 질문 자체가 부적절한 것은 아닌지 살펴보아야 한다. 진짜 공짜 점심은 없을 수도 있다. 메뉴에서 어떤 음식을 더 많이 달라고 하면, 다른 음식은 덜 줄 수도 있다. 내가 더 많이 먹으면, 다른 사람들은 덜 먹게 될 수도 있다.

이러한 결과는 무시할 수 없다. 전문적이거나 대중적인 경제학 모두 오랜 시간에 걸쳐 이 문제에 대해 숙고해왔다. 후에 노벨 경제학상을 수상한 MIT의 폴 사무엘슨Paul Samuelson과 로버트 솔로Robert Solow 그리고 예일 대학교의 제임스 토빈James Tobin이 1960년대에 이미 제시했던 것처럼, 낮은 인플레이션율과 낮은 실업률은 거의 영구적인 트레이드오프 관계에 있을 수도 있다. 정부는 일관

되게 높은 인플레이션율을 비용으로 하여 경기를 부양함으로써 일관성 있게 낮은 실업률을 유지하며 노동자에게 유리한 경제 환경을 조성할 수도 있고, 높은 실업률이라는 비용을 통해 낮은 인플레이션율을 유지하며 경제를 진정시켜 예금계좌와 채권을 소유한 금융계급에게 이익을 주는 방향을 선택할 수도 있다. 1965년 토빈은 자신의 저서에서 이 트레이드오프 관계를 미국에 적용했는데, 이 책에 당시 부통령이던 린든 존슨Lyndon Johnson이 다음과 같이 서문을 썼다.

> 우리는 어떻게 경제를 운용하면 노동시장이 경색되는지 알고 있다. 재정정책과 금융정책을 통해 연방정부는 경제의 총지출을 통제할 수 있다. 총지출을 통제함으로써 정부는 평균 실업률을 4.5퍼센트로 유지할지, 아니면 3.5퍼센트 내지 3퍼센트로 유지할지를 선택할 수 있다. … 노동시장의 경색을 풀기 위해서라면 물가가 일정 정도 가파르게 상승하는 것은 감당해야 할 수 있다.[2]

따라서 1960년대 MIT의 견해에 따르면 평균 실업률을 낮게 유지하기 위해서는 높은 평균 인플레이션율이라는 비용을 치러야 한다. 전형적인 고통의 트레이드오프이고, 비싼 값을 지불해야 하는 점심이다.

후에 노벨 경제학상을 수상한 여러 경제학자들, 예를 들어 시카고 대학교의 밀턴 프리드먼Milton Friedman과 로버트 루카스Robert Lucas, 미네소타 대학교의 토머스 사전트Thomas Sargent 등은 1960년대(프리드먼)와 1970년대(루카스와 사전트)에 걸쳐 고통의 트레이드오프는 사실은 존재하지 않는다고 주장하며, 중앙은행의 정책 결정에서 눈에 보이지 않는 계급 간의 전쟁은 있을 수 없다고 잘라 말했다. 이들은 모든 경제는 약간의 조정 기간만 거치면 어느 정도의 인플레이션에도 상당히 잘 대처할 수 있다고 주장했다.

소위 민물 경제학자들freshwater economist(시카고 대학교 등 오대호 인근 대학교에 소속된 경제학자를 지칭하는 말로, 대서양에 인접한 보스턴 근교 대학교의 경제학자들을 칭하는 짠물 경제학자saltwater economist와 대비되는 개념이다 – 옮긴이)은 최적 인플레이션율에 대해서는 의견이 달랐지만, 높은 인플레이션율이 반드시 낮은 실업률과 연결되지는 않는다는 점에서는 의견이 일치했다. 군이 이야기하자면 사실은 오히려 정반대에 가까웠다. 인플레이션율이 높은 시기에는 경제가 붕괴되고, 따라서 실업률도 상승한다. 그래서 인플레이션 자체는 경제의 다른 부분에 문제가 있다는 것을 보여주는 징후라는 것이다.

어떤 중앙은행이 좋은 중앙은행이냐 하는 질문은 전반적인 경제가 어떻게 돌아가고 있는지와 밀접하게 연관되어 있다. 금융정책도 고통의 트레이드오프라고 할 수 있는가? 아니면 공짜 점심을 대접하려는 시도인가? 경제가 실제로 어떻게 작동하고 있는지에 대한 질문에 대답을 한 후에야, 그다음으로 정치인들이 직접 운영하는 중앙은행과 독립적으로 임용된 은행장이 운영하는 중앙은행 중 어떤 중앙은행이 훌륭한 금융정책을 만드는 데 적합한지에 대한 질문으로 넘어갈 수 있다.

이제 어떤 은행이 가장 경쟁력이 있는 중앙은행인가라는 질문으로 넘어가보자. 1980년대 초반이 되어서야 비로소 웨스턴온타리오 대학교의 경제학자 마이클 베이드Michael Bade와 마이클 파킨Michael Parkin이 이론과 사례가 아닌 체계적인 사실을 통해 이 질문에 대답할 수 있는 자료들을 모으기 시작했다. 이들을 비롯한 많은 경제학자들은 간단한 방법을 이용하여 자신들이 완곡하게 '중앙은행의 독립성CBI, Central Bank Independence'이라 부르는 것을 측정했다. 가장 기본적인 중앙은행 독립성의 척도는 한 나라의 최고 정치 지도자가 중앙은행장을 파면할 수 있는가이다. 수상이나 대통령이 중앙은행장에게 화가 난다고 해서 국방장관이나 수석보좌관을 해고하는 것과 마찬가지로 중앙은행장도 쉽사리 해고할 수 있는가? 그렇지 않다면, 다시 말해 중앙은행장의 임기가 보장되어 있다면 그것이 중앙은행이 정치제도로부터 독립적이라는 것을 보여주는 하나의 지표가 된다.

하버드 대학교의 알레시나와 서머스는 중앙은행의 독립성을 다시 '정치적 독립성'과 '경제적 독립성'으로 나눠야 한다고 주장했다. 그리고 정치적 독립성에 대해서 다음과 같이 설명했다.

중앙은행장과 이사진이 정부에 의해 임명되는가 그렇지 않은가, 임기는 얼마나 되는가(임기가 길수록 독립적이다), 정부를 대표하는 사람이 중앙은행 이사회에 출석하는가(나쁜 지표), 금융정책안에 대해 정부의 인가가 필요한가(나쁜 지표), '물가 안정'이라는 목표가 중앙은행법에 분명히 명시되어 있는가(좋은 지표, 핵심적인 지표).[3]

경제적 독립성은 이와는 다르다. 경제적 독립성은 중앙은행이 정부에게 '아니요'라고 말할 수 있는지 여부로 판단할 수 있다. 중앙정부가 중앙은행에 저금리 대출을 강요하여 인플레이션, 더 나아가 하이퍼인플레이션의 소용돌이를 불러일으켜 경제를 망쳐버린 나라는 셀 수 없을 정도로 많다. 알레시나와 서머스는 경제적 독립성에 대해 다음과 같이 말한다.

아무런 제약 없이 금융정책이라는 수단을 사용할 수 있는 능력. 금융정책 시행에 가해지는 가장 흔한 제약은 중앙은행이 정부의 적자를 얼마나 메워줘야 하는가의 정도다.[4]

경제적으로 독립적인 중앙은행은 정부의 저금리 자금에 대한 요구를 무시할 수 있을 정도의 자유를 가진 은행이라고 생각하면 된다.

초기 중앙은행의 독립성에 대한 연구에서 연구대상으로 삼았던

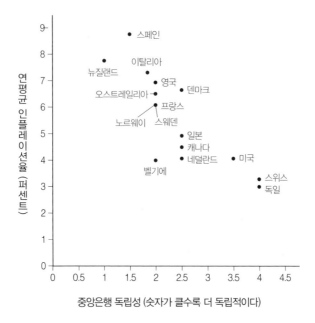

**표2 _ 중앙은행 독립성과 인플레이션의 부적관계성**

변인 X의 값이 커질 때 변인 Y의 값이 작아지는 경우 혹은 변인 X의 값이 작아질 때 변인 Y의 값이 커지는 경우, X와 Y 간의 관계를 부적관계성negative relationship이라고 한다.

출처: 알레시나와 서머스(1993)

나라들은 대체로 서유럽, 북아메리카, 동아시아에 위치한 비교적 부유한 국가들이다. 알레시나와 서머스가 제시한 첫 번째 표는 정치, 그중에서도 민주주의 정치가 훌륭한 금융정책에 방해가 된다는 주장의 근거로 전 세계 경제학 교과서마다 실려 있다.

표2는 스위스, 독일, 미국과 같이 그래프의 오른쪽에 위치한 독립적이고, 덜 민주적인 중앙은행들이 뉴질랜드나 스페인과 같이

10% 적은
민주주의

왼쪽에 있는 국가의 중앙은행에 비해 장기적으로 볼 때 연평균 4퍼센트 낮은 인플레이션율을 유지했다는 사실을 보여준다.

　루카스, 사전트, 프리드먼과 같은 노벨상을 수상한 신고전주의 경제학자들의 주장처럼 낮은 인플레이션율을 유지하는 것이 중앙은행의 대표적인 업무라면, 정치와 단절되어 있는 중앙은행이 그 일을 잘 해내고 있는 것으로 보인다.

　이런 자료를 볼 때, 특히 표2처럼 강력한 상관관계를 보여주는 자료를 볼 때는 상관관계와 인과관계는 다르다는 사실을 떠올려야 한다. 집에 샹들리에가 있다고 해서 부자는 아니다. (물론 샹들리에는 돈이 많다는 것을 보여주는 지표는 된다.) 유모차를 구매한다고 해서 모두 부모가 되는 것은 아니다. (물론 곧 아기가 생긴다는 것을 보여주는 지표는 된다.) 그렇다면 인과관계는 무엇일까? 법적 독립성을 가지고 있는 미국과 스위스, 독일의 중앙은행이 대표적인 업무를 잘 해냈다고 어떻게 확신할 수 있는가? 가령 독일의 경우 중앙은행의 독립성이 아니라 독일의 고유한 문화 때문에 인플레이션율이 낮은 것일 수도 있다. 1920년대 하이퍼인플레이션을 겪었던 독일인들의 집단 기억 때문에 2차 세계대전 이후 낮은 인플레이션율을 요구하는 문화가 만들어졌다는 주장은 이미 오래전부터 있었다.

　따라서 독일 전후 문화가 낮은 인플레이션율을 집요하게 중시한 나머지 독일은 독립적인 중앙은행을 포함하여 낮은 인플레이션을 유지할 수 있다면 어느 것이든 마다하지 않는다는 설명도 가능하다. 물론 독립적인 중앙은행이 낮은 인플레이션율에 도움이 되지 않은 것은 아니지만 그것이 주요 요인은 아닐 수 있다. 아마도 훌륭한 금융정책을 요구하는 시민의 목소리가 좋은 금융정책의 원인이었을 수도 있다. 그렇다면 민주주의가 사실은 무대 뒤에서 알게 모르게 금융정책을 좌지우지하고 있는 것일 수 있다.

중앙은행의 독립성이 그 자체로 중요하다는 이론을 검증해볼 수 있는 비공식적인 방법을 하나 들어보자면, 새로운 정당이 권력을 잡고 빠르게 중앙은행의 주요 업무를 그 전과 다르게 설정할 때 어떤 일이 일어나는지 살펴보는 것이다. 국가별 통계를 보기 전에 우선 뉴질랜드의 사례를 살펴보자. 알레시나와 서머스의 논문에서 가장 정치 의존적 중앙은행을 가지고 있던 나라로 분류되던 뉴질랜드는 1989년 중앙은행 정책을 완전히 수정했다. 몇 달도 되지 않아 표2에서는 왼편에 있던 뉴질랜드 중앙은행의 위치가 오른쪽으로 바뀌었다. 다시 말해, 중앙은행의 독립성이 높아진 것이다.

1970년대와 1980년대 뉴질랜드의 인플레이션율은 1970년대 '대인플레이션Great Inflation' 기간 동안 미국이 경험했던 인플레이션율보다도 높았다. 하지만 중앙은행 개혁 이후 평균 10퍼센트를 훨씬 상회하던 뉴질랜드의 인플레이션율은 연 1퍼센트로 떨어졌다. 그 이후 뉴질랜드의 인플레이션율은 대략 평균 2퍼센트대를 유지하고 있다. 좌파 정부가 들어서든, 우파의 연합정부가 만들어지고 해체되든 간에 뉴질랜드의 인플레이션율은 늘 낮은 상태를 유지하고 있다. 뉴질랜드 정치인들은 중앙은행에 선거에 영향을 받지 않는 독립적인 권력을 주기로 결정했고, 그 결정은 지속적으로 의미심장한 성과를 거두고 있다.

좀 더 복잡한 국가별 통계 근거를 봐도 중앙은행의 독립성이 커질수록 인플레이션율이 떨어지는 경향이 있음을 확인할 수 있다. 오스트레일리아의 경제학자 알베르토 포소Alberto Posso와 조지 타와드로스George Tawadros는 몇 십 개 국가를 수십 년에 걸쳐 관찰한 후 이렇게 결론을 내렸다.[5] 정치인들이 은행에서 손을 떼자, 인플레이션율이 감소한다는 것은 경제에서는 강력한 관계다. 이는 표2에서처럼 단순히 한 국가를 다른 국가들과 비교해서 도출한 근거가 아니다. 한 나라 안에서 정치인들이 운영하는 중앙은행과 내부자에 의해 운영되는 중앙은행을 비교했을 때도 똑같은 근거를 찾을 수 있다.

따라서 중앙은행의 독립성이 인플레이션율을 감소시킨다는 것은 분명하다. 하지만 낮은 인플레이션율 때문에 실업률이 높아지는 것은 아닐까? 예일 대학교의 토빈이 지적했듯이, 국가 경제는 금융계급과 노동계급 사이의 투쟁이 아닐까? 독립성을 확보한 중앙은행이 금융 엘리트에게 더 많은 경제적 무기를 제공하는 것은 아닐까? 알레시나와 서머스의 1993년 논문에서 볼 수 있는 표3과 표4가 다루고 있는 문제가 바로 이것이다. 좀 더 독립적이고 덜 민주적

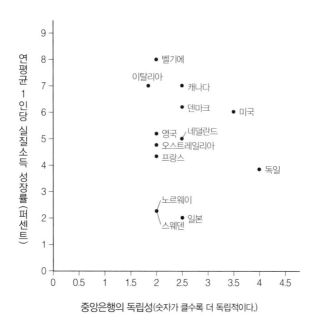

표3 _ 중앙은행의 독립성과 소득 증가

연구 결과 중앙은행의 독립성과 소득 증가율 사이에는 상관관계가 없는 것으로 밝혀졌다.
출처: 알레시나와 서머스(1993)

인 중앙은행을 가진 나라와 정치에 민감한 중앙은행을 가진 나라를 비교했을 때, 실업률과 1인당 소득성장률이 거의 비슷했다.

이 책에서 언급하지 않은 다른 변동성 그래프도 같은 이야기를 하고 있다. 독립적인 중앙은행을 가진 나라에서는 인플레이션의 변동성이 줄어들었고, 경제 성장과 실업률도 같은 변동성을 보이거나 조금 적은 변동성을 보여주었다. 전반적으로 볼 때, 독립적인

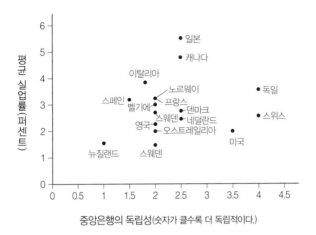

평균 실업률(퍼센트)

중앙은행의 독립성(숫자가 클수록 더 독립적이다.)

**표4 _ 중앙은행의 독립성과 실업률**

연구결과 중앙은행의 독립성과 실업율 사이에는 상관관계가 없는 것으로 밝혀졌다.

출처: 알레시나와 서머스(1993)

중앙은행은 공짜 점심처럼 보인다. 잃을 것은 높은 인플레이션밖에 없다. 물론 대통령이 중앙은행장을 해고할 권한도 더불어 없어지지만 말이다.

## 독립적 중앙은행은 경제 발전을 가져오는가?

텔아비브 대학교와 프린스턴 대학교의 알렉스 큐키어먼Alex Cukir -man과 런던, 밀라노, 로스엔젤레스에서 각각 재직했던 비토리오

그릴리Vittorio Grilli, 도나토 마시안다로Donato Masciandaro, 귀도 타벨리니Guido Tabellini를 포함한 많은 경제학자들이 독립적인 중앙은행의 장점을 측정해왔다. 하지만 알레시나와 서머스의 논문이야말로 혁명적이었다.[6] 여러 이유로 인해 이 논문은 순식간에 성공을 거두었다. 두 명의 하버드 대학교 교수가 썼다는 점도 도움이 되었을 것이고, 저명한 학술지《금융회보Journal of Money, Credit and Banking》에 논문이 실렸던 것도, 그리고 두 사람이 이미 젊은 나이에 재미있고 흥미진진하면서도 중요한 의미가 있는 논문을 쓴다는 커다란 명성을 획득하고 있었던 것도 나름 역할을 했을 것이다.

하지만 그보다 더 중요한 것이 있다. 이 세상을 바꾼 논문에 복잡한 통계라고는 하나도 찾아볼 수 없다는 점이다. 알레시나와 서머스의 논문에는 앞에서 보았던 기본적인 도표 몇 개만 그려져 있고, 부록에는 가공되지 않은 숫자를 제시하여 누구든 이 자료를 이용할 수 있도록 했다. 경제학자들이 대학원에서 배우는 고차원적인 미적분, 확률 이론, 통계 공식 같은 것들은 전혀 사용하지 않았다. 알레시스와 서머스는 예를 들어 '스위스가 중앙은행의 독립성과는 상관없이 원래부터 인플레이션율이 낮은 국가일 가능성은 없을까?' '가톨릭 국가들은 보통 부패지수가 낮아서 인플레이션율이 높을 가능성은 없을까?'와 같은 논의를 하느라 시간을 낭비하지 않았다. 이미 독일의 경우를 살펴보았듯이, 이런 질문은 끝도 없이 제기될 수 있다. 그리고 실제로 이런 의문이 몇 십 년에 걸쳐 제기되기도 했다.

하지만 때로는 세상에서 벌어지고 있는 일이 자명하게 보일 수 있다. 그럴 때는 자신의 주장을 분명하게 말해야 한다. 알레시나와 서머스는 정치와 분리되어 있는 중앙은행이 경제에 긍정적인 영향을 미친다고 확신했다. 그들은 이 문제에 대해 다른 사람들도 토론에 참여하게 만들고 싶었다. 그래서 약간 자세를 낮추어 이렇게 썼다. "우리는 에두르지 않고 직접적인 방식으로만 자료를 보았다. 중앙은행의 독립성과 실제 경제적 성과와의 좀 더 상세한 분석이 있으면 좋을 것이다."[7]

좀 더 상세한 분석이 이어졌지만, 알레시나와 서머스가 선호했던 설명이 여전히 모든 분석에서 커다란 부분을 차지했다. "우리의 발견은 금융 정책에 대한 최적의 규칙이 무엇인가를 놓고 계속 이어지는 논의에 시사하는 점이 있다. 우리의 발견이 가장 분명하게 제시하고 있는 것은 경제적 성과는 중앙은행의 독립성에 좌우된다는 것이다."[8]

## 중앙은행의 독립성으로 알 수 있는 것

중앙은행에 대한 초기 연구에서는 문자로 명시된 공식적인 규칙을 통해 중앙은행의 독립성을 살펴보았다. 예를 들어 중앙은행장의 임기는 몇 년으로 규정되어 있으며, 재무부 장관이 중앙은행 이사회의 이사로 회의에 참여하는지를 살펴보았다. 하지만 우리 모두는 명문상의 규칙과 실제 규칙이 다르다는 것을 알고 있다. 재무부 장관이 은행에 행사할 수 있는 공식적인 권력은 전혀 갖고 있지 않더라도, 그저 전화 한 통화만으로 중앙은행 이사회 표의 절반은 마음대로 주무를 수도 있다. 따라서 초기 연구 이후 몇 년도 지나지 않아 경제학자들은 중앙은행의 독립성을 평가하는 다른 지표들을 찾기 시작했다. 그리고 두 가지 언급할 만한 대용 지표가 등장했다. 첫 번째는 중앙은행 이사진의 임기였다(길수록 독립적이다). 두 번째는 중앙은행 이사를 임명했던 정치인이 공직을 떠날 때, 그 이사 역시 중앙은행을 그만두는지 여부였다. 임명권자가 공직에서 떠날 때 같이 그만두어야 한다면, 진정한 권력은 이사진을 임명했던 정치인에게 있는 셈이다.9

좋은 정치제도를 가지고 있는 부유한 나라들, 다시 말해 부패지수가 낮고 강력한 정치제도를 가지고 있는 나라의 경우에는 명문상의 규칙과 실제 규칙 사이에 커다란 차이를 발견할 수 없었다. 긴 법정 임기가 보장되고 중앙은행 이사회의 교체 주기가 긴 나라에서는 낮은 인플레이션율을 예측할 수 있었다. 하지만 가난한 나라, 다시 말해 부패지수가 높고 약한 정치제도를 가지고 있는 나라에서는 실제 규칙(실제 임기와 임명권자가 그만둘 때 임명된 이사도 그만두는가)을 통해서 경제 성과를 좀 더 잘 예측할 수 있었다.

이따금씩 나의 동료 경제학자들은 실제 세계가 어떻게 돌아가는지 잘 알지도 못하고 관심도 없는, 순진하다 못해 모자라고 현실과는 동떨어진 학자라고 조롱을 받기도 한다. 하지만 중앙은행의 독립성에 대한 문헌을 살펴보면 나의 동료 경제학자들이 얼마나 꼼꼼하게 자신의 발견을 속속들이 검증하는지 알 수 있다. 큐키어먼을 비롯한 여러 경제학자들이 이러한 태도를 가질 수밖에 없는 이유는 자신을 포함한 경제학자들이 얼마나 설득하기 힘들고 의심이 많은 사람들인지 알고 있기 때문이다.

경제학자들이 흔히 하는 이야기가 있다. 경제학자들은 보통 시카고 대학교에서 연구 논문에 대한 세미나를 연다. 가장 많은 노벨상 수상자를 배출한 대학이기 때문이다. 세미나에서 교수들 앞에서 발제를 할 때 절대로 발표하는 데 10분 이상 걸리는 슬라이드를 만들지 않는다. 나머지 90분 동안 세미나에 참석한 다른 교수들이 논문 발제문을 조각조각 찢어서 비판할 시간을 주어야 하기 때문이다. 자신의 논문도 이런 처지가 될까 두려운 경제학자들은 주장을 보강하고, 자료를 찾고, 자신의 생각이 정말 옳은지, 아니면 자신이 꿈과 동화의 세계에 살고 있는 것은 아닌지 철저하게 점검한다.

비록 비전문적인 방식이기는 하지만 나 역시 이 책에서 이와 같은 접근 방법을 사용하고 있다. 다양한 근거에 주목하고, 중앙은행의 독립성에 대한 다양한 지표들을 활용하여 중앙은행의 독립성이 경제적 성과에 도움이 된다고 지적하고자 한다. 중앙은행이 덜 정치적이고 덜 민주적일수록 그리고 내부자에 의해 운영될수록, 그 결과가 훌륭하기 마련이다. 여러 상관관계는 어느 정도는 인과관계가 있음을 가리키고 있다.

이렇게 꼼꼼한 연구 방식에는 기대치 않았던 약간의 부가적인 편익이 있었다. 큐키어먼 등은 이미 부유한 나라에서는 중앙은행의 독립성이 보장된다고 해서 그 나라가 더 부유해진다는 명확한 근거를 발견할 수 없었다. 인플레이션율이 낮게 유지되고(유권자들은 이런 상태를 좋아한다), 실업률과 경제 상황이 더 안정되는 것은 그 자체로 커다란 혜택이다. 하지만 중간 소득 혹은 하위 소득 국가에서는 (최소한 자료상으로는) 더 많은 혜택을 누릴 수 있다. 중앙은행이 독립적일수록 경제는 더 빠르게 성장한다. 따라서 나라는 결국 더 부유해진다.

1960년대, 70년대, 80년대에 가난한 나라의 자료를 살펴보며 큐키어먼과 공저자들은 한 가지 사실을 발견했다. 어떤 나라의 수출 가격의 변화, 교육 수준, 당시 부의 수준에 대해 이미 알고 있더라도, 그 나라의 중앙은행 독립성의 실질적인 수준에 대해 알면 그 나라 경제가 앞으로 얼마나 빠르게 성장할지 훨씬 더 잘 예측할 수 있다는 것이다. 전반적으로 볼 때, 중앙은행을 정치인들(그리고 유권자들)의 영향에서 자유롭게 만드는 것은 거의 모든 면에서 이익이라는 점은 확실하다.

# 정부의 손 묶어두기

케케묵은 농담이 있다. 경제학자는 어떤 것이 실제로 작동하는 것을 본 후, "이게 이론적으로도 작동이 될까요?"라고 묻는 사람이라는 것이다. 우리는 이미 부정하기 힘든 강력한 사실을 발견했다. 중앙은행이 덜 민주적일수록 더 잘 작동한다는 사실이다. 하지만 왜 그럴까? 이것이 이 책에서 다루고 있는 질문이다. 추상적이고, 비현실적인 경제 이론의 측면에서 보면 고생길이 열린 셈이다.

이론화 단계가 중요한 이유는 독립적인 중앙은행의 장점이 어디에서 비롯되는지 파악하면 민주주의의 단점에 대해서도 생각해볼 수 있기 때문이다. 근대의 대의 민주주의가 금융정책을 형편없이 운용하는 이유를 알아낼 수 있다면, 유권자들이 금융정책을 좌우해서는 안 되는 다른 문제에 대해서도 짐작할 수 있을 것이다.

하나의 이론은 다음과 같다. 자신이 정치인이라고 가정해보자. 당신은 일자리를 늘리는 데 많은 관심을 가지고 있다. 개인적으로는 경제에 활력을 불어넣기 위해 (특히 선거가 임박한 경우!) 중앙은행에 돈을 마구 풀라고 재촉하고 싶은 생각도 있지만, 금융정책을 운용하는 일은 낮고 안정된 인플레이션율에만 관심을 두고, 실업률은 안중에 없는 '보수적인 중앙은행원'에게 위임하는 편이 좋다. 전 체스 챔피언이었고, 지금은 하버드 대학교의 경제학자인 케네스 로고프Kenneth Rogoff가 만든 이 이론은 다음과 같이 전개된다.[10]

실물 경제를 부양할 수 있는 유일한 금융정책은 깜짝 놀랄 정도로 저금리의 자금을 시민들에게 공급하는 것이다. 저금리의 자금은 단기적으로 (물가가 오르기 전까지) 더 많은 지출을 하게 만들고, 더 많은 일자리를 만든다. 하지만 결국 물가는 오르기 마련이고, 더 이상 저렴한 상품이 생산되지 않으면 호황은 끝나게 된다.

하지만 그렇게 자주 저금리 자금을 공급할 수는 없다. 결국 (혹은 심지어 당장) 시민들은 저금리에 익숙해지게 되고, 돈이 풍부해지는 순간 기업들은 물건의 가격을 올리고 노동자들은 임금 인상을 요구하게 된다. 상품과 노동력이 비싸지면서 물가와 임금은 호황을 보이지만, 실제 생산성이나 일자리에 호황은 없다. 기분 좋게 취하지도 못한 상태에서 숙취만 남는 셈이다.

그것은 낭비일 뿐이다. 이 모델은 (그리고 우리의 현실은) 일시적인 저금리 자금으로 사람들을 속이는 것이고, (근거를 찾을 수 없는 이야기에 따르자면) 에이브러햄 링컨Abrahma Licoln도 말했듯이 언제나 모든 사람을 속일 수는 없기 때문에 저금리 자금으로 유권자를 속이려 드는 것은 좋지 않은 생각이다. 하지만 안타깝게도 좋지 않은 생각임에도 불구하고 유권자들과 정부는 정부가 (특히 선거 전에) 저금리로 시중에 자금을 뿌리고 싶은 유혹을 받는다는 사실을 알고 있다! 정부가 자신의 두 손을 묶어두는 방법을 발견할 수 있다면, 다시 말해 그 유혹을 거부하고 시민들에게 유혹에 저항하는 방법을 찾아냈다고 알릴 수 있다면 얼마나 좋을까!

하지만 선출직 정치인들은 자신의 두 손을 묶을 수 없다. 오디세우스도 사이렌의 노래에 따라 행동하지 않기 위해 부하 선원들에게 자신을 돛대에 묶어달라고 부탁했다. 시민들은 정부가 자신의 손을 묶어둘 수 없다는 것을 알고 있기 때문에 선거 전에 당연히 인플레이션이 있을 것이라고 예측한다. 그래서 정부가 돈을 찍어내는 인쇄기를 켜기도 전에 당장 물가가 올라가기 시작한다.

하지만 이런 난관을 빠져나갈 수 있는 방법이 한 가지 있다. 정부가 금융정책에 대한 모든 권력을 호황을 만들어내는 데 관심이 없는 사람에게 위임해버리는 것이다. 다시 말해 안정적이고 낮은 인플레이션에만 관심을 가진 사람에게 금융정책을 맡기는 것이다. 아마도 월스트리트, 런던, 홍콩 등에서 근무하는 은행가일 수 있다. 이들은 갑작스러운 높은 인플레이션으로 자신의 채권 포트폴리오의 가치가 급락할까 걱정하는 사람들이다. 혹은 실물경기변동 이론RBC, real business cycle theory을 익힌 사람일 수도 있다. 이미 노벨 경제학상을 수상한 실물경기변동 이론은 경기 순환의 원인이 대체로 유가의 변화, 규제와 세제의 변화, 그밖에 중앙은행이나 돈과는 아무런 관련이 없는 공급 측면의 힘이라고 믿고 있다. 극단적인 형태의 실물경기변동 이론은 실물 경제에 금융정책은 아무런 영향도 미치지 않는다고까지 주장한다.

하지만 어느 정도 유연한 입장이라고 할지라도 대체로 실물경기변동 이론은 금융정책이 과대평가되고 있다는 데 동의하고 있다. 저금리의 자금이 과연 경기를 부양할 수 있을지를 걱정하는 것은 병원 수술실의 실내 장식에 대해 걱정하는 것이나 대통령이 의회 연설에서 어떤 넥타이를 맬 것인가 걱정하는 것과 마찬가지다. 수술실의 실내 장식이 멋지고, 대통령이 세련된 넥타이를 매는 것도 나쁘진 않다. 하지만 그에 대해 걱정하느라 많은 시간을 낭비하는 것은 바보 같은 짓이다.

금융정책에 대한 권한은 보수적인 중앙은행에게 위임하는 게 현명하다는 것이 이 이야기의 교훈이다. 중앙은행은 냉정할수록 좋다. 전형적인 시민 같은 사람을 선택해서는 안 되고, 대표성을 강요해서는 안 된다. 중앙은행을 맡고 있는 사람이 일반 시민과 같은 믿음과 감정을 가지고 있어서는 안 된다. 오히려 비전형적인 사람, 경기 호황을 만들어내는 데에는 평균 이하의 관심을 갖고 있는 사람이어야 한다. 그래야 평균적인 사람들의 삶이 좀 더 나아질 수 있다. 대표성은 중요하다. 로고프가 말했듯이 대표성은 해를 끼치기 때문이다.


## 보수적인 중앙은행 이론

따라서 정부가 안정적이고 낮은 인플레이션에 초점을 맞추도록 만드는 한 가지 방법은 중앙은행은 인플레이션을 제외하고는 어떠한 것에도 실제적인 영향을 미쳐서는 안 된다고 생각하는 사람에게 중앙은행의 운영을 맡기는 것이다. 노벨경제학상 수상자인 핀 쉬들란Finn Kydland과 에드워드 프레스콧Edward Prescott은 물론 로체스터 대학교의 존 롱John Long, 그리고 나중에 연방준비은행 총재가 된 찰스 플로서Charles Plosser 등은 실물경기변동 이론이 만들어지던 1980년대 초반 거의 같은 시기에 중앙은행을 실물경기변동 이론의 신봉자에게 맡겨야 한다고 이구동성으로 주장했다. 이들은 중앙은행을 실물경기변동 이론을 신봉하는 경제학자에게 맡기면, 중앙은행은 자신이 가지고 있는 유일한 힘이라고 할 수 있는 인플레이션을 통제하는 데에만 집중하게 될 것이라고 확신했다.[11]

정신 나간 생각처럼 보일 수도 있다. 하지만 전 세계의 주요 중앙은행들이 상당한 정도로 이런 입장을 가지고 있는 것도 사실이다. 최고의 경제학과에서는 실물경기변동 이론과 연관된 중요한 연구를 해왔고, 중앙은행들은 최고의 능력을 갖춘 경제학자들을 고용하려 하기 때문에 실물경기변동 이론을 전공한 많은 박사학위자들이 금융정책을 결정하는 부서마다 자리를 잡게 되었다. 실물경기변동 이론은 돈이 중요하지 않다고 증명하려 하지 않는다. 이 이론은 경제학자들에게 다른 설명과 가설을 제시한다. 이 이론이 다루고 있는 핵심 과제는 왜 어떤 해에는 다른 해에 비해 경제가 더 빨리 성장하는가이다.

이러한 관심사는 실제 삶에도 중요해 보인다. 이미 언급했듯이 전 연방준비은행 총재가 '실물경기변동'이라는 말을 처음 만들었던 논문의 공저자였다. 중앙은행의 권한과 경제적 수요의 전능한 역할에 대해 회의적인 시각을 보였던 이 논문과 같은 입장은 중앙은행에서도 쉽게 찾아볼 수 있다. 나는 개인적으로 중앙은행에서 일했던 경제학자들을 몇 명 알고 있다. 나는 그들에게 종종 다음과 같은 질문을 던졌다. '왜 호황과 불황이 일어나는가?' '왜 경제성장률은 매년 변하는가?' 이들이 하는 흔한 대답이자 내가 들을 수 있었던 유일한 대답은 "모르겠어요"였다. 조금 더 따지고 들면 좀 더 많은 정보를 얻을 수 있었지만, 중앙은행에서 일하는 사람들은 그들의 총재가 실물 경제의 어떤 부분에서 정말로 많은 역할을 하고 있는지 정말 모르고 있는 듯했다.

로고프의 말대로 인플레이션에만 관심이 있는 보수적인 중앙은행에 권한을 위임하지 않는 정부도 있을 수 있다. 경제적 수요는 실업률과는 아무 상관이 없다고 믿는 경제학자들을 고용하지 않는 정부도 있을 수 있다. 하지만 이미 많은 정부는 그와는 반대 방향으로 나아가고 있다. 이미 많은 중앙은행에는 자신들이 실물 경제에 커다란 영향을 미칠 수 없다고 생각하는 경제학자들이 자리 잡고 있고, 심지어 총재 자리에 앉아 있다. 그래서 중앙은행은 자신이 가지고 있는 하나의 초능력에만 집중할 수 있다. 물론 그 초능력은 인플레이션율을 낮게 그리고 안정적으로 유지하는 것이다.

최적의 중앙은행에 대한 엔더스 게임 이론이라고 할 수 있다. 공상과학 소설《엔더스 게임Ender's Game》에서 비디오 게임의 달인인 엔더 위긴Ender Wiggin이라는 소년은 한 비디오 시뮬레이션 게임에 참여해달라는 부탁을 받는다. 게임 속에서 그는 지구를 지키는 우주 선단을 이끌고 외계인 군대와 맞서 싸워야 한다.[12] 선단이 외계인 군대를 물리치고 난 후, 그는 사실 그가 이끈 선단은 시뮬레이션이 아니라 실제 선단이었고, 자신은 지구를 정복하려는 외계인에 맞서 인간을 구하기 위해 최후의 전투를 지휘한 제독 역할을 했다는 이야기를 듣는다. 이 이야기의 논리에 따르면, 그저 게임을 하고 있다고 믿게 만드는 편이 엔더가 실제 전투에서 승리할 가능성을 높여주었다는 것이다. 중앙은행이 인플레이션에만 집중하게 만듦으로써, 독립적인 중앙은행은 좀 더 안정적인 실물 경제를 위한 전투에서 승리를 거둘 가능성이 높아질 수도 있다.

이런 면에서 보면 로고프의 보수적인 중앙은행 이론은 우리가 아주 흔히 들을 수 있는 육아에 대한 충고와 같다. 실제 세계에서는 '안 돼'라고 말하는 데 능숙한 사람에게 훈육을 맡기는 편이 좋다는 것이다. 그래야 아이를 포함한 모든 사람들이 편할 수 있다. 전문적인 교육을 받은 경제학자들이야말로 저금리 자금을 요구하는 유권자들에게 '안 돼'라고 말하는 데 능숙한 사람들이다.

## 중앙은행의 독립성과 금융위기

따라서 독립적인 중앙은행이 인플레이션과 싸우는 부분적인 이유는 자신이 가진 권한을 나와 같은 경제학자들에게 위임하고 있기 때문이다. 하지만 독립적인 중앙은행에 대규모 금융위기의 위험을 줄이라고 요구하는 것은 지나친 일일까? 분명히 그렇지 않다. 독립적인 중앙은행을 가지고 있는 나라일수록 금융위기를 적게 겪는 것으로 보인다. 흐로닝겐 대학교의 경제학자 예룬 클롬프 Jeroen Klomp와 뮌헨 대학교 경제연구소의 제이콥 드 한Jakob de Haan 은 전 세계적 금융위기가 절정에 치닫던 2009년 이 주제에 대한 시의적절한 논문을 발표했다.[13] (금융위기가 좀 더 자주 일어나는) 중간 소득 혹은 중상위 소득 국가에 가중치를 둔 전 지구적 샘플에서 도출한 자료를 통해, 그들은 1980년에서 2005년 사이에 어떤 일이 일어났는지를 들여다보았다. 이들은 다양한 불길한 징후를 통해 금융위기를 살펴보았다. 은행 신용의 하락, 은행 주가의 하락, 이와 관련된 이자율의 급등, 그 외 여러 지표가 사용되었다.

이들은 중앙은행의 독립성과 금융위기의 가능성이 부적관계성 negative relationship에 있는지만을 살펴본 것은 아니었다. (스포일러를 던지자면, 둘 사이에는 부적관계성이 있다!) 이들은 한 걸음 더 나아가 은행에 대해 이미 많은 것이 알려져 있는 상태에서도, 중앙은행의 독립성이 금융위기가 일어날 가능성을 낮출 수 있는지를 알아내고자 했다. 그 나라의 법질서의 수준에 대해 알고 있고, 그 나라가 어느 정도까지 대규모 국제 금융의 흐름에 개방되어 있는지, 수출입 가격에 커다란 충격을 받았는지 여부를 알고 있다고 하더라도, 일단 중앙은행의 독립성을 보여주는 기존의 조잡한 지표라도 있다면, 그 나라는 금융위기를 겪게 될 가능성이 낮다고 예측할 수 있었다. 둘 사이의 연결고리는 가난한 나라에서 좀 더 부각되었지만, 부유한 나라에서도 찾아볼 수 있었다.

클롬프와 한은 좀 더 깊이 연구한 결과 중앙은행의 독립성이 실제로 대단한 초능력이라는 사실을 발견했다. 중앙은행의 직업 안정성은 중앙은행 직원들이 자신의 일에 집중할 수 있게 한다. 금융위기의 위험성을 낮추는 것이 그들이 해야 하는 일 중 하나다. 그들이 그 일을 해낼 수 있는 것은 아마도 안정적이고 낮은 인플레이션율에 집중하고, 은행 감독과 같은 다른 중요한 일에도 주목하고 있기 때문이다. 구체적인 부분까지 들어가면 우리의 논의 영역을 벗어날 수 있으니 일단 여기까지만 이야기하도록 하자. 하지만 독립적인 중앙은행이 금융위기를 예측하지도, 예방하지도 못했다는 불만을 제기하는 사람들에게 한 마디 하자면, 최소한 1980년에서 2005년까지 비독립적인 중앙은행들은 더 형편없는 결과를 보였다는 사실을 지적하는 것만으로도 충분할 것이다.

종합해볼 때, 독립적인 중앙은행은 그냥 공짜 점심이 아니다. 공짜로 먹고, 돈까지 받을 수 있는 점심이다. 낮은 인플레이션, 더 나쁘지 않은 (아마 약간 더 나은) 성장률, 금융제도 붕괴 위험의 감소 모두를 얻을 수 있으니 말이다.

## 중앙은행의 독립을 위한 정치 개혁

독립적인 중앙은행은 처음부터 완벽한 형태로 갑자기 땅에서 솟아나지 않는다. 오히려 중앙은행의 독립성이란, 앞서 암시했던 것처럼, 시민, 정치 지도자, 국제 투자 단체와 그밖에 수없이 많은 요소들이 선택한 결과물이다. 그래서 우리는 앞에서 언급했던 문제로 되돌아올 수밖에 없다. 그것이 정부 규제가 진정 중요하다는 모든 주장의 핵심적인 문제이기 때문이다. 중앙은행을 조금 덜 민주적으로 운영할 때 좀 더 나은 결과를 예측할 수 있다고 해서, 이 연관관계가 은행을 은행가들에게 맡겨두도록 허용하는 넓은 의미의 정치 문화에서 비롯된 것이 아니라 중앙은행장의 긴 임기 보장에서 오는 것이라고 어떻게 확신할 수 있는가? 앞서 보았듯이 정부가 중앙은행 독립성의 수준을 높일 때 상당히 빠르게 인플레이션율이 하락했다. 하지만 중앙은행 독립성의 변화는 빠른 속도로 바뀌고 있는 정치 문화의 변화를 반영하고 있을 뿐일 수도 있다. 정치 문화가 쇼의 주체이고, 중앙은행에 대한 정치적 규제는 그 문화의 반영에 지나지 않을 수 있다. 과연 이게 맞는 이야기일까?

물론 넓은 의미의 정치 문화는 중앙은행 체제, 사법제도, 그 외 관료체제를 만든다. 몇몇 경제학자들이 장기적인 국가별 자료를 보고 어떤 말을 남겼는지 살펴보자. 중앙은행의 독립성을 경제학에서 떼어놓을 수 없는 관심사로 설정한 1993년 논문의 공저자였던 알베르토 알레시나는 2010년 이 주제에 대해 10년이 넘게 벌어졌던 논의를 돌이켜보는 논문에도 참여했다. 이 논문에서 그와 공저자 안드레아 스텔라Andrea Stella는 중요한 한 가지 비판에 대해 다음과 같이 요약했다. "중앙은행의 독립성과 인플레이션 사이의 부적관계성에 반대하는 근거를 제시하며 비판하는 주장이 있다. (이러한 비판을 제기하는 학자들은) 평균 인플레이션율과 그 나라의 (다양한) 특징을 비교하고, 개방성, 정치적 안정성, 최적의 세금 부과와 같은 경제의 기초 체력이 중앙은행의 독립성과 같은 제도적인 방식보다 인플레이션에 훨씬 더 강력한 영향을 미친다고 결론짓는다."[14]

따라서 큐키어먼의 경우 국가의 부가적인 특성에 대해 좀 더 많이 알고 있더라도 중앙은행의 독립성이 여전히 낮은 인플레이션을 예측하는 데 도움이 된다고 생각했던 반면, 다른 학자들은 국가의 부가적인 특성들을 포함시키면 (나는 정치 안정성 지수도 여기에 포함시켜 주목해야 한다고 말하고 싶다) 중앙은행의 독립성은 낮은 평균 인플레이션 예측에 필요 없는 것이 되어버린다고 주장한다. 프린스터 대학교의 앨런 블라인더Alan Blinder는 연방준비제도이사회의 부의장에서 사임한 후,《중앙은행의 이론과 실제Central Banking in Theory and Practice》라는 짧으면서도 뛰어나고, 다소 딱딱하지만 지나치게 전문적이지는 않은 책을 썼다. 이 책에서 그는 이렇게 말했다.

> 좀 더 독립적인 중앙은행을 가진 나라일수록 낮은 평균 성장률을 겪지 않으면서 낮은 평균 인플레이션율을 누릴 수 있다는 것이, 보편적일 정도는 아니지만 흔히 발견되는 현상이었다. … 하지만 최소한 두 가지 단서가 있다. 우선 중앙은행의 독립성과 인플레이션 사이의 부적관계성은 그렇게 강하지 않았다. 예를 들어, 다른 변수들을 고려했을 때 … 부적관계성은 유지되지 않았다. 둘째, 몇몇 최근 연구들은 이 상관관계가 인과성을 암시하느냐에 의문을 던지고 있다.[15]

중앙은행에 재직하면서 전 세계 중앙은행 직원들을 만나본 경험이 있는 블라인더는, 혼란스러운 경험적 근거에도 불구하고, 중앙은행이 최소한 어느 정도는 정치 과정으로부터 독립적이어야 한다는 분명한 입장을 취하고 있다. 하지만 그는 민주주의에 반대하는 목소리를 높이며 비판을 하지는 않는다. 그는 논문의 많은 부분을 할애해서 시민에 대한 책임을 강조하고 있으며, 민주주의를 신봉하는 정치인들이 특별히 근시안적이라고 간주하지도 않는다. 블라인더는 흥미로운 말을 한다. "민주주의 국가 그리고 심지어 비민주주의 국가의 정치인들까지도 장기적인 지평이나 인내심을 자신의 장점으로 내세우지 않는다. 대중매체나 심지어 대중도 마찬가지다."[16] 그는 더 나아가 이렇게 말한다.

> 이를 알고 있는 현명한 정부는 금융정책을 탈정치화하려 애쓴다. 예를 들어 금융정책을 오랜 임기를 보장받고, 정치라는 난장판에서 단절되어 있는 비선출 전문가의 손에 맡기는 것이다. … 나는 중앙은행의 독립성은 이미 그것을 찾아볼 수 있는 곳에서는 보존되어야 하고, 그것이 보장되지 않는 곳에서는 추구해야 할 좋은 제도라고 결론짓고 싶다.[17]

블라인더는 중앙은행의 독립성이 낮고 안정된 인플레이션을 예측할 수 있는 단 하나뿐인 강력한 척도는 아니라고 생각한다. 하지만 여전히 중앙은행의 독립성은 좋은 것이라고 믿고 있다. 앞에서 살펴보았듯이, 일상적인 정치에서 거리를 두고 있는 중앙은행을 지지하는 데는 충분한 근거가 있었다. 표2와 표3, 표4에서 거칠게 국가별 관계를 볼 수 있었고, 사례 연구를 살펴보았으며, 뉴질랜드처럼 독립적인 중앙은행을 만드는 순간 인플레이션율이 떨어진 나라의 공식적 통계 분석도 보았다. 그리고 로고프의 보수적 중앙은행과 관련된 교훈적인 이야기, 다시 말해 믿고 위임하는 형태로 약간의 정치적 거리만 유지해도 중앙은행이 좀 더 훌륭한 정책 결정을 하는 데 커다란 도움이 될 수 있다는 이야기도 들었다.

이제 우리는 제도 개혁을 주장하는 게 어떤 의미를 갖는가 하는 문제에 도달했다. 우리가 향유하고 있는 정치제도가 이미 유권자, 문화, 국내와 국외의 경제적 이익에 의해 형성되어 있다는 것을 알고 있는 상황에서, 정치제도의 한 부분을 바꾸려 드는 게 무엇을 의미하는가? 이미 길이 정해져 있는 단선철도에서 운전자에게 열차를 조종하는 방법을 굳이 말해주려고 하는 것과 같지 않을까?

현실에 에워싸여 아무런 대안도 생각하지 못하고 있는 사람들에게 어떻게 충고를 해야 하는가라는 문제는 무시하기에는 너무도 중요하다. 1960년에 이제는 고인이 된 하버드 대학교의 경제학자 제임스 듀젠베리James Duesenberry는 후에 노벨 경제학상을 받은 게리 베커Gary Becker의 합리적 선택 이론을 비판하면서, 이렇게 주장한 적이 있다. "경제학은 사람들이 어떻게 선택을 하는가에 모든 관심을 둔다. 사회학은 사람들이 선택을 하지 못하는 이유에 모든 관심을 쏟는다."[18]

지금의 상황을 놓고 보면 기꺼이 사회학자들이 대체로 옳다고 인정할 수 있다. 하지만 나는 여전히 작은 혹은 중간 정도 규모의 정치 개혁이 있어야 한다고 주장하고 싶다. 모든 민주주의 정치제도에는 나의 조지메이슨 대학교 시절 동료였던 브라이언 캐플란 Bryan Caplan이 '느슨한 부분slack'이라고 부르는 것이 있다. 이것은 훌륭한 아이디어를 가진 똑똑한 사람이 상황을 조금이나마 개선하는 정치 개혁을 밀어붙일 수 있는 정치적 운동 영역을 의미한다.[19]

이 자리가 자유 의지의 존재 여부에 대해 논할 자리는 아니지만 '느슨한 부분', 다시 말해 정치적으로 약간 움직일 수 있는 여지는 존재한다고 주장하고 싶다. 정치적 선택은 메뉴를 통해 이루어진다. 여러분의 아이디어가 메뉴에 없다면, 그 아이디어가 선택될 가능성은 없다. 그런 이유로 이 책에서는 많은 다양한 아이디어를 제시하려 한다. 어떤 아이디어는 어떤 나라의 메뉴에 어울릴 것이고, 다른 아이디어는 다른 나라의 메뉴에 어울릴 수 있다. 이 책이 작은 개혁에서 중간 규모의 개혁에 주로 초점을 맞추고 있는 것도 마찬가지 이유다. 이 개혁은 똑똑한 정치인이나, 소규모 정치 운동이 마지막 순간에 법안에 슬쩍 밀어넣을 수 있는 것들이다. 한 나라의 문화가 크게 바뀌기를 요구하지도 않고, 유권자들이 거의 한 마음으로 변화를 요구할 때만 가능한 개혁도 아니다. 대부분은 약간의 땜질 혹은 미봉책이다. 물론 그 땜질의 결과 유권자들은 정치 권력의 10퍼센트 정도를 포기해야 한다.

## 개혁을 위한 가장 간단한 방법

몇 년 전 노벨상을 수상한 캐나다 경제학자 로버트 먼델Robert Mundell을 축하하는 연회에서 한 농담을 들은 적이 있다. 전체 이야기는 기억이 안 나지만 대략적인 내용은 다음과 같았다.

경제학과 교수가 대학원 동기에게서 전화를 받았다. 그 친구는 외국에서 태어나 대학원을 마친 후 자신의 나라로 돌아갔다. 몇 십 년이 지난 지금 그 친구는 그 나라의 중앙은행장이 되었다. 중앙은행장이 된 친구가 경제학 교수를 초청했다. 교수는 중앙은행 본부에 자리 잡은 근사한 사무실에 들어섰다. 친구에게 축하 인사를 건넨 후, 두 사람은 자리를 잡고 이야기를 나누기 시작했다.

얼마 지나지 않아, 은행장인 친구의 휴대전화가 울렸다. 은행장은 전화를 흘끗 보고는 전화를 받아야 한다며 통화를 시작했다. 상대방의 이야기는 들리지 않았기 때문에 교수는 은행장의 말만 들을 수밖에 없었다.

"아니요."

"아니요."

"아니요."

"아니요."

"아니요."

"네."

"아니요."

"아니요."

"아니요."

"아니요."

중앙은행장은 전화를 끊었다. 교수는 호기심에 누구의 전화였는지 물었다. 그러자 중앙은행장이 대답했다. "재무부 장관." 그 다음

교수는 너무도 뻔한 질문을 던졌다. "왜 한 번은 '네'라고 이야기했어?" 중앙은행장은 말했다. "자신의 이야기가 들리느냐고 묻더군."

그 방에 있던 사람들 모두가 이 농담을 좋아했다. 훌륭한 중앙은행장이 되려면 "아니요"라고 말하는 데 능숙해져야 한다는 요점을 잘 짚고 있었기 때문이다. 정부에 혹은 정부의 친구들에게 대출을 해주라는 정부의 압박에 직면하는 중앙은행장은 자신의 입장을 정하고 그 입장을 엄격히 고수해야 한다. 그 간단한 이야기는 정치제도에서 중요한 하나의 사실을 설명해주고 있었고, 나와 동료 경제학자들에게 어떻게 하면 그 정치제도를 개선할 수 있는지에 대한 충고까지 제시하고 있었다. 바로 요구가 있을 때마다 "아니요"라고 답하는 것이다.

진부한 말로 이 장을 시작했지만, 다시 한 번 진부한 말로 이 장을 끝내고자 한다. 세상에서 가장 좋은 것들은 공짜라는 말이다. 선출직 정치인들의 일상적인 영향에서 자유롭고, 민주주의의 일상적인 영향에서 자유로운, 독립적인 중앙은행은 이 세상에서 가장 좋은 것 중 하나다. 전 연방준비제도이사회의 부의장이었던 앨런 블라인더가 말했던 독립적인 중앙은행의 장점들에 대해서는 이미 언급한 바 있다. 하지만 그가 지나가는 투로 했던 말을 이제 여기에 적는다. "많은 민주주의 사회들이 독립적인 중앙은행을 가지고 있지만, 세금정책은 선출직 정치인들의 손에 맡기고 있다. 사실, 누구도 세금정책을 독립적인 기관에 넘겨줘야한다고 이야기 하지 않는다. 왜 그럴까? 나는 이 질문을 생각해볼 거리로 남겨두 겠다. 아마도 언젠가는 답을 찾을 수 있으리라."[20]

그때가 언제인지는 다음 장에서 이야기하기로 하자.

## Chapter 4

# 독립적인 전문가의 선택

◆

유권자의 권한을 제한하는 무책임주의가 바람직한 경우는 유권자들
이 최적의 행동을 잘 알지 못할 때, 의사결정에 필요한 정보 획득에 비
용이 많이 들 때, 의사결정에 대한 피드백이 느릴 때다. 따라서 전문적
인 결정은 판사나 임용된 관료들에게 맡기는 편이 가장 좋을 수 있다.

_에릭 매스킨과 장 티롤


프린스턴 대학교의 경제학자 앨런 블라인더는 워싱턴 정계로
진출하며 소용돌이에 휘말렸다. 클린턴 대통령은 그에게 대통령
경제자문위원을 맡아달라고 요청했고, 18개월 후에는 연방준비제
도이사회에서 두 번째로 막강한 권한을 휘두를 수 있는 부의장이
되었다. 19개월 후 블라인더는 프린스턴 대학교로 돌아갔다. 권력
의 정점 바로 옆에서 정신없이 3년을 보낸 후, 블라인더는 그 기간
동안 자신이 배운 바에 대해 놀랍도록 솔직하게 이야기했다. 〈포린
어페어스Foreign Affairs〉에 실린 〈정부는 지나치게 정치적인가?〉라는
훌륭한 논문에서 그는 연방준비제도와 백악관의 의사결정 방식에
대해 다음과 같이 설명했다.

대통령이 누구냐에 상관없이 백악관의 삶은 빠르고 정신없으며, 당연히 대단히 정치적이다. … 반면에 연방준비제도는 신중하고, 때로는 너무도 느릿느릿해서 지겨울 정도다. 정책 논의는 진지하다 못해 침울할 정도고, 정책의 정치적 시장성marketability보다는 경제적·사회적·법적 장점을 놓고 언제나 의견 충돌이 벌어진다. 연방준비제도가 항상 옳은 결정을 내리는 것은 아니지만, 그 결정 기준은 분명히 비정치적이다. 그리고 평균적으로 그 결정은 정치라는 좁은 공간에서 내리는 결정에 비해 훨씬 우월하다고 말할 수 있다.[1]

그다음 그는 커다란 질문을 던지고 그 질문에 대답한다.

이렇게 의사결정 방식이 다른 이유는 무엇일까? 백악관과 의회는 정치적 공간이어야 한다. 다른 어디에서 위대한 민주주의가 정치적 차이를 봉합할 수 있는가? 그러나 연방준비제도는 독립적인 기관이다. 무엇으로부터 독립적이냐고? 글쎄, 대체로 정치로부터라고 할 수 있다.[2]

따라서 대부분의 중앙은행은 정치인보다 더 나은 결정을 한다. 그 이유에 대해 블라인더는 중앙은행이 정치로부터 독립적이기 때문이라고 말했지만, 내 식대로 표현하면 '중앙은행은 민주주의로부터 독립적'이라고 할 수 있다. 정치인과 유권자들에게서 권력을 조금 빼앗고, 연방준비제도처럼 최고 피임명자의 장기간 임기가 보장되고, 정치보다는 정책에 초점을 맞추는 것이 허용되는 독립적인 기관이 될 수 있다면, 다른 정부기관 혹은 최소한 그중 몇몇 기관이라도 좀 더 나은 의사결정을 내릴 수 있을까? 이 장의 끝부분에서 다시 블라인더의 대답에 대해 다룰 것이다. 그 전에 먼저 알아두어야 할 것은 부유한 민주주의 국가들은 이미 연방준비제도와 작동방식이 같은 기관을 가지고 있다는 사실이다. 바로 사법부다.

중앙은행은 선거에 영향을 받지 않는 경제학자들이 오랜 임기를 보장받고 운영하는 정부의 한 부서다. 하지만 이는 최근에서야 목격되는 현상이다. 반면, 수백 년에 걸쳐 많은 부유한 민주주의 국가에서 사법부는 선거에 영향을 받지 않고 오랜 기간, 심지어 종신직을 보장받는 법관들에 의해 대부분 운영되고 있다. 이 비민주주의적인 관행은 대체로 당연한 것으로 받아들여지며, 진지한 비판의 대상이 되는 법이 없다. 미국의 인터넷신문 〈복스Vox〉의 에즈라 클라인Ezra Klein은 미국의 대법원에 대해 "대법원은 언제나 비민주적이었다"고 말했다.[3]

실제로 사람들은 자신의 정치적 입장과는 상관없이 결혼 평등, 총기 소유자의 권리, 인종차별을 하지 않는 학교, 급진적인 종교의 자유 등을 이러한 정책에 비판적인 시민에게도 비민주적인 방식으로 강요하는 데 갈채를 보내왔다. '독립적인' 사법부는 (다시 한 번 말하자면 '독립적'이라는 말은 사실은 '비민주적'이라는 말의 순화된 표현이다) 전 세계 법률 제도가 이룬 최고의 성과 중 하나다.

부유한 민주주의 국가에서 사실심 법정(1심 법정)을 위한 폭넓은 의사결정의 규칙을 정하는 고등법원에는 긴 임기가 보장된 피임명자들이 있고, 이들은 위원회를 통해 의사결정을 한다. 예를 들어 유럽사법재판소에는 6년의 연임 가능한 임기가 보장된 28명의 법관이 있다. (하지만 사실 28명이 모두 참석하는 전원 재판부보다는 적은 규모의 합의부가 구성되는 경우가 흔하다.) 일본 대법원에는 70세까지 종신 임기가 보장되는 15명의 법관이 있고, 미국 대법원은 종신 임기가 보장되는 19명의 법관으로 구성되어 있다. 여러 명의 법관으로 합의부가 구성되다 보니 어떤 한 명의 판사가 권력을 휘두르기 힘들고, 법원의 판결은 평균의 법칙law of averages을 따르게 되어, 판사 한 명이 잘못된 판단으로 결정적인 표를 던지기는 힘든 구조다. 하나의 집단으로서 판사들은 광범위한 법적 의사결정에 대해 최종적이고 독립적인 권한을 가지고 있다. 비민주적인 사법부의 장점에 대해서 사람들은 좀처럼 의문을 제기하지 않는다. 의문이 제기될 때에도 개인적이거나 편파적인 불만을 넘어선 주장은 찾아보기 힘들다. 하지만 나는 덜 민주적인 중앙은행과 대단히 비민주적인 사법부의 논리를 (예를 들어, 전기통신 규제, 도시 회계 등) 정부의 나머지 부분까지 적용할 것이다. 따라서 단순한 전문적 견해를 넘어 과학적 탐구 영역까지 살펴볼 필요가 있다.

다행스럽게도 경제학자들과 여러 사회과학자들은 독립적인 사법부가 정치적인 사법부보다 더 나은가라는 질문에 해답을 제시해 줄 만한 자료를 모으고 분석해왔다. 우리는 앞에서 중앙은행의 독립성에 대한 연구에 대해 살펴보았다. 그 연구들은 민주주의 대 관료주의라는 레퍼 곡선에서 우리가 이미 최적지점을 넘어 있다는 것을 잘 보여주었다. 이 연구 다음으로 사법부에 대한 연구가 여러 해답과 근거를 제시하는 통계가 가장 풍부하게 축적되어 있는 분야다. 특히 미국의 사법제도를 살펴보자. 미국에는 50개의 주가 있고, 주에 따라 판사를 선택하는 방법도 다양하다. 정당선거제, 비정당선거제, 전문의원회에 의한 임명이 그중에서 가장 선호되는 세 가지 방법이다. 이 '지역의 독재자'들을 선택하는 다양한 방법에 대해 평가해보는 것이 가능하다. 대중매체는 사형·낙태·광범위한 인권 문제와 같이 올바른 판결이 판사들의 개인적 선호에 달려 있는 도덕적인 법적 문제들을 주로 다루지만, 판사들은 가능한 최선의 결과라고 광범위한 합의에 도달할 가능성이 더 높은, 계량화가 가능한 재정적 결정을 내리기도 하기 때문이다.

## 외부인에게 더 가혹한 판결을 내리는 판사들

선거에 의해 선출된 판사가 자신을 공직에 들어가게 해준 사람들의 편이 되리라는 것은 충분히 예측 가능하다. 일반적으로 냉소적인 사람들이라면, 선출직 판사는 자신의 선거 유세를 후원한 대기업을 옹호하는 입장이 되리라고 생각할 것이다. 하지만 나처럼 전문적인 냉소주의자들은 대기업이 아니라 유권자의 편이 된다고 생각한다. 선출직 판사가 유권자들에게 관심을 두는 근거를 살펴보자.

웨스트버지니아의 상급법원인 항소대법원 판사 리처드 닐리Richard Neely는 다음과 같은 직설적인 말로 선출직 판사가 외부인들에 비해 지역 시민의 편을 드는 경향을 드러냈다. "나에게 다른 주 기업들의 부富를 주 내in-state의 원고들에게 재분배하는 권한이 주어지는 한 계속해서 그런 일을 할 것이다. 다른 주의 돈을 이렇게 나누어주면, 잠도 잘 오고 직업 안정성도 보장된다. 주 내의 원고, 그들의 가족, 친구들 모두가 나를 다시 뽑아줄 것이기 때문이다."[4]

클레어몬트 매케나 칼리지의 경제학자 에릭 헬란드Eric Helland와 나의 조지메이슨 대학교 동료인 알렉스 태버럭Alex Tabarrok은 닐리 외에도 그렇게 생각하는 선출직 판사가 많다는 근거를 찾아냈다. 미국 전역에 걸쳐 선출직 판사들은 일반적으로 선거구 주민들의 편을 들었다. 이들은 1990년에서 1995년까지 있었던 수천 건의 주 법원 법정소송을 살펴보며, 주 판사들은 피고가 주 내 출신이 아닐 때 더 커다란 재정액(보상금 혹은 배상금)을 책정한다는 사실을 발견했다.[5] 이는 외부인에 대한 일반적인 편견을 반영하는 것일 수도 있다. 또 대부분의 주에서 볼 때 돈이 많은 대기업들은 보통 다른 주에 위치해 있다는 사실을 반영하고 있을 수도 있다. 그리고 두 가지 사실의 조합인 경우도 있을 것이다. 그러나 외부인을 싫어하는 경향은 우리의 관심사는 아니다. 우리가 관심 깊게 보고 있는 것은 어떤 주의 선출직 판사들이 임명직 판사에 비해 다른 주 출신의 사람이 고발을 당한 경우 더 많은 재정액을 선고하는가이다. 실제로 선출직 판사들은 그런 경향을 보였다. 임용된 판사에 비해 선출된 판사가 다른 주 피고들에게 선고하는 평균 재정액은 대략 14만 달러가 더 많았다.

14만 달러의 차이는 판사들이 평균 수준의 재정액을 지불해야 하는 원고들에게 엄격한 판결을 내렸기 때문이 아니라, 소수의 원고들에게 막대한 지불액을 부과한 데에서 비롯되었다. 실제로 하나의 사건에 100만 달러의 지불액을 부과하는 것이 수십 개의 사건에 1,000달러를 부과하는 것보다 평균 재정액 상승에 큰 영향을 미친다. 진부한 이야기지만, 마크 저커버그Mark Zuckerberg가 내 강의실로 걸어 들어온다면, 강의실 안에 있는 학생들의 평균 소득은 수십억 달러가 될 것이다. 하지만 중위 소득은 여전히 1,000달러 정도에 머물 것이다. 이처럼 평균과 중위의 차이가 연구 결과에 영향을 미치고 있을 수도 있다고 생각한 헬란드와 태버럭은 현명하게도 다시 한 번 자신들의 연구를 점검했다. 그리고 많은 사람들이 통계 분석을 다시 꼼꼼히 들여다볼 때 흔히 그렇듯이 대단히 흥미로운 결과를 발견했다.

첫 번째는 비정당 선거제 하에서 판사가 된 사람들은 임명직 판사와 거의 같은 행동을 보인다는 사실이다. 그래서 첫 번째 검증이 있은 후, 이들은 임명직 판사와 비정당 선거를 통해 판사가 된 사람들을 한데 묶고 '비정당 출신'이라고 불렀다. 정당 선거를 통해 판사가 된 사람들은 이들의 진정한 관심 대상이었다. 이들이야말로 다른 주 출신의 피고들에게 많은 돈을 지불하도록 하는 대부분의 판결을 내리는 사람들, 굳이 말하자면 정치인처럼 행동하는 사람들이기 때문이다.

판사가 '정당 출신'인 주에서는 그렇지 않은 주에 비해 다른 주 출신의 피고인이 지불하는 중위 재정액이 3만 8,000달러 더 많았다. 하지만 재정액이 75 백분위수에 해당하는 다른 주 출신 피고인의 지불액은 놀랍게도 30만 4,000달러나 더 많았다.

따라서 지불액이 평균 이상일 때, 정당 출신 판사들은 비정당 출신 판사들에 비해 외부인에게 훨씬 더 엄격했다. 이는 나쁜 것인가? 합리적인 사람이라면 외부인에게 소송에서 많은 돈을 지불하게 만드는 게 더 좋은 일이라고 주장할 수 있을까? 판사의 업무가 주의 최고 이익에 봉사하는 것이라고 하면, 외부인이 주 시민들을 위해 돈을 지불하도록 만드는 게 합리적인 방법일 수도 있다. 하지만 그렇게 눈에 띄는 판결 때문에 그 주에 자리를 잡아볼까 생각했던 기업들이 마음을 고쳐먹을 수도 있다. 기업이 본사의 위치를 정할 때는 소송 가능성에 대해서도 걱정하기 마련이다. 따라서 외부인에게서 많은 돈을 받아내는 것이 주에 좋은 일일 수도 있고, 그렇지 않을 수도 있다.

이 장의 나머지를 모두 할애하며 양쪽의 가능성을 끝까지 추적해볼 수도 있지만, 그러지 않으려 한다. 헬란드와 태버럭의 중요한 메시지는 선거와 정당 정치가 판사의 판결에 중요한 영향을 미친다는 것이다. 판사를 선택하는 방식은 그 주의 재정에 중요한 역할을 한다. 여러분은 판사는 다 똑같다고 생각할 수도 있다. 모두가 최고의 로스쿨을 다니고, 함께 잘 어울리며, 보통 사람은 접근조차할 수 없는 사람들이라고 생각하면, 이들이 자신들의 일자리를 구하는 방식은 중요하지 않게 여겨질 수도 있다. 하지만 이들이 판사가 되는 방식은 중요하다. 유권자로부터 독립적인 판사일수록 다른 판사들과는 다른 판결을 내리기 때문이다.

## 선출직 판사 vs. 임명직 판사

법률가들이 누가 훌륭한 판사인지를 판단하는 데 즐겨 사용하는 방법이 있다. 바로 인용이다. 많은 판사가 어떤 판사의 판결문을 긍정적으로 많이 인용한다면 그는 훌륭한 판사다. 판사들이 자신의 판결이 법의 기본 원칙에 충실하며 훌륭하게 논증된 선례에 기반하고 있음을 보여주길 좋아한다는 면에서 법률은 보수적인 분야라고 할 수 있다. 실제 삶에서는 '기존' 원칙과 '훌륭하게 논증된' 원칙은 트레이드오프 관계에 있을 수 있다. 기존의 원칙 중에는 정치적으로 인기는 있지만 사실은 끔찍한 논리에 기반을 두고 있는 경우도 허다하기 때문이다. 하지만 이는 차치하기로 하고 우리의 목적으로 돌아가 판사들이 오래토록 남을 수 있는, 다시 말해 상급법원에서 뒤집히지 않을 판결을 찾아 헤맬 때, 자신과 같은 전문직에 종사하는 사람들의 훌륭한 판결문을 찾아 헤매는 경향이 있다는 사실이 중요하다. 판사가 인용하는 법률 의견이 반드시 승소 판결이어야 할 필요도 없다. 당신이 동의하는 사법부의 반대 의견은 당신이 가지고 있는 논쟁적인 견해에 대한 주장을 펼치는 데 좋은 방법인 동시에 사법 혁신을 가져올 수 있는 기반이 되기도 한다. 따라서 기존의 지배 패러다임 속에 있든 혹은 그 패러다임을 전복하려하든 간에, 예전의 판례를 인용하는 것은 성공으로 향하는 길이 될 수 있다.

그렇다면 어떤 판사의 견해가 좀 더 많이 인용될까? 이 분야의 언어를 사용하자면, 누구의 판결이 더 '고급'일까? 답은 임명직 판사들이 쓴 견해다. 이 문제에 대해서는 다양한 학자들이 수도 없이 연구했고, 모두가 같은 결론을 내렸다. 그러니 이 문제에 대한 가장 종합적인 연구라는 평판을 받고 있는 엘리엇 애쉬Elliott Ash와 W. 벤틀리 매클라우드W. Bentley MacLeod의 말을 인용하는 것으로 대신하려 한다. "비정당 선거로 선출된 판사들은 정당 선거에 의해 선출된 판사들에 비해 좀 더 수준 높은 의견을 쓴다. 전문적인 인사위원회에서 선출한 판사들은 정당 출신 판사 혹은 비정당 출신 판사에 비해 더욱 수준 높은 의견을 쓴다."[6]

## 최고의 인재를 뽑기 위한 방법

'전문적인 인사위원회'는 미국에서 판사 임명에 가장 흔하게 사용되는 방법으로, 이와 유사한 방법이 전 세계적으로도 사용되고 있다. 우선 이 방법이 어떤 것인지 조금 더 자세히 들여다보자. 일반적인 경우는 다음과 같다. 법률가, 보통 사람, 현직 판사 혹은 전직 판사로 구성된 의원회가 잠재적 판사 지명자들의 리스트를 작성한다. 그리고 (미국의 주에서는) 주지사가 그 리스트 중에서 판사를 선택한다. 보통은 주 상원의 확인 절차도 없고, 선거 유세 같은 것은 아예 필요 없다. 바로 사건을 청취하면 된다.

나라마다 인사위원회의 형태는 다르다. 인도를 비롯한 몇몇 나라에서 판사란 본질적으로 독립적이며 자신들끼리 내부적으로 스스로를 임명하는 집단이다. 다시 말해 새로운 판사를 임용할 수 있는 재량권은 판사들만이 가지고 있다. 이스라엘에서는 세 명의 대법원 판사, 이스라엘 변호사협회를 대표하는 두 명의 법률가, 네

명의 정치인으로 구성된 위원회가 판사를 임명한다. 하지만 실제로는 법률가들이 대법원 판사들에게 결정을 위임하기 때문에 대법원이 새로운 판사를 선택하는 막강한 권력을 가지고 있다. 그리고 판사들은 70세까지 종신 임기가 보장된다. 일본의 판사도 대체로 다른 판사들에 의해 임명된다. (대법관은 예외로 내각이 지명하고 일왕이 동의하는 형식이다.)

일본의 사법 경력은 (대법원에서 운영하는) 사법연수원에 입학하면서 시작된다. 사법연수원을 졸업한 후 사법 경력에 관심이 있는 사람들은 대법원에 부심으로 지원한다. 공식적으로는 대법원에서 제시한 지명자들의 리스트를 보고 내각이 임명하게 되어 있지만, 실제로는 그 리스트를 작성하는 법원 중앙인사국의 사무총장이 판사를 선택한다. 부심판사들은 10년 임기로 임명되며, 10년이 지나면 주심판사로 임명될 자격을 얻는다. 주심판사의 임기도 10년이며, 재임용이 상례다.[7]

2006년 영국의 판사 선출 방식은 간단하면서도 유권자로부터 독립적으로 바뀌었다. "2006년 이래로 판사 임명은 독립적인 법관인사위원회의 소관이었다. … 모든 임명은 공개 경쟁에 의해 이루어진다. 법관인사위원회는 대법관에게 후보자들을 추천하는데, 대법관은 매우 제한적인 거부권만을 가지고 있다."[8] 이처럼 많은 나라에서 너무나도 중요하다고 할 수 있는 사법부는 민주주의의 과정과는 동떨어져 시민들로부터 거의 평행선을 그리며 작동하고 있다.

그렇다면 의문이 생긴다. 왜 시민의 접근을 제한하는 방법이 판사 선출에만 국한되고 있는가? 많은 나라들은 경제 전문가로 구성된 위원회가 새로운 중앙은행장을 임명 혹은 최소한 공식적으로 지명하는 방법도 고려해야 한다. 사실 이와 유사한 방법이 이미 조심스럽게 추진되고 있다. 정치인들이 현명하게도 현재의 중앙은행장이나 그 나라의 몇몇 대표적인 경제학자들과 정책입안자들에게 차기 중앙은행장에 대한 의견을 종종 묻고 있기 때문이다. 판사를 임명하는 인사위원회의 분명한 장점을 감안하고, 다양한 정부 고위직을 임명할 때 정치인들이 이미 조심스럽게 비공식적으로 전문가들의 조언을 구하고 있는 것을 보면, 많은 고위직 지명 절차에도 인사위원회를 장려하는 데는 그럴 만한 이유가 있다는 것을 알 수 있다. 많은 나라에서 독립적인 기관의 고위직을 임명하는 데 인사위원회를 더 많이 활용할 필요가 있다.

헤드헌팅 기업이 좋은 비유가 될 수 있다. 기업이 새로운 임원을 뽑는 데 도움을 주는 헤드헌팅 기업은 이미 잘 발달되어 있다. 나의 분야에서도 많은 헤드헌팅 기업들이 대학에서 훌륭한 총장 후보를 찾는 데 도움을 주고 있다. 학계와 재계를 막론하고, 새로운 지도자를 뽑는 과정은 주 단위의 인사위원회와 흡사하게 작동한다. 헤드헌팅 기업은 최고의 자격을 갖춘 소수의 후보자들을 선별하고, 몇 차례에 걸쳐 후보자에 대해 인터뷰를 진행한 다음, 이사진이 최종 결정을 하는 형식이다. 헤드헌팅 기업에는 얼마나 많이 반복 거래repeat business(특정 상품이나 서비스에 대해 이전에 구매 경험이 있는 구매자가 지속적으로 재구매하는 것-옮긴이)를 확보할 수 있느냐와 명성을 유지하느냐가 중요하므로, 최종적인 결과만 보아도 어떤 헤드헌팅 기업이 우수한 기업인지는 쉽게 예측할 수 있다. 헤드헌팅 업체에게 영역을 확장하여 새로운 중앙은행장이나 대법관, 전기 규제 기관장의 후보를 뽑아달라고 요청하는 것도 생각해볼 만한 가치가 있다.

이 생각을 조금 더 확장해보자. 헤드헌팅 업체가 필요한 사람을 찾을 때는 그 기업이 위치해 있는 나라 안으로 한정지어 찾지 않는다. 그런데 정부는 왜 자국 시민만을 채용하겠다고 고집하는가? 국가 또한 세상에서 제일 뛰어난 사람을 고용하겠다고 생각해야 한다. 특히 작은 나라의 경우, 최고의 재능을 갖춘 사람은 대부분 다른 나라에 살고 있기 마련이다. 2012년 영국 정부는 현명하게도 외국인을 고용하여 중앙은행의 운영을 맡기기로 결정했다. 몇 년이 지나서야 캐나다 출신의 마크 카니Mark Carney는 영국 시민권을 획득했다. 홍콩과 아프리카의 보츠와나 공화국에는 외국인들이 정규 판사로 재직하고 있다. 미국의 연방준비제도에는 많은 외국 시민권 소지자가 주요 지위를 차지하고 있다.

일단 주요한 정치적 질문이 "주권자들에게 어떻게 최대의 권력을 줄 것인가?"에서 "국민들을 위해 어떻게 최대의 성과를 도출할 것인가?"로 넘어가게 되는 순간, 정부는 세상에서 가장 뛰어난 능력을 가진 사람들을 고용해야 한다는 주장이 더 힘을 받게 된다. 인사위원회는 반대할 만한 충분한 근거를 찾을 수 없는 한 외국의 인재 풀에서도 적임자를 찾아야 한다. 미국 대통령을 역임한 지미 카터Jimmy Carter가 1975년 출간했던 자서전의 제목《왜 최선을 다하지 않는가?Why Not The Best?》는 핵심을 꿰뚫고 있다.[9]

물론 인사위원회가 완벽하게 객관적이고, 인격을 갖추고, 사심 없이 공중의 안녕만을 위하는 사람들에 의해서 운영되라는 법은 없다. 우리는 이들이 최고를 찾아주기를 원한다. 하지만 실제 세계의 모든 인사위원회에는 단점과 편견이 있기 마련이고, 위원들마다 자신의 대학 시절 친구를 지명하려 들 수도 있다. 인사위원회가 만병통치약이라고 주장하는 게 아니다. 다만 실제 세계에 존재하는 다른 대안들보다는 낫다는 이야기다.

## 선출직 판사의 자질

앞에서 자신의 능력에 의해 임명된 판사들의 판결이 훨씬 더 많이 인용된다는 사실을 이미 살펴보았다. 하지만 이는 인사위원회가 있는 주의 인적 자원이 다른 주에 비해 뛰어나기 때문일 수도 있고, 인사위원회를 활용하고 있는 주의 사법 문화로 인해 그 주의 판사들이 서로의 판결문을 즐겨 인용하기 때문일 수도 있다. 그렇다면 같은 주 안에서 능력에 의해 임명된 판사들과 선출된 판사들을 비교해보아야 한다. 다행스럽게도 여러 주에서 시간을 두고 판사 선출 방법이 바뀌었기 때문에, 그런 비교가 가능하다. 실제로 다른 방식으로 선출된 판사들이 같은 합의부에 앉아서 같은 사건에 대한 판결문을 쓰고 있는 경우도 있다.

다시 애쉬와 매클라우드의 말을 들어보자. "우리는 다른 제도에 의해 선출되었지만, 같은 법정에서 같은 해에 판결을 내렸던 판사들의 성과를 비교해보았다."[10] 다양한 통계들을 검토한 후 이들이 내린 종합적인 결론은 다음과 같다. "유권자들에 의해 선출된 판사들에 비해 인사위원회에 의해 선출된 판사들이 일을 더 잘한다는 일관성 있는 근거를 발견했다."[11]

부유한 국가에서 판사를 임명하는 가장 흔한 방법이 인사위원회인 걸 보면, 임명된 판사가 민주적으로 선출된 판사보다 실제로 더 뛰어나다고 해도 틀린 말은 아닐 것이다.


## 사법부의 독립성과 경제적 자유

2000년 경 다트머스 대학교의 라파엘 라 포르타Rafael La Porta, 예일 대학교의 플로렌시오 로레즈 드 실라네스Florencio Lopez-de-Silanes,

컬럼비아 대학교의 크리스찬 폽엘리케쉬Cristian Pop-Eleches, 하버드 대학교의 안드레이 슐라이퍼Andrei Shleifer 등으로 구성된 경제학 연구팀이 소위 '사법부 독립성judicial independence'의 가치에 대해 진지하게 살펴보았다.[12] 이들은 전 세계 국가들을 마치 별개의 실험실처럼 생각하면서, 정치제도로부터 좀 더 독립성을 확보하고 있는 사법제도를 가진 나라가 소위 '경제적 자유'를 좀 더 많이 가지고 있는지를 알아내려 했다. 이들은 또한 자신들이 말하는 '경제적 자유'를 '재산권의 안정성, 정부의 가벼운 규제, 적절한 국가 소유'라고 정의했다.

많은 경험적 경제 문헌에 따르면 경제적 자유의 지표들은 현재의 번영과 미래의 경제 성장에 대한 훌륭한 예측 변수predictor(사회과학 연구에서 차후 목표의 달성 기능성을 예측하는 데 사용할 수 있도록 체계적으로 측정된 성과, 등급 또는 점수-옮긴이)가 될 수 있다. 그리고 이 경제학자들은 높은 수준의 경제적 자유방임주의가 어떤 나라를 더욱 생산적으로 만들고, 일반 시민을 더 잘살게 만든다는 애덤 스미스Adam Smith의 이론적 예측을 받아들이고 있다. 이렇듯 경제 이론과 실제 근거가 대체로 일치하는 상태에서, 이들은 사법부의 독립성이 최소한 좀 더 높은 수준의 경제적 자유를 보장하는 데 도움이 되는지 궁금해했다. 앞에서 대체로 미국의 사례를 위주로 살펴보았으니, 이제 다시 전 세계를 조망하는 방향으로 돌아가 보기로 하자.

사법부의 독립성에 대한 이들의 판단은 다음의 세 가지 지표를 기준으로 이루어졌다.

- 대법원 판사의 임기
- 행정법원 판사(의회가 아닌 행정부 수반이 만든 행정 법규를 집행하는 일을 맡는 판사)의 임기
- 판사들이 과거의 판결에 분명한 관심을 가지고 있는가, 다시 말해 판사가 의사결정을 하는 데 판례가 중요한 역할을 하는가?

첫 두 지표는 중앙은행의 독립성 지표와 어느 정도 겹치는 데 주목할 필요가 있다. (긴 임기가 보장된다는 것은 당신을 고용한 사람에게 책임을 덜 느껴도 된다는 말이었다.) 세 번째 지표는 어떤 판사가 훌륭한 판사인가를 판단할 때 언급했던 지표와 겹친다. (과거의 판결에 많은 관심을 보인다는 것은 판결을 예측 가능하게 만드는 측면이 있다.)

라 포르타와 동료들은 사법부의 독립성이 보장된 나라일수록 좋은 결과를 기대할 수 있다는 기본적인 수준의 상관관계를 발견했다. 그 좋은 결과란, 첫째 사적 재산권이 더 강력하게 보호되는 것이다. 따라서 정부가 돈을 지불하지 않은 채 여러분의 집을 빼앗는 일은 일어나기 힘들다. 둘째, 새로운 사업을 시작하기 위한 법적 절차가 단순해지고 관료적 형식주의가 줄어든다. 셋째, 고용 규제가 줄어드는 경향이 있다. 이는 고용이 이혼 불가능한 결혼의 성격을

띠지 않게 된다는 것을 의미한다. 그리고 마지막으로, 정부의 은행 제도에 대한 간섭이 줄어든다. 정부 소유의 은행이 정치인들이 자신이 선호하는 집단에 자금을 지원하기 위한 주요 메커니즘으로 작동하며 경제 전반에 해가 되었던 것을 기억할 필요가 있다.

이 모든 기본적인 상관관계는 적정 관계와 강한 관계 사이에 있다. 따라서 사법부의 독립성을 통해 가장 기본적인 수준에서 국가의 번영과 관련된 많은 속성을 (속성의 원인이 될 수 없을 수는 있지만) 예측할 수 있다.

다음으로 살펴볼 질문은 이 상관관계가 인과관계를 반영하고 있는지 여부다. 한 나라가 부강한 것은 높은 저축률과 좋은 기후 덕분일 수 있다. 그리고 부유한 국민들이 에어컨과 같은 고급 사치품을 구입하듯 낮은 부패율과 사법부의 독립성을 구입했을 수도 있다. 가능성 있는 이야기다. 따라서 라 포르타를 비롯한 학자들은 사회과학자들이 사용하는 방법을 이용했다. 한 나라의 1인당 소득 (아마도 사법부의 독립성은 친시장 정책의 결과를 가져온 원인이 아니라 사치품에 불과할 수도 있다), 그 나라가 적도에서 얼마나 떨어져 있는지의 여부(적도에 가까운 나라일수록 생산성이 줄어드는 경향이 있다), 그 나라의 민족적·언어적 다양성(다양성은 그 나라의 경제와 정치제도를 해치고 사법부의 독립을 어렵게 하는 정치 분쟁의 예측 변수인 경우가 많다)과 같은 특징들을 이미 알고 있더라도, 그 나라 사법부의 독립성 수준만으로 앞서 말한 네 개의 좋은 결과를 예측할 수 있는지를 살펴보는 것이다.

기대하지도 않았던 몇 가지 결과를 덤으로 얻은 저자들은 사법부의 독립성으로 친시장 정책 결과를 예측할 수 있는 진정한 이유가 독립적인 사법부를 가진 나라들이 영국의 보통법 제도를 갖고 있기 때문은 아닌지도 살펴보았다. 판례뿐 아니라 재산권, 항소권, 배심 재판 등에 대한 존중을 특징으로 하는 보통법 제도가 이 기본적인 상관관계의 진정한 원인일 수도 있다. 그렇다면 긴 임기를 보장받는 독립적인 사법부란 필요하지 않을 수도 있다. 그저 보통법에 대한 교과서라 할 수 있는 윌리엄 블랙스톤William Blackstone(18세기 영국의 법학자-옮긴이)의 전설적인 저서《영국법 주해Commentaries on the Laws of England》를 나누어주는 것으로 충분할 수 있다.

따라서 저자들은 이 가능성까지도 검토해보았다. 결국 이들의 사법부의 독립성에 대한 간단한 세 변수 지표는 강력한 사적 소유권을 예측하는 것으로 드러났다. 아마도 상식이 옳을 수도 있다. 오랜 임기를 보장받고 과거의 판례에 주목하는 판사들이라면 정부 관료가 고속도로를 만들겠다고 어떤 사람의 집을 빼앗으려 들거나, 기업 소유주에게 회사를 정치적 평판이 좋지 않은 대기업에게 팔지 말라고 명령할 때 기꺼이 나서서 '안 됩니다'라고 말할 수도 있을 것이다.

결국은 어떤 나라가 공식적으로 영국의 보통법을 받아들이고 있다는 사실을 알고 있다고 해서 그 나라가 얼마나 부유한지, 적도에서 얼마나 떨어져 있는지, 얼마나 다양성을 가지고 있는지 알고 있다고 하더라도, 여전히 사법부의 독립성은 강한 사적 재산권을 예측하는 결정적인 요인으로 판명되었다. 라 포르타와 동료들의 논문에 따르면, 사법부의 독립성은 은행의 정부 소유와, 노동 시장 규제와 새로운 사업 시작을 가로막는 관료적 형식주의를 줄이는 강력한 예측 변수이기도 하다(이것은 나의 개인적인 해석이다. 통계 수치를 해석하는 것은 그림을 평가하는 것처럼 취향의 문제다).

저자들은 자신들이 독창적으로 발견한 기본적인 상관관계에 대해 다음과 같이 요약했다.

> 사법부의 독립성을 미국 수준에서 베트남 수준으로 축소하면,
> - 재산권 지수가 대체로 (미국 수준에서) 멕시코, 네팔의 수준 그리고 베트남의 절반 수준까지 떨어진다.
> - 새로운 사업을 시작할 때 필요한 절차가 이탈리아와 한국의 수준, 그리고 베트남의 3분의 2 수준까지 늘어난다.
> - 고용 규제가 대략 벨기에와 터키의 수준, 그리고 베트남의 수준과 거의 같은 정도로 늘어난다.
> - 정부의 은행 소유가 42퍼센트 증가한다(이는 대략 노르웨이와 에콰도르의 수준이며, 베트남은 99퍼센트 은행을 정부가 소유하고 있다).[13]

복잡하기 이를 데 없는 통계 수치를 모두 조정하고 난 후에도 이 관계는 기껏해야 반 정도 줄어든다. 재산권 관계는 3분의 1만 감소했다. 따라서 어떤 나라의 경제가 얼마나 자유방임적인지를 판단하고자 한다면, 그 나라의 최고 판사들에게 6년 이하의 임기가 보장되는지 알아보는 것도 나쁘지 않은 방법이다. 그리고 많은 것들을 인과관계라고 믿을 만한 근거도 있다. 선출직 정치인들은 독립적인 판사와 싸우는 데 많은 시간을 허비하고 싶어하지 않는다. 따라서 독립적인 판사는 마치 독립적인 중앙은행장처럼 정치인들에 비해 좀 더 먼 미래와 커다란 그림에 집중할 수 있다.

　아마도 지금까지 읽은 내용의 절반 정도는 시간 낭비였을 수도 있다. 부유하고, 상대적으로 부패지수가 낮은 민주주의 국가에서는 비민주적인 사법부를 낭연한 것으로 긴주히고 있다. 이런 국가에서는 판사들이 '정치적'이지 않다는 것을 민주주의의 장점으로 자연스럽게 받아들인다. 하지만 나는 사법부를 비민주적인 구조로 만드는 게 왜 훌륭한 방안인지 그 이유에 대해 생각해보는 것이 중요하다고 여긴다. 장기적인 전망, 우리가 '선례'라 부르는 생산적이면서 재활용률이 높은 의사결정, 경제적 자유에 미치는 영향과 같은 비민주적인 사법부의 장점들이 다른 정부기관이나 정부관청들을 조금이라도 덜 민주적으로 만드는 데 좋은 이유가 될 수도 있기 때문이다.

## 선출직 재무관의 무모한 선택

> 공직자들이 유권자들에게 직접 책임을 지게 되면 복잡한 정책
> 분야에서는 성과가 낮아진다.
>
> _알렉산더 웰리

캘거리 대학교의 경제학자인 알렉산더 웰리는 신뢰받는 행동과 재정적인 문제에 대해 해박한 지식이 필요한 선출직인 도시재무관이라는 직책에 대해 연구했다. 재무관들은 도시의 자금이 도난당하거나 분실되지 않도록 유의하고, 제때 세금을 받고 요금을 지불하는, 지겹고 기술적이지만 대단히 중요한 책임을 맡고 있다. 재무관에게 무엇보다도 중요한 일은 대출이다. 소규모 상업은행에서 단기 신용자금을 대출받아 소방관에게 재산세 고지서가 발부되기 전에 월급을 줘야 하고, 대형 투자은행에서 채권 매각을 통해 10년간 100만 달러 혹은 수억 달러를 대출받아야 할 수도 있다. 부패와 무능이 두드러질 수 있는 일이고, 이런 경우 은행과 투자자들은 해당 도시에 대출을 꺼리게 된다.

나는 캘리포니아주 오렌지카운티 출신이다. 오렌지카운티는 1994년 '미국 역사상 파산을 선언한 가장 커다란 도시'가 되었다.[14] 그러다 보니 나 역시 재무관을 선출해야 하는지 임명해야 하는지에 대해 약간의 관심을 가질 수밖에 없었다. 하지만 오렌지카운티

이야기를 하기 전에 먼저 웰리의 발견을 살펴보자.

캘리포니아주에는 재정관을 임명하는 도시도 있고, 선출하는 도시도 있다. 도시재무관을 시 정부가 임명해야 하는지를 놓고 투표를 하는 경우도 있다. 도시재무관은 기본적으로는 선출직이다. 웰리는 임용된 재무관이 있는 도시와 선출된 재무관이 있는 도시 중 어떤 도시가 더 낮은 차입비용borrowing cost(자금을 빌릴 때 이와 관련하여 지불해야 하는 이자 및 그 외의 비용–옮긴이)을 지불하는지 살펴보았다. 도시 부채에 대해 지불하는 이자율은 도시가 재정을 얼마나 잘 운용하고 있는지를 보여주는 유용한 지표다. 도시의 차입비용 관리는 복잡한 문제다. 금융기관에 도시가 신용 위험이 낮다고 주장하기 위해서는 많은 세부사항들에 대해 파악하고 있어야 한다. 게다가 금융기관들은 캘리포니아주의 도시들에 높은 이자율을 부과하려 든다. 차입비용을 매해 1퍼센트의 10분의 1이라도 줄일 수 있다면 훌륭한 재무관이라 불러도 좋다. 따라서 웰리의 전반적인 질문은 다음과 같았다. 임명된 재무관이 있는 도시가 부채에 대해 낮은 이자를 지불하는가?

캘리포니아주에 속한 도시들이 다양한 이자율을 지불하는 데는 여러 가지 이유가 있을 수 있다. 교육 수준이 낮은 시민들이 많기 때문일 수도 있다. 도시 수입의 많은 부분을 잠식하는 취학 아동의 수는 많은데, 부모들은 그만큼의 세금을 내지 않기 때문일 수도 있다. 혹은 워낙 도시 규모가 작다 보니 대기업 하나만 도시에서 빠져나가도 재정적인 위험에 처하게 될 수도 있다. 애초에 다른 도시보다 훨씬 부채가 많았을 수도 있다. 웰리는 사람들이 캘리포니아주의 어떤 도시에서는 이 모든 사실과 관계없이, 임명된 재무관이 선출된 재무관에 비해 낮은 이자율로 부채를 얻어낸다는 사실을 밝혀냈다. 이자율의 차이는 평균 0.5퍼센트 정도였다. 임명된 재무관들은 기본적인 테스트에서 너무도 명백한 승리를 거두었다.

하지만 웰리가 포착하지 못한 도시의 특징도 있을 수 있다. 이른바 통계적으로 정의할 수 없는 특징이다. 그래서 웰리는 일반적인 통계학 도구와는 다른 두 가지 방식을 이용했다. 우선 그는 모든 도시를 실험 대상으로 간주하고, 도시가 재무관을 임명직으로 바꾸기 전과 후의 이자율 차이만을 살펴보았다. 웰리가 관찰했던 1992년에서 2008년 사이에 43개 도시가 국민투표를 통해 재무관을 임명직으로 전환해야 하는지를 물었다. 따라서 웰리는 투표 이전과 이후의 차이를 두 가지 방식으로 살펴볼 수 있었다.

두 번째 방법은 좀 더 주목해서 보아야 할 필요가 있다. 회귀단절모형RDD, regression discontinuity design이라고 불리는 이 방법은 쉽게 이야기하자면 아슬아슬하게 재무관을 임명직으로 전환하는 데 찬성한 도시(예를 들어 찬성률 51퍼센트)의 이자율과 아슬아슬하게 반대한 도시(예를 들어 찬성률 49퍼센트)의 이자율을 비교해보는 것이다. 이런 경우 아슬아슬하게 임명직 재무관을 받아들인 도시는 아마도 아슬아슬하게 반대한 도시와 상당히 유사할 것이다. 따라서 더욱 현실에 가까운 실험이 될 수 있을 것이다.

　회귀단절모형으로 조사한 결과 임명직 재무관이 도시에 더 커다란 이익을 가져다준다는 것이 밝혀졌다. 이들은 매년 1퍼센트의 10분 7 정도 더 낮은 이자율을 가져다주었다. 웰리의 샘플에서 평균적인 도시는 대략 3,000만 달러의 부채를 지고 있었다. 그렇다면 임명직 재무관은 그 도시가 매년 21만 달러를 절약할 수 있도록 해주었다는 말이다. 이 정도의 절약이라면 지역의 발언권 정도는 포기할 만도 하다.

　이 도시 재무관의 사례는 임명직 공직자들을 늘려야 한다는 주장에 커다란 힘을 실어주는 동시에 선거를 찬성하는 핵심적인 주장을 비웃는 데 사용될 수 있다. 정부 공직자들을 선거를 통해 선출해야 한다는 주장에서 근거로 제시하는 것 중 하나가 '책임감'이다. 이 주장에 따르면, 시민들은 선출직 공직자들에게 책임을 지울 수 있어야 하고, 그러기 위해서는 공직자들을 해고하고 다른 사람으로 대체할 수 있는 권한을 가져야 한다. 하지만 도시 재무관의 사례를 보자. 재무관이 역할을 얼마나 잘 수행하고 있는지 판단하기란 어렵지 않다. 그저 도시 채무에 대한 이자율만 보면 된다. 하지만 이렇게 주요 능력 지표가 명백한 경우에도, 투표권을 가진 유권자들은 도시 재무관에게 책임을 지우는 바보 같은 짓을 하고 있다. 따라서 이러한 방식보다는 선출직 시장, 시의회, 혹은 (민선이 아닌 시의회에서 임명한) 시행정 담당관과 같은 도시 공직자들에게 재무관 선임권을 부여하고, 재무관이 일을 잘하고 있는지 감시하게 만드는 편이 훨씬 더 나을 것이다. 유권자들은 유튜브에서 고양이 동영상을 찾아보느라 너무 바빠 재무관을 감시할 겨를이 없지만, 도시 공직자들이라면 재무관이 한 해에 20만 달러를 절약해주고 있는지 아닌지를 금방 알아차릴 수 있기 때문이다.

이제 오렌지카운티 이야기로 돌아가보자. 오렌지카운티는 도시와는 별개의 정부를 가지고 있고, 상당히 많은 프로그램과 조직을 운영하고 있다. 예를 들어 존 웨인 공항과 보안관 사무소를 운영하며, 그 밖의 많은 공적 프로젝트를 집행하고 있다. 카운티 정부는 선출된 집행위원들이 운영하며 여기에도 재무관이 있다. 1990년대 중반 금융 파생상품이 처음 소매상품이 되었을 때, 당시 재무관이던 로버트 시트론Robert Citron은 카운티의 자금을 파생상품에 투자하는 실수를 저질렀다. 그 파생상품은 미국 금리가 낮은 상태를 유지하리라고 확신하고 있었지만, 예상과는 달리 클린턴 행정부 초기에 연방준비제도가 긴축정책을 시행하며 금리는 올라버렸다. 재무관은 엄청난 돈을 잃었다. 그는 자신의 잘못을 인정하지 않고, 오히려 두 배로 따느냐 돈을 전부 잃느냐 하는 승부수를 던졌다. 그리고 그 결과는 모든 사람이 짐작하는 대로다.

몇 달도 안 되어 카운티는 파산을 신청했다. 카운티의 서비스는 대체로 잘 돌아가고 있었지만 대부분의 채권 투자자들은 커다란 손해를 보았다. 이런 상황에서 누구를 혹은 무엇을 원망해야 할까? 카운티는 메릴린치 은행을 고발했다. 은행이 시트론에게 재정 자문을 제대로 해주지 않았다는 이유였다. 민주당을 비난하는 유권자도 많았다. 공화당이 주름잡고 있는 도시에서 시트론은 민주당 당원이었기 때문이다. 하지만 우리는 부분적이나마 시트론이 형편없는 선택을 한 이유를 짐작할 수 있을 것이다. 그 이유를 말해주는 단어는 다름 아닌 '선출직'이다.

## 선출할 것인가, 임명할 것인가?

선거를 통해 선출할 것인지 임명할 것인지가 문제가 되고 있는 또 하나의 직책은 정부 규제기관의 감독이다. 많은 경제학자들과 법률가들이 이 분야에 부분적으로 관여하고 있기 때문에 이 주제에 대해 많은 연구가 진행되었다. 판사들과 마찬가지로 정부 규제기관의 감독관을 선출하는 방법은 시간과 공간에 따라 다양하다. 이미 많은 자료들을 확보해놓은 우리는 이전과 이후를 비교하거나 장소별로 비교할 수 있다. 언제나 그렇듯이 실제 실험은 아니다. 하지만 그저 일화들을 늘어놓는 것보다는 훨씬 낫다.

선출과 임명 중 어떤 방법이 더 나은가? 중앙은행의 독립성 연구에서 그랬듯이 분명하게 한쪽이 더 나을까? 웰리는 각주에서 이렇게 말했다. "많은 문헌들은 임명직 감독관과 선출직 감독관이 미치는 영향에 대해 제각기 엇갈린 결론을 제시하고 있다."[15] 이 말이 사실이라면, 나쁘지 않은 일이다. 정부 규제기관의 감독관을 선출하느냐 아니면 임명하느냐는 커다란 차이가 없고, 다만 취향의 문제에 지나지 않는다는 의미이기 때문이다. 모든 선거가 세상을 뒤흔들 정도로 중요하다는 말을 귀에 못이 박이도록 듣고 있는 세상에서 이것은 그리 중요한 것이 아니라는 이야기를 들으니 마음이 편안해질 수도 있다. 경제학자들이 올바른 선택을 해보려고 전전긍긍할 때 그게 그다지 중요한 문제는 아니라고 서로에게 들려줘야 한다. 약간의 실수로 조금은 분수에 넘치는 차를 샀다고 해서, 목요일 밤 실수로 평소보다 한 시간 늦게 레스토랑을 열어두었다고 해서 그게 그다지 중요한 문제는 아니다. 최선에 가까운 선택을 했다면, 약간의 실수로 인해 어느 정도의 편익은 잃을 수도 있지만, 비슷한 양의 비용도 없어지게 된다. 따라서 합쳐보면 변화의 편익과 비용은 거의 상쇄되는 경향을 보인다.

이와 관련된 질문이 있다. 여러분이 산 정상에 있다는 것을 어떻게 알 수 있는가? 아마 지금 있는 곳에서 가까운 곳에 더 높은 곳이 있는지 둘러보면 될 것이다. 주변에 온통 하늘만 보인다면 산 정상에 가까이 있다고 말할 수 있다. 몇몇 학자들은 정부 규제기관의 감독관을 선출해야 하는지 임명해야 하는지를 다룬 논문들을 이렇게 보고 있다. 하나의 선택이 다른 선택에 비해 분명히 낫다고 할 수 없다. 따라서 학자들의 견해로는 여러분의 선택과 상관없이 이미 최적치에 가깝다는 것이다. 여러분이 민주주의 레퍼 곡선의 정상에 있을 때도 그럴 것이다. 온통 푸른 하늘만 보일 것이다.

## '민주적 방식'이라는 이름의 악마

임명직 감독관의 위험을 지적하는 사람들은 이들이 결국은 산업 내부자들의 요구에 굴복하게 될 것이라고 말한다. 대형 통신회사나 전기회사는 노골적인 뇌물이나 미래의 일자리를 약속하면서 감독관을 설득하여 감독의 대상이 되고 있는 공익사업이 오히려 소비자와 기업을 착취하는 구조를 만들 수도 있다. 사람들은 통신장치와 전기를 필요로 한다. 그리고 사람들을 착취할 수 있는 독점적인 권력이 존재한다. 따라서 정부의 감독과 규제를 받는 기업들은 규제기관의 감독관에게 압박을 가하여 가격을 더 올리고 품질 요구를 더 완화하고 싶은 강력한 동기를 가지고 있다. 감독관 함락 이론regulator capture theory은 미국 대통령 드와이트 아이젠하워Dwight Eisenhower가 군산복합체에 대해 표명했던 우려를 떠올리게 한다. 아이젠하워 대통령은 임기 말에 군산복합체에 대한 놀라우면서도 강력한 연설을 했다. 그 연설을 통해 미국인들에게 군과 군수업자들에 대한 감시를 게을리해서는 안 된다고 역설했다. 제2차 세계대전이 끝난 지 얼마 되지 않은 상황에서 그는 다음과 같이 경고했다.

방대한 군사 조직과 대규모 군수 산업의 결합은 미국 역사에서 처음 겪어보는 현상입니다. 경제, 정치, 심지어 영적인 영역까지 침투한 그 전면적인 영향력은 모든 도시, 모든 주 정부 관사, 모든 연방 정부의 사무실에서 나타나고 있습니다. 우리는 이러한 일이 부득이한 필요에 의해 전개되고 있다는 것을 알고 있습니다. 하지만 우리는 그 심각한 함의를 모르고 지나쳐서는 안 됩니다.

정부의 여러 위원회에서, 우리는 군산복합체가 그들의 의도와 상관없이 갖게 될 수도 있는 부당한 영향력에 대해 경계해야 합니다. 잘못된 힘이 커다란 재앙을 낳을 수 있을 정도까지 권력을 얻을 가능성은 이미 실재하고 있고 앞으로도 지속될 것입니다.

우리는 군산복합체의 권력이 우리의 자유나 민주적 절차를 위협하도록 방치해서는 안 됩니다. 어떤 것도 당연히 여겨서는 안 됩니다. 깨어 있고 지식을 갖춘 시민들이 평화적 방법과 목표를 가지고 이 무시무시한 군산복합체를 적절히 통제할 때 비로소 국가 안보와 자유가 함께 번영할 것입니다.[16]

최고 군사 지휘자와 정부 규제기관의 전기 감독관에게는 공통점이 있다. 둘 다 대기업의 소수 인원과 정기적으로 밀접하게 접촉한다는 것이다. 그리고 이 정부 공직자들의 주요 업무 중 하나가 바로 대기업에 나쁜 소식을 전하는 것이다. 정부 감독관은 전기료 인상을 거절할 수 있고, 군의 장성은 새롭게 개발되었지만 심각한 결함이 있는 무기 프로그램을 거부할 수 있다. 군수업체에서는 이미 연구와 개발에 수억 달러를 쏟아 부은 상황에서 말이다.

이와는 반대로 판사들은 아무리 큰 민사 사건을 주로 담당하는 판사라도 다양하고도 많은 기업체를 상대하게 된다. 사실 사건은 보통 무작위로 판사에게 배정된다. 기업체의 관점에서 보자면, 예를 들어 퇴임 후 근사한 일자리를 보장해준다고 하며 10년 혹은 20년에 걸쳐 판사를 매수하는 일은 비슷한 제안을 하며 군 장성이나 정부 규제기관의 감독관을 매수하는 것에 비해 훨씬 위험한 투자다. 어떤 기업에서 20년에 걸쳐 한 번 혹은 두 번 정도 판사의 도움이 필요하다고 하자. 그렇다면 미래의 일자리를 보장해주는 가벼운 뇌물은 가치가 있을 수도 있고 없을 수도 있다. 하지만 매달 똑같은 정부 공직자를 상대하는 기업에서는 그 감독관이나 해군 레이더 조달에 많은 영향력을 행사할 수 있는 군 장성을 자기 사람으로 만드는 것이 훨씬 더 남는 일이다.

정부 규제기관의 전기 감독관이나 통신 감독관을 선출해야 한다는 주장은 냉소적이어서 더욱 설득력 있는 근거를 제시하고 있다. 즉, 다가오는 선거가 두려운 감독관들은 자신이 감독하는 기업에 영합하지 못하게 되리라는 것이다. 하버드 대학교의 경제학자 존 케네스 갤브레이스John Kenneth Galbraith는 유권자들이 가지고 있는 이러한 힘을 '대항적 권력countervailing power'이라고 불렀다. 위험한 세력에 맞서 싸울 수 있는 가능성을 가진 권력이라는 의미다.

하지만 모든 문제에 쉬운 해결 방안이 있는 것은 아니다. 아이젠하워가 경고했던 군산복합체의 위험은 실재한다. 하지만 그렇다고 해서 군 장성을 투표로 선출할 수는 없는 일이다. 내부자 권력insider power을 민주적 방식으로 억제하는 데에는 편익과 비용이 따른다. 판사, 중앙은행장, 도시 재무관의 사례에서 이미 보았듯이 민주주의적 영향이라는 악마보다는 내부자의 영향이라는 악마가 우리에게 좀 더 도움이 되었다.

이 교훈은 정부 규제기관의 감독관에게도 적용될 수 있고, 적용되지 않을 수도 있다. 정확한 자료가 있어야 말할 수 있을 것이다. 그래서 학계의 연구자들은 덜 민주적인 방식으로 임명된 감독관이 더 민주적인 방식으로 선출된 감독관에 비해 더 나은지 그렇지 않은지를 가리기 위해 오늘도 이곳저곳의 구석구석을 뒤지고 있다. 측정이 중요하기 때문이다.

## 근시안적 유권자와 두려워하는 투자자

미국의 전기 규제에 대해서는 이미 광범위한 연구가 진행되었다. 따라서 이 지점에서부터 시작해보기로 하자. 런던 경제대학의 팀 베슬리Tim Besley와 코넬 대학교의 스티븐 코트Stephen Coate는 자신들의 연구는 물론이고 다른 사람들의 연구를 분석하며 다음과

같은 패턴을 발견했다.[17]

- 선출직 전기 감독관이 있는 주에서는 임명직 전기 감독관이 있는 주에 비해 소비자 전기 요금이 낮았다.
- 선출직 전기 감독관이 있는 주에서는 공공사업 채권등급이 낮았고 따라서 평균 0.25퍼센트 정도 높은 이자율을 지급했다.
- 선출직 전기 감독관이 있는 주에서는 전반적으로 정전이 많이 발생했고, 정전이 있은 이후에도 품질 개선이 잘 이루어지지 않는다는 잡음이 많은 근거가 있었다.

선출직 전기 감독관이 미치는 영향에 대한 근거는 선출직 중앙은행장의 비용에 대한 근거만큼 결정적이지는 않다. 하지만 종합해볼 때, 선출직 감독관은 전기 공급의 양(과 질)을 낮게 유지하는 대가로 (마치 집세를 통제하듯이) 소비자 전기에 대해 가격의 최고한도를 설정하여 가격을 낮게 유지하는 경향이 있다는 초급 경제학의 내용과 일치하는 결과를 보였다. 그리고 낮은 가격으로 인해 전기 인프라에 대한 투자는 지체되는 경향이 있었다. 다시 말하자면, 가격의 최고한도가 정해져 있는 경우 전압 저하와 정전이 좀 더 빈번히 일어날 수 있고, 전기 공급이 제한된 상태에서 새로운 담당 구역을 구축하여 전기를 골고루 공급하기도 힘들어질 수 있다. 하지만 소비자 입장에서 보자면 싼 가격은 마치 공짜 점심처럼 느껴진다.

첫 번째 해석은 경제학자들의 물가 통제에 대한 본능적인 혐오에서 비롯된 것이다. 경제학자들은 물가 통제의 가시적인 편익과 감춰진 비용에 대해 끝도 없이 설명할 수 있다. 사람들은 전기가 원활히 공급될 때 낮은 가격에 만족해한다. 하지만 정전이 되었을 때, 그 30분간의 정전을 수년에 걸친 가격 통제 탓으로 돌리지는 않는다. 이것이 사실을 설명하는 한 가지 방식이다. 선출직 전기 감독관으로 인해 인위적인 전력 부족이 발생한다. 하지만 대부분의 유권자는 개의치 않는다. 상황이 잘못되더라도 누구를 비난해야 하는지 모르기 때문이다.

사실을 설명하는 또 다른 방법은 규제경제학이라는 분야에서 이미 유서 깊고 훌륭한 전통을 자랑하는 방법이다. 정부 규제를 받는 기업들에게 정부는 흔히 '수익률'을 보장한다. 보통 이익백분율에 따르는 이 수익률은 업체가 투자하는 장비의 달러 가치에 기반하고 있으므로, 전력업체와 같은 정부 규제 산업체들은 감독관이 허용하는 한도 안에서 최대한 규모를 키우려는 강력한 동기를 가지고 있다. 1천만 달러 규모의 자본 설비에 대한 7퍼센트의 수익률이 5백만 달러 규모의 자본 설비에 대한 7퍼센트 수익률보다 훨씬 크기 때문이다. 똑같은 사실도 이렇게 보면 비록 발전 용량이 줄어들더라도 유권자들이 '대항적 권력'을 가져야 한다는 주장이 더 목소리를 얻게 된다.

임명직 감독관들은 공공시설 제공업자들이 규모를 키우겠다는 요구를 쉽사리 받아들일 수 있지만, 선출직 감독관이라면 이 요구에 회의적인 반응을 보이며 공공시설의 규모를 작게 유지하려는 경향이 있기 때문이다. 정부가 에너지 포화상태를 방치하는 것은 정말 귀중한 자원을 낭비하는 것이다. 따라서 소비자 가격을 낮게 고집하는 근시안적인 유권자야말로 비경제적인 과잉공급이라는 만성적인 문제에 대한 실용적인 해결책이라고 할 수 있다.

그렇다면 두 이론이 같은 사실에 잘 들어맞는다. 진지한 학문의 세계에서 드물지 않은 일이다. 아무리 많은 자료에 접근할 수 있더라도 외부자로서는 지역 공공시설 네트워크의 규모가 얼마나 커야 하는지, 얼마나 탄탄해야 하는지 정확히 예측하기 힘들다. 하지만 이 주제에 대해서는 더 생각해보아야 할 여지가 있다. 스탠포드 대학교 후버 연구소의 경제학자 디노 팔라쉐티Dino Falaschetti는 초급 경제학의 입장에서 미국의 통신산업을 살펴보았다. 세부 내용들에 주목하여 연구하며, 그는 다른 사람들이 놓친 부분을 발견하고 다음과 같이 말했다. "기존의 이론적 설정으로 명확하게 관찰 가능한 함의를 얻었다. 다시 말해, 정부 규제기관의 감독관 선출이 (경제적) 과잉을 가져온다면, 선출직 감독관이 관할하는 구역은 상당히 높은 수준의 생산과 연관되어 있어야 한다."[18]

감독관을 잘 선택하는 소비자들이라면 많은 통신 서비스를 이용할 수 있도록 가격을 충분히 낮출 수 있는 감독관을 선택한다는 것을 팔라쉐티는 발견했다! 동시에 이 소비자들은 통신사가 값싼 통신 서비스에 대한 많은 수요를 충족시키기에 충분한 네트워크를 계속하여 구축할 수 있도록, 가격을 그만큼만 높게 책정하는 감독관을 선택한다. 토요일 밤에 제임스 브라운James Brown의 〈스타 타임Star Time〉을 고품질 스트리밍으로 시청할 수 있을 정도로 데이터 양은 많으면서 가격대는 낮아야 한다. 소비자 지향적인 훌륭한 감독관은 그런 일을 할 수 있다. 소비자들이 자본가들을 착취하기를 원한다면, 최소한 품질이 좋은 디지털 컨텐츠 정도는 얻어낼 수 있어야 한다.

하지만 팔라쉐티에 따르면 선출직 감독관들이 관리하는 지역은 "임명직 감독관이 관리하는 지역에 비해 (통신) 서비스의 양이 현저히 적다."[19]

팔라쉐티는 민주적 규제에 대한 낙관적인 이론이 잘 들어맞지 않는 이유에 대해 그럴듯한 설명을 제시하고 있다. '자본과세 문제'가 바로 그것이다. 규제의 대상이 되는 많은 산업에서 자본의 선행투자에 따른 고정비용은 기업을 운영하는 일상적인 한계비용에 비해 엄청나게 크다. 공공설비 네트워크는 구축하는 데 돈이 많이 들지만, 일단 구축한 다음에 유지하는 것은 그리 많은 돈이 필요하지 않다. 따라서 규제 대상이 되는 기업들은 소비자들이 처음에는 장밋빛 약속을 하고, 그 약속을 지키지 않을까 두려워한다. 예를 들어 소비자들은 이렇게 약속한다. "여기 보세요. 정말 기꺼이 건축비는 물론 일상 경비(경제학 용어로 말하자면 고정비용과 한계비용이다)를 감당하기에 충분할 정도의 높은 전기 요금을 지불할게요." 하지만 발전소가 완성되고 네트워크가 구축된 다음, 기업이 이제 이번 주의 석탄 공급과 유지비 문제로 관심을 돌리고 있을 때, 소비자들은 이렇게 자문하기 시작한다. "전력은 생산하는 데 비용도 그리 들지 않는데, 도대체 왜 우리는 이렇게 비싼 전기요금을 내고 있는 거지?"

자본과세에 대해 좀 더 이야기해보자. 소비자들은 이제 전기 생산의 한계비용까지 전기요금을 깎아달라고 감독관에게 요구하기 시작한다. 발전소를 짓는 데 비용을 지불했던 기업의 입장에서는 일상직인 비용만을 겨우 충당할 수 있을 정도까지 전기요금을 내리면, 수지가 전혀 맞지 않는다. 결국 소비자는 선행투자 비용을 지불하지 않고 값싼 전기라는 편익만 누리게 되는 것이다. 경제학 전문용어로 말하자면 소비자들은 자본과세를 끌어낸 것이다.

눈물 없이는 들을 수 없는 이야기다. 공공시설 업체의 CEO라면 절대로 겪고 싶지 않은 일이다. 따라서 팔라쉐티의 이야기에 등장하는 선출직 감독관이 있는 곳이라면 공공시설 업체는 투자를 꺼리게 된다. 빈털터리가 되고 싶지 않기 때문이다. 그래서 이들은 절대 먼저 투자하려 들지 않는다. 자본과세 문제는 3장에서 말했던 로고프의 보수적 중앙은행을 떠올리게 한다. 유권자에게 공공시설에 대한 감독을 맡기면, 불충분하거나 신뢰할 수 없는 서비스 혹은 두 가지 모두를 경험하게 될 것이다. 유권자들은 처음 했던 약속을 이행하려 들지 않는다. 따라서 기업들은 유권자들과 중요한 거래를 하기를 망설이게 된다. 그러나 공공시설에 대한 감독권을 (심지어 산업체와 친근한 관계를 유지하고 있는) 숙련된 전문가에게 위임한다면, 약간은 높은 가격을 지불해야겠지만 좀 더 많은 양의 질 좋은 서비스를 확보할 수 있다.

한 가지 사실을 더 살펴보자. 이번에는 선출직 감독관이냐 임명직 감독관이냐의 문제를 다루는 연구에서 광범위하게 인용되고 있는 설문에서 드러난 사실이다. 이 역시 베슬리와 코트가 밝혀낸 것으로 그들은 "선출직 감독관이 있는 주에서는 비용 변동을 가격에 전가하지 않는 경향이 있다는 사실을 발견했다."[20] 이는 임명직 감독관을 찬성하는 결정적인 근거는 아니다. 하지만 좀처럼 잊기 힘든 사실이다. 경제학 이론에서 중요하게 여기는 아이디어를 하나 들자면, 독점기업이든 치열한 경쟁을 하고 있는 기업이든, 어떤 기업이 사회의 공익을 위해 보이지 않는 손에 의해 작동하는 경우, 비용이 증가할 때 가격을 올리고 비용이 줄어들면 가격도 낮춘다. 기업이 무엇이 풍부하고 무엇이 부족한지에 대해 사회에 올바른 신호를 보내려면, 가격은 희소성에 대한 실제 정보를 반영해야 한다. 노벨 경제학상 수상자 프리드리히 하이에크는 〈사회에서 지식의 활용〉이라는 훌륭한 논문에서 가격이 보내는 가장 훌륭한 메시지에 대해 다음과 같이 말한 바 있다.

근본적으로, 관련 사실에 대한 지식이 여러 사람들에게 흩어져 있는 체계에서, 가격은 다양한 사람들의 개별 행동을 조정하는 역할을 할 수 있다. … 잠시 아주 단순하면서도 흔한 사례를 통해 가격 체계가 정확히 어떤 기능을 하고 있는지 알아보자. 세계 어딘가에서 어떤 원자재, 예를 들어 주석을 이용하는 새로운 기회가 생겨나거나 주석의 공급원 중 하나가 없어졌다고 가정해보자. 둘 중 어떤 원인으로 주석이 희귀하게 되었는지는 우리의 목적에서 중요하지 않다. (사실은 중요하지 않다는 사실이 중요하다.) 주석 이용자들은 자신들이 소비하던 주석이 이제는 다른 어떤 곳에서 더 많은 수익을 내며 사용되고 있고, 따라서 자신들은 주석을 좀 더 아껴 써야겠다는 것만 알면 된다.[21]

따라서 주석(혹은 석탄, 석유, 풍력, 수력)이 부족해지면, 시장은 나쁜 소식을 보낸다. 임명직 감독관은 감독 대상 업체들을 최소한 좀 더 효율적이고 경쟁력 있는 시장처럼 행동하도록 만들 수 있다. 최소한 이런 면에서는 시장의 신호를 활용해 자신이 해야 할 일을 하는 경향이 있다. 여러분은 선출직 감독관이 전기 비용이 요동을 칠 때에도 소매 전기 가격을 안정적으로 유지하려는 경향이 있다고 짐작할 수 있을 것이다. 좋은 소식이 들린다고 가격을 내리면 나쁜 소식이 들릴 때는 가격을 올려야 한다. 하지만 사람들은 나쁜 소식에 집착한다. 나쁜 소식이 있으면 그로 인해 정치인들은 자리에서 쫓겨나게 된다. 따라서 선출직 전기 감독관의 입장에서 보자면, 좋은 소식과 나쁜 소식을 번갈아 전달하는 것보다는 아예 아무런 소식도 전달하지 않는 편이 낫다. "무소식이야말로 재선에 이르는 소식이다"라는 속담이 괜히 있는 게 아니다.

## 무엇으로부터 독립적인가?

유럽과 미국의 (주 정부가 아닌) 연방 정부는 정부 규제기관의 감독관을 선출하지 않는다. 이들이 할 수 있는 선택이란 앞서 중앙은행에서 보았던 경우와 마찬가지로 규제기관의 감독관을 쉽게 해고할 수 있는지, 오랜 임기를 보장해주는지 정도다. 물론 이것이 규제기관의 감독관의 독립성을 측정하는 유일한 지표는 아닐 것이다. 유럽의 통신 감독관에 대한 연구에서 저자들은 다음과 같은 지표를 통해 정부 규제기관 감독관의 독립성을 측정해보았다.

- 감독관이 (예를 들어, 통신에 더하여 전기 그리고 물까지) 여러 문제들을 감독하고 있는가? 판사의 경우에서와 마찬가지로, 특정 산업에 대해 절반도 안 되는 시간만 생각하고 있는 감독관을 매수하려는 것은 바보 같은 일이기 때문이다.
- 감독기관은 여러 명으로 구성되어 있는가? (우리가 앞서 보았던

데이터 양이 많을수록 정확한 추정을 할 수 있다는 통계 법칙인 대수의 법칙law of large numbers의 또 다른 버전이라 할 수 있다. 한 명의 감독관이면 매수하기 어렵지 않겠지만 감독기관의 절반이나 되는 사람들을 매수하기란 힘들다.)

• 감독관이 행정부와 입법부 모두에게 보고해야 하는가? 아니면 한 곳에만 보고하면 되는가? 잘못을 저지른 아이들이 부모에게 번갈아 사정하면 더 가벼운 벌을 받듯이, 감독관도 두 주인을 모시고 있으면 좀 더 독립적으로 행동할 수 있다.[22]

다시 한 번 정리해보자. 중앙은행에서와 마찬가지로 산업을 규제하는 정부 규제기관에게도 독립성이란 전부 아니면 전무의 문제가 아니다. 독립성은 정도의 문제다. 그리고 무엇으로부터 독립적인가도 기억해야 한다. 근시안적이고 지식이 부족한 유권자들에게 저항해야 한다. 하지만 이 연구를 수행한 런던 비즈니스 스쿨의 제프 에드워즈Geoff Edwards와 레오나르드 웨이버맨Leonard Waverman은 정부 규제기관이 독립성을 갖게 될 때 가장 커다란 장점은 정부에게 '아니요'라고 말할 수 있는 것이라고 한다.

이들은 1997년에서 2003년까지 7년 동안 최초로 유럽연합의 15개 국가를 대상으로 정부 규제기관의 독립성이 경쟁이라는 중요한 요소에 어떤 영향을 미쳤는지 살펴보았다. 신생 통신업체가 기존의 거대 통신업체의 네트워크를 이용하려 할 때, 기존 통신업체는 요금을 어느 정도까지 청구할 수 있는가?[23] 예컨대 막 설립된 프랑스 통신업체가 독일을 경유하여 프랑스에서 스웨덴까지 전화선을 연결하려 할 때, 독일 통신업체는 경쟁을 줄이기 위해 자국 전화망을 이용하는 데 불공정할 정도로 높은 가격을 부과하는 것이 허용되는가? 혹은 정부 규제기관이 독일 통신업체에게 다른 기존 경쟁 업체들에게 부과하는 요금과 가까운 정도의 비용, 자국 전화망을 공동으로 이용할 수 있도록 만드는 데 드는 비용 정도만을 부과하도록 할 수 있는가? 이는 물론 하나의 사례에 불과하다. (세부적인 내용은 시기나 산업마다 다를 수 있다.) 하지만 신생 기업들이 공정한 대우를 보장받는가의 문제야말로 산업 전체에서 기업들 간의 공정한 경쟁이 벌어질지, 아니면 소수 기업만 남아 고가의 지역적 독점으로 귀결될 것인지를 결정하는 요인이다.

에드워즈와 웨이버맨은 분명한 결과를 발견했다. 정부 규제기관이 독립적인 때 훨씬 더 낮은 (공정한!) 전화망 공동 이용 가격을 예측할 수 있었다. 하지만 이러한 결과가 도출되기 위해서는 전제되어야 하는 것이 있었다. 그것은 정부 규제기관이 정부 소유의 통신업체를 상대하는지 여부였다. 대기업이 시장 경쟁을 왜곡하지 않을까 우려하는 학자들도 많지만, "훔치지 말라! 정부는 경쟁을 싫어한다"라는 옛날부터 있던 범퍼 스티커의 문구야말로 핵심을 찌르는 말이다. 정부야말로 시장 경쟁을 왜곡하고 독점하는 경향이 있기 때문이다. 따라서 독립적인 규제기관은 정부 소유의 통신업체와 더 자주 싸우는 경향이 있다.

진정으로 독립적인 규제기관은 인문학과 과학을 겸비하고 있다. 다시 말해 일반적인 규칙과 더불어 지역적 지식에도 밝아야 한다. 중앙은행의 독립성과 마찬가지로 규제기관의 독립성을 측정하는 것도 우리가 정말 관심을 가지고 있는 것, 다시 말해 규제기관이 '아니요'라고 말할 수 있는 권한이 있다고 생각하는가에 대한 잡음을 측정하기 위해서다. 정부 규제기관에게 좀 더 많은 독립성을 주어야 한다고 조심스럽게 추천하고 있는 세계은행의 한 보고서는 독립성의 지표만으로는 규제기관의 진정한 독립성을 충분히 파악할 수 없다고 주장한다. "몇몇 사람들은 독특한 거버넌스 전통으로 인해 독립성이 환상이 되어버린 나라도 있다고 주장한다. 예를 들어, '왕실에서 전화가 오면, 규제기관은 따를 수밖에 없다'는 식이다. 물론 아무리 정교한 법을 채택하더라도 기본적인 제도적 환경을 마술처럼 확 바꿀 수는 없다. 하지만 아주 어려운 환경에서라도 그러한 노력은 해볼 만한 가치가 있다."[24]


## 독립을 위한 전제조건

이제껏 언급하지 않았지만, 법률가들이 정부기관의 독립성이라는 문제를 논의할 때 자주 등장하는 독립성의 한 요소가 있다. 그

것은 '누가 돈을 내는가?'이다. 반더빌트 대학교의 리사 슐츠 브레스먼Lisa Schultz Bressman과 로버트 톰슨Robert Thompson에 따르면 미국에서 "몇몇 (재정 지향적인) 독립적 정부기관들은, 보통은 이용자와 산업이라는 자금 출처가 있고, 이로 인해 의회의 자금 책정이나 행정부의 연간 예산으로부터 자유로울 수 있다."[25]

규제기관은 마치 리전시 로맨스regency romance(19세기 초 영국을 배경으로 하는 로맨스의 하위 장르-옮긴이)와 같다. 개인적으로 독립하기 위해서는 먼저 재정적으로 확실하게 독립하는 게 중요하다. 규제기관은 돈의 힘을 존중한다. 미국에서 재정적 독립성을 가장 잘 보여주는 사례는 연방준비제도다. 연방준비제도는 투자에서 얻는 이익과 매일 수백만 장의 수표를 결제하면서 받는 수수료로 버는 돈을 어떻게 쓸 것인가에 대한 전적인 재량권을 가지고 있다. 학술대회에 참석하며 운 좋게도 여러 번 연방준비제도은행에서 밥을 먹을 기회가 있었는데, 음식과 와인에 돈을 아예 쓰지 않는 경우도 있었고, 돈을 쓸 때는 지나칠 정도로 쓰곤 했다. 사실 연방준비제도는 자신들이 버는 수수료와 이익의 상당한 부분을 돌려준다. 따라서 경제학자들에게 연방준비제도 운영을 맡기기 위해 아무리 많은 돈을 지출하더라도 낮고 안정적인 인플레이션을 얻을 수만 있다면 그만큼의 가치는 있다.

미국 건국의 아버지들이 판사에 대해 보여주었던 통찰을 재정적으로 독립적인 규제기관에도 고스란히 적용해볼 수 있을 것이다. 미국 헌법 3조는 다음과 같다. "연방 대법원 및 하급 법원의 판사는 … 정해진 기간 동안 그 직을 유지하며, 그 직무에 대하여 정기적인 보수를 받으며, 그 보수는 재임 중에 감액되지 아니한다." 의회가 연방 판사가 마음에 들지 않는다고 해서 연간 1달러로 보수를 깎아 굶주림 때문에 그만두게 할 수는 없다. 법정과 유사한 회의를 열어 탄핵을 해야만 판사를 해임할 수 있다. 이것은 사실 의회가 자주 하고 있는 일이기도 하다. 미국 연방 판사에 대한 가장 최근의 탄핵은 2009년과 2010년에 있었는데, 모두 끔찍한 범죄와 관련된 것이었다. 한 판사는 공직에서 축출되기 전 스스로 사임했고, 다른 판사 한 명은 공직에서 쫓겨났고, 다시는 연방의 어떤 공직을 맡는 것도 금지되었다.

국가의 헌법에 의해 자금을 보장받는 규제기관은 거의 없다. 따라서 규제기관은 차선책으로 독립적인 자금 흐름을 추구하게 된다. 유럽 통신업체에 대한 규제를 연구하면서 에드워즈와 웨이버맨은 수수료를 중심으로 하는 자금을 규제기관의 독립성을 보여주는 지표로 삼았다. 정부에 연간 자금 책정을 요구해야 하는 기관이라면 정치적 독립성은 눈에 띄게 훼손되기 마련이다. 규제기관마다 독자적인 자금 흐름을 확보하는 방식은 다르다. 반독점 규제기관은 자신들이 규제하는 산업으로부터 수수료를 걷기 때문에, 데이터를 분석하는 통계학자를 고용할 자금을 달라고 입법부에 요청하지 않아도 된다. 특허청은 모든 특허 청원에 대해 소정의 과세를 하고 있기 때문에 매년 의회의 세출위원회 앞에서 고개를 숙이지 않아도 된다. 사실 이는 미국의 사례다. 미국의 특허청은 수수료를 통해 자체적으로 자금을 확보하고 있다.

이러한 접근 방식은 좀 더 넓혀보아야 할 필요가 있다. 의회가 규제기관이 수수료 수입을 사용하는 방식이 마음에 들지 않는다면 특별 청문회를 열 수도 있다. 하지만 그렇지 않은 경우라면 규제기관들에게 민주주의에서 10퍼센트 정도 떨어진 거리를 허용하도록 하자.


## 정치와 경제가 충돌할 때

앞에서 노벨 경제학상을 수상했던 매스킨과 티롤의 말을 살펴봤다. 그들의 말에 따르면 기술적인 세부적 문제를 바로잡는 게 중요하고, 가치보다는 사실과 유능한 집행을 놓고 정치적 논쟁이 벌어지고 있을 때가 바로 비선출 관료들에게 권한을 위임하기 좋을 때다. 프린스턴 대학교의 앨런 블라인더는 20년도 넘는 기간에 걸쳐 이같은 생각을 해왔다. 앞에서 보았듯이 블라인더는 백악관과 연방준비제도에서 물러난 후, 조세법안을 연방준비제도와 같은 기관이 담당하게 된다면 지금보다 더 잘 만들 수 있지 않을까 숙고해보았다. 지금은 법안이 제출될 때마다 의회와 대통령 간의 정치적 전투가 매번 벌어지고 있으니 말이다.

블라인더는 자신의 생각에 살을 붙여 1997년 〈포린 어페어〉에 〈정부는 지나치게 정치적인가?〉라는 훌륭한 논문을 발표했다. 2018년 그는 같은 주제로 《충고와 반대: 경제와 정치가 충돌할 때 왜 미국은 고통을 받게 되는가》라는 책을 출간했는데, 이 책은 미국 정치에 대한 그의 이전 글이 보여주었던 장점을 고스란히 유지하고 있다. 그 장점이란 미국 정치가 작동하는 방식에 대해 매우 솔직하게 접근하고 있다는 점이다. 재미있는 이야기로 책은 시작한다. 1993년 1월, 당시 대통령 당선인 신분이었고 현실 정치에 이미 익숙해 있던 빌 클린턴은 블라인더에게 사진 촬영 때 어떤 포즈를 취해야 하는지에 대해 매우 그럴듯한 충고를 해주었다. "앨런, 이제 당신은 아무 말도 않고, 그저 지적인 깊이가 있는 사람처럼 보여야 해요."[26]

정치인의 충고는 〈뉴욕타임스〉 1면에 사진이 어떻게 나와야 하는지에 대한 것에서 그치지 않는다. 경제학자들이 충고를 요청할 때마다 정치인들은 경제학자들에게 가만히 있으면서 지적인 전문가가 정치인이 결정한 모든 것을 지지한다는 인상을 주라고 말한다. 윈도우 드레싱window dressing(백화점 등에서 소비욕구를 자극하기 위해 쇼윈도우를 화려하게 꾸미는 것, 경제에서는 분식회계가 대표적인 예이다-옮긴이) 역할이나 하라는 것이다.

하지만 블라인더는 그러한 역할에 그치기를 원치 않았다. 실제로 그는 국가를 잘 운영하기 위해서는 전문가가 그런 역할에 그쳐서는 안 된다고 주장했다. 그는 독립적인 중앙은행을 강력하게 지지하고 있는 사람이었기 때문에, 자신의 접근 방식을 조세정책에까지 확장하려고 했다. 정확한 퍼센트를 제시한 것은 아니지만, 블라인더는 자신의 접근 방식이 미국의 민주주의 수준을 다소 감소시킬 것이라는 점을 알고 있었다. "정치인들보다는 전문가들이 몇몇 경제정책을 더욱 잘 결정할 수 있다는 것은 내가 20년 전에도 제시했고, 지금은 더욱 강력하게 주장하고 있는 바다. 이렇게 경제를 운영하더라도 민주주의가 상당히 줄어들지는 않을 것이다."[27] 10퍼센트는 상당한가? 나는 그렇다고 말하고 싶다. 아슬아슬하게 상당한 수준이다. 하지만 블라인더는 민주주의를 2퍼센트 정도 줄여야 한다고 생각하고 있다. 좋은 출발점이다.

미국 정부가 이미 비선출 전문가에게 많은 부분 운영을 맡기고 있는 몇몇 분야, 예를 들어 금융정책, 무역조약 처리 권한, 1990년대의 군사기지 폐쇄 등에 대해 살펴본 후 블라인더는 다음과 같은 커다란 제안을 했다. "연방준비제도이사회와 유사한 연방세금위원회를 만들어야 한다. 위원회는 대통령이 임명하고 상원이 오랜 임기를 보장하는 사람들로 채워져야 한다."[28]

이제 좀 더 익숙한 문제에 대해 생각해보자. 독립적인 중앙은행이라는 지혜를 세금 규정에도 적용해보자는 것이다. 연방세금위원회 헌장 샘플에는 다음과 같은 말이 포함될 것이다. "위원회는 공정성, 단순성, 효율성이라는 목표에 합당한 존중을 표하며 경제의 장기 성장을 촉진하는 조세제도를 만들고, 실행하고, 유지하게 될 것이다."[29] 블라인더는 의회가 광범위한 변수에 대해 결정을 해야 한다고 주장한다. (평년 연방 정부는 국민 소득의 어느 정도를 가져가야 하는가? 상위 1퍼센트의 소득을 올리고 있는 사람들은 세금의 몇 퍼센트를 부담해야 하는가? 기업 혹은 개인이 어느 정도의 비중을 부담해야 하는가?) 그리고 난 후 모든 것은 연방세금위원회에 맡기자는 것이다. 의회는 가치에 대한 판단을 하고, 세부적인 문제들은 연방세금위원회가 해결하도록 하자는 것이다. 블라인더는 이러한 체제가 지금보다는 훨씬 나을 것이라고 확신했다. "연방세금위원회는 지금의 법에 비해 훨씬 공정하고, 단순하고, 엄청나게 왜곡을 줄이는 조세 법안을 만들 수 있다."[30]

그의 말이 옳다. 조세 전문가라면 지금 현재의 법처럼 복잡한 법안은 절대 만들지 않을 것이다. 국회의원들은 자신이 선호하는 기업을 위해서, 혹은 감정적으로 공명하는 정치 집단을 위해서 세금 규정에 하나라도 더 예외를 만들고 싶은 유혹을 견디기 힘들다. 정치인들은 카메라가 꺼지면 권력자들에게 영합하고, 카메라가 켜지면 우리에게 모든 관심이 있는 척한다. 어느 쪽이든 간에, 공공의 이익을 위한 자금을 조달할 목적으로 마련된 세금 규정은 너덜너덜해지기 마련이다.

블라인더가 제시하는 연방세금위원회가 실현된다면 입법부의 권한을 비선출 전문가들에게 넘겨주는 권한 위임으로 가는 커다란 진전이라고 할 수 있다. 부유한 민주주의 국가라면 모두 받아들일 수 있는 정책이다. 뿐만 아니라, 선출 공직자들은 유권자들의 말을 귀담아듣고, 광범위한 변수를 결정하는, 자신들의 장점을 활용할 수 있다. 수백 년에 걸쳐 민주주의 국가는 법의 실제 집행을 비선출 관료들에게 맡겨왔다. 세부사항에 살을 붙이는 규정이나 절차와 같은 법의 좀 더 세세한 부분들 역시 관료들에게 더욱 위임하는 방향으로 천천히 움직이고 있다. 부유한 민주주의 국가가 이러한 방향으로 더 많이 나아갈수록 커다란 비용을 들이지 않고 커다란 편익을 취할 수 있는 가능성이 더 높아진다는 근거도 확실하다. 그러니 이러한 방향으로 나아가는 것이 현명한 일이다.

입법부의 권력을 연방세금위원회에 위임하면 생겨날 수 있는 여러 장점들에 대해 논의하면서 블라인더는 다음과 같이 결론짓는다. "전문가들이 세금 법안을 만드는 것이 공공의 이익을 위해 현명한 일인가? … 아니라고 주장하는 사람도 있을 수 있다. 그렇게 많은 권한을 비선출 전문가들에게 위임하는 것은 비민주적이라는 이유로 말이다. 그들의 말도 일리는 있다. 하지만 나는 그들의 말에 동의하지 않는다. 그 이유는 내가 연방준비제도의 독립성을 지지하는 이유와 같다."[31]

연방세금위원회 제안에 포함되어 있는 민주적 견제에 대해 살펴본 다음 (기본적으로 부유한 국가의 중앙은행에 대한 민주적 견제와 같다) 블라인더는 2퍼센트 적은 민주주의의 지혜를 다음과 같이 받아들이고 있다. "판단은 언제나 보는 사람에 따라 다를 수 있다. 하지만 그 정도의 견제라면 민주주의의 정치적 정통성을 여전히 담보해주리라 본다."[32]

## Chapter 5

# 민주주의를 위한 자격

◆

> 지금의 문제는 대부분의 성인들이 국가 통치에 참여할 수 있을
> 정도로 충분히 유능하냐는 것이다. 과연 그런가?
>
> _로버트 달

1969년에 작성되고 라틴 아메리카의 많은 나라들이 서명하여
1978년 발효된 미주인권협약American Convention on Human Rights은 충
분한 교육을 받지 못한 사람에게서 투표권을 박탈할 수 있다고 명
시하고 있다. 협약에 따르면 투표권을 박탈할 수 있는 여러 합법적
인 방식도 있는데, 이에 대해 설명하고 있는 23조를 보자.

> 모든 시민들은 다음과 같은 권리와 기회를 누릴 수 있다. … 투표를
> 할 수 있고, 정기적이고 진정한 선거에서 선임될 수 있다. 선거는 유
> 권자의 자유로운 의지 표명을 담보하기 위해 비밀 투표와 보통·평
> 등 선거로 치러질 것이다. … 법은 연령, 국적, 거주지, 언어, 교육,
> 시민으로서의 능력과 정신 능력, 형사 소송 절차에서 관할 법원의

선고에 기반을 두고 이를 통해서만 앞선 문단에서 언급한 권리와 기회의 행사에 대해 규제할 수 있다.[1]

유엔 최고인권위원회는 미주인권협약의 투표권 규제 가능성에 대해 충분히 파악하고 있다. 최근의 책에서 유엔 최고인권위원회는 위에서 언급한 규제 중 하나에 주목했다. "20조는 투표권과 정부 참여를 보장하고 있는 데 반해 23조는 이 권리가 여러 가지 요인, 특히 그중에서도 언어를 근거로 제한될 수 있다고 말하고 있다."[2]

미주인권협약은 처음 서명했던 25개 국가 중 23개 국가에서 지금도 효력이 유지되고 있고, 멕시코, 브라질, 아르헨티나, 칠레 등 소득 수준이 다양한 나라들이 이 협약에 가입되어 있다. 또한 앞에서 언급한 23조 역시 지금까지도 삭제되지 않았다. 따라서 개인의 교육 수준을 근거로 투표권을 제한하는 것은 여전히 국제법의 영역 안에 있다.

이 조항에 대한 나의 핵심적인 질문은 물론 그러한 규제가 합법적이냐가 아니라, 그것이 현명한가이다. 예를 들어 투표를 위해서는 고등학교 졸업장이 있어야 한다는 규칙은 정부의 수준을 향상시킬 수 있을까? 이 문제를 다루기 전에 다른 문제를 먼저 살펴보자. 고등학교 이상의 교육을 받은 사람들에게 투표를 금지한다면, 정부의 수준은 어떻게 될까?

누구나 짐작할 수 있듯이, 지식 수준이 높은 유권자는 민주주의의 중요한 요소다. 많은 예외가 있기는 하지만 규칙은 명확하다. 교육을 많이 받은 사람일수록 정부가 어떻게 돌아가고 있는지 더 많이 알고 있고, 선의의 제안을 포함한 다양한 정책이 계획한 대로 이루어질지 아닐지를 더 잘 판단할 수 있다.

평균적으로 교육을 많이 받은 유권자일수록 더 많은 지식을 가지고 투표를 한다. 정치인들은 투표권이 없는 사람보다는 투표를 하는 유권자들에게 영합하는 경향이 있으므로, 유권자들의 능력, 지능, 인적 자본이 늘어난다는 것은 정치인들로서는 자신들이 구매할 제품에 대해 잘 파악하고 있는 고객들을 상대해야 한다는 것을 의미한다. 공식적·비공식적, 철학적·경험적인 광범위한 정치적 사유에서는 정치와 정책 그리고 자신이 사는 세상에 대해 좀 더 많은 것을 알고 있는 유권자들은 정부를 보다 현명한 방향으로 나아가게 한다고 이구동성으로 주장한다.

논의를 더 전개하기 전에, 고등학교 졸업장이 있어야만 투표를 허용하는 투표 요건이 얼마나 제한적인지 알아보자. 이 투표 요건은 지나치게 제한적이며, 이미 그런 요건을 채택하고 있는 곳이라면 그 요건을 철폐하자는 주장을 할 만한 충분한 근거도 있다. 하지만 그 전에 먼저 몇 가지 사실을 살펴보자. 이 책에서 주로 다루고 있는 부유한 민주주의 국가에서는 시민들의 대다수가 고등학교를 졸업한다. 또 이러한 나라에서 널리 연구되어 있는 민족 집단이나 문화 집단 대부분도 고등학교를 졸업한다. 예를 들어 일본에서 역사적으로 사회적 약자에 속하는 아이누족의 40세 이하 부족민 중 85퍼센트가 고등학교를 마쳤다.[3] 영국 정부가 최근 자료를 연구하며 발표한 바에 따르면, 카리브해의 아프리카인의 후손, 파키스탄인 후손, 인도인 후손을 포함한 어떠한 집단 중에서도 고등학교 졸업장에 준하는 중등교육 자격시험에서 합격률 70퍼센트 이하를 보인 민족 집단은 없었다.[4] 미국에서 9학년을 시작한 학생들 중 4년 후 고등학교 졸업장을 받으며 학교를 졸업한 비율을 살펴보면 아시아계 미국인과 태평양 섬주민은 91퍼센트, 아프리카계 미국인은 76퍼센트, 히스패닉계 미국인은 79퍼센트였다.[5]

이와 같은 자료에서 알 수 있는 것은 투표에 고등학교 졸업장을 요구하는 일반 규칙은 역사적으로 사회적 혜택을 받지 못했던 많은 집단에게조차도 상당한 수준의 민주적 대표성을 부여한다는 사실이다. 하지만 이러한 민주적 대표성 수준이 급락하는 집단도 있다. 예를 들어 미국의 아만파 교도들은 8학년만 마치고 학교를 그만두는 경향이 있다. 캐나다의 족장교육총회에 따르면 캐나다 원주민들의 고등학교 졸업률은 평균 38퍼센트에 불과하다.[6]

이 심각한 상황을 어떻게 처리해야 하는지는 이 장의 마지막 부분에서 다시 생각해보기로 하자. 단지 10퍼센트 적은 민주주의를 제안하고 있는 입장에서 볼 때, 모든 투표에 고등학교 졸업장이 필요하다는 일반 규칙은 앞의 상황을 감안하면 그다지 좋은 규칙은 아니라고 할 수 있다. 나는 고등학교 졸업장이 투표의 전제조건이라는 규칙을 하나의 기준점으로 삼고, 지식을 갖춘 유권자의 가치에 집중하는 방법으로 삼으려 한다. 하지만 보편적인 규칙으로는 추천하지 않는다.

## 유권자들의 능력은 동등하지 않다

> 플라톤부터 존 스튜어트 밀에 이르기까지, 교육과 지능은 정치 권력의 전제조건이라는 주장이 있어왔다.
>
> _루드비 벡맨

고등학교 졸업장이 있는 사람만 투표하게 하면 정부의 수준은 어떻게 될까? 우리는 이 질문과 관련된 자료를 충분히 가지고 있다. 일반적인 여론조사에는 응답자의 최종 학력에 대한 질문까지 포함되기 때문이다. 이 자료들은 명확한 답변을 제시하고 있다. 교육을 많이 받은 사람일수록 정부가 하고 있는 일에 대해 더 잘 알고 있었다. 그런 사람들은 실제 있는 사실을 받아들이고, 음모론이나 도시괴담 같은 것은 믿지 않으려는 경향을 보였다.

우선 가장 기본적인 수준에서 교육을 많이 받은 사람일수록 정부의 실제 상태에 대해 잘 파악하고 있었다. 카타니아 대학교의 여론 연구원 빈센조 메모리Vincenzo Memoli는 2000년대 초반 자료를 살펴보았다.[7] 메모리는 이탈리아 시민들에게 이탈리아 수상의 이름을 알고 있는지(3분의 2 정도가 이 질문에 옳게 대답했다), 어떤 정당이 좌파이고 우파인지 알고 있는지(7분의 6 정도가 옳게 대답해서, 앞의 경우보다 약간 더 나았다)와 같은 질문을 던져 정치적 지식을 측정했다.

메모리는 이 질문에 대한 대답을 모아 각각의 응답자들의 정치 지식 점수를 0에서 9까지 분류했다. 2001년의 조사에서 대학 학위를 가진 사람들의 평균 점수는 7.7이었다. 초등학교만 졸업한 사람들의 평균은 4.7이었다. 중학교를 마친 사람은 5.4, 고등학교를 졸업한 사람들의 평균은 6.7이었다. 이탈리아 정치에서 언제나 두드러지는 또 다른 차이에 비하면 이 차이는 상당히 두드러져 보였다. 그 차이는 북부 이탈리아인과 남부 이탈리아인 사이의 차이다. 북부 이탈리아인의 평균 정치 지식 점수는 6.0이었고, 남부 이탈리아인은 5.2였다.

교육을 많이 받은 사람일수록 음모론을 믿지 않는 경향이 있었다. 물론 '음모론'이 무엇이냐는 논란의 여지가 있다. 정부 지도자들이 때로는 정책 결정에 관련된 모든 것을 국민들에게 말하지 않고 있다는 게 음모론이라면, 나도 음모론자가 되고 싶다. 암스테르담 자유대학교의 심리학자 얀 빌렘 반 프루이옌Jan-Willem van Prooijen은 네덜란드 전역의 사람들을 대상으로 여러 진술을 제시하고 1에서 7까지 점수를 매겨달라고 요청했다.[8] 1은 '매우 아니다', 7은 '매우 그렇다' 혹은 (한 연구에서는) 사실일 '가능성이 높다'를 의미했다. 반 프루이엔이 사용했던 몇 가지 진술의 내용은 다음과 같다.

- 인간은 사실 달에 간 적이 없다.
- 휴대전화 전자파는 건강에 해롭다. 통신업체와 정부는 이 사실을 알고 있지만 감추고 있다.
- 재정위기는 은행이 자신들의 이익을 위해 일부러 만든 것이다.
- 영국 왕실이 다이애나 비를 살해했다.
- 정치인들은 대기업 혹은 이익집단에게 뇌물을 받는다.

반 프루이엔은 위의 항목에 대해 1과 7 사이의 평균 점수를 매겨보았다. 나도 점수를 매겨보았는데, 내 점수는 1.2였다. 정치인들이 선거 유세를 위해 후원금을 받거나 퇴직 후 미래의 직장을 보장받는 것도 나는 뇌물이나 다름없다고 생각했기 때문에 1점보다 다소 높은 점수가 나왔다. 반 프루이엔의 첫 번째 연구의 평균 점수는 4였지만, 두 번째 연구의 평균은 3이었다. 두 연구 모두에서 표준편차는 1이었는데, 이는 첫 번째 연구에서 무작위적인 두 사람의 일반적인 점수 차이는 1점이고, 3분의 2의 사람들이 3과 5 사이의 점수를 기록했다는 의미다. 꽤 커다란 편차다. 따라서 (암스테르담 대학생들이 아니라, 네덜란드 전역에 걸쳐 살고 있는) 많은 설문 응답자들은 여러 음모론에 대해 대단히 설득력이 있다고 믿고 있다고 볼 수 있다. 그리고 편차가 꽤 크다는 사실도 중요하다.

음모론에 대한 설문조사의 편차에서 예측할 수 있는 것은 무엇일까? 두 가지의 심리적 속성이 중요한 것으로 보인다. 하나는 무기력감이고, 다른 하나는 대부분 삶의 커다란 문제에는 단순한 해결책이 있다는 믿음이다. ('올바른 정책만 있으면, 대부분의 사회 문제는 쉽게 해결할 수 있다'가 후자의 예다.) 그러나 이 두 속성에 대한 좋은 예측 변수는 교육 수준인 것으로 드러났다. 교육을 많이 받은 사람일수록 자기 삶의 문제는 어떤 외적 변수로 해결될 수 없다고 생각하는 경향이 있었고, 따라서 자신이 스스로의 삶에 대해 좀 더 많은 통제력을 가지고 있다고 생각했다. 음모론이 삶의 골치 아픈 문제들을 설명해주지 못한다고 여기는 것도 이런 이유에서 비롯되었다고 할 수 있다.

교육 수준이 낮은 것이 음모론에 대한 믿음을 얼마나 예측할 수 있을까? 네덜란드 성인 인구 샘플을 대상으로 한 반 프루이엔의 연구는, 초등학교를 졸업한 사람들과 고등학교 졸업 혹은 그에 상당하는 교육 수준을 가진 사람들을 비교하고, 고등학교 졸업자와 커뮤니티 칼리지를 졸업한 사람들을 비교한 후, 교육 수준이 낮은 사람들은 교육 수준이 높은 사람들에 비해 0.75점 정도 음모론을 더 신뢰한다는 사실을 발견했다.

이 결과는 교육을 많이 받은 사람일수록 음모론을 덜 받아들인다고 주장하는 것이 아니다. 이는 내 이야기의 중요한 부분이기는 하지만, 나의 주장도 아니다. 나는 단지 예측 주장을 강조하고 있을 따름이다. 고등학교 이하의 학력을 지닌 유권자는 그렇지 않은 시민들에 비해 석유회사들이 에너지를 공짜로 만들 수 있는 방법을 알면서도 자신들의 이익을 위해 그 방법을 감추고 있다고 믿고 있는 상태에서 투표를 하리라는 것을 예측하는 정도다.

민주주의를 지지하는 사람들이 당장 배울 것도 있다. 많은 정책 감시인들처럼 당신도 대부분의 사회 문제들이 실제로 해결하기 힘들다고 믿고 있다면, 당신과 같은 생각을 가지고 있는 유권자의 수가 더 많은 데 대해 감사할 것이다. 그리고 교육은 음모론을 덜 믿는 데 대한 어느 정도 강력한 예측 변수다. 게다가 다이애나 비의 죽음에 대해 지나치게 터무니없는 견해를 가지고 있는 유권자가 너무도 많다는 데 우려를 표하는 게 합리적이라면, 우리는 일상적인 정책 문제에 대해 제대로 알지 못하는 유권자가 너무도 많다는 현실에도 우려를 표해야 할 것이다. 교육 수준이 낮은 사람들이 음모론에 속아 넘어간다는 것은 중요하지 않다. 그보다 끔찍한 일은 그들이 형편없는 경제정책에도 속아 넘어간다는 것이다.

나의 조지메이슨 대학교 동료였던 브라이언 캐플란은 그 유명한 저서 《합리적 유권자의 신화The Myth of the Rational Voter》에서 교육 수준이 낮은 사람들은 경제학계에서 대체로 거부하는 정책들을 지지하는 경향이 많다는 사실을 증명했다. 몇 가지만 예를 들자면 높은 수입 관세, 집세 통제, 노동자 해고를 힘들게 하는 엄격한 정부 규제 등이다.[9] 프린스턴 대학교의 블라인더는 그의 저서《충고와 반대》에서 이렇게 썼다. "경제학에 대한 지식이 있는 대중은 축복에 가깝다."[10]

교육 수준이 낮은 사람들이 경제학 전문가들과 의견이 다르다는 사실은 그리 놀랄 일은 아니다. 이들은 의학이나 역사 전문가들과도 의견이 다를 테니 말이다! 사회 정책에 대해 올바르게 사고하는 일이 쉽지만은 않다. 올바른 사고란 정부가 어떤 행동을 할 때 그것이 미치는 직접적이고 간접적인 영향은 물론이고 대단히 다양한 원인을 세심하게 고려하는 것이기 때문이다. 그리고 올바르게 사고하기 위해서는 정책 이슈에 대한 많은 실제적 근거에 일상적으로 접하며 그것에 친숙해야 한다.

오늘날 부유한 민주주의 국가들이 교육이라는 기준을 채택하고 있지는 않지만, 정신 능력이라는 기준을 적용하여 지적 장애인에게는 투표권을 박탈하고 있다. 유럽연합 인권기구는 이러한 투표권 제한에 대해 비윤리적이라며 (명백히) 거부하면서도, 투표권 제한이 어떻게 작동하고 있으며, 왜 몇몇 나라는 이러한 제한을 받아들이고 있는지를 설명하는 유용하면서도 읽기 쉬운 소책자를 발간했다. 이 책의 설명을 살펴보자.

유럽 몇몇 국가에서는 정신 건강상의 문제를 가지고 있는 사람들은 투표할 수 없다. 이는 차별이다. 차별이란 한 사람 혹은 집단이 공정

자격

183

한 대우를 받지 못하고, 다른 사람들과 같은 권리를 누리지 못하는
것이다.

…

(유럽의) 몇몇 국가에서 정신 건강상의 문제가 있거나 지적 장애가
있는 사람들도 투표를 할 수 있고, 정부에 참여할 수 있다.

…

하지만 또 다른 몇몇 국가에서는 할 수 없다. 이는 결혼할 수 없고
집을 살 수 없고 돈을 관리할 수 없기 때문에 투표할 수 없다고 법
률에 명시되어 있기 때문이다. 이러한 나라들은 다음과 같다.
벨기에, 리투아니아, 불가리아, 라트비아, 체코 공화국, 룩셈부르크,
덴마크, 몰타, 에스토니아, 폴란드, 독일, 포르투갈, 그리스, 루마니
아, 헝가리, 슬로바키아.
몇몇 국가에서는 정신 건강상의 문제가 있거나 지적 장애를 가진
사람이 투표할 수 있는지 의사 혹은 판사가 판단한다. 이런 정책을
가지고 있는 나라는 다음과 같다.
에스토니아, 몰타, 사이프러스, 슬로베니아, 프랑스, 스페인.[11]

많은 풍요로운 민주주의 국가는 이미 최소한의 삶의 능력이 있
어야만 투표할 수 있다고 명시하고 있다. "결혼할 수 없고 집을 살
수 없고 돈을 관리할 수 없다"면 "투표할 수 없다"는 것이다. 그렇
다면 이제 그 능력의 기준은 무엇이 되어야 하는지 생각해봐야 할
때다. 그 기준을 지금보다 높이는 것을 생각해보자.

모든 진지한 민주주의 이론가들은 유권자의 능력이라는 문제를 가지고 씨름한다. 보통선거를 실시해야 한다는 주장을 펴는 위대한 이론가들을 보고 있노라면, 모든 성인이 국가의 정치적 논쟁에 유용한 역할을 하며 참여할 수 있다는 주장이 억지라는 것을 알고 있기에, 마치 누군가 뒤에서 자신을 부를까 두려운 마음에 휘파람을 불며 묘지를 지나는 사람처럼 보인다. 유권자들의 능력이 거의 혹은 완전히 동등하다는 주장을 기반으로 투표가 정치적으로 평등해야 한다고 말할 수는 없다. 이탈리아에서 학력 수준이 낮은 사람들은 수상의 이름도 잘 몰랐고, 네덜란드의 학력 수준이 낮은 사람들은 달에 처음 발을 디뎠던 닐 암스트롱Neil Armstrong이 거짓말쟁이이자 사기꾼이라고 믿었다.[12] 유권자들의 능력이 거의 동등하다는 구호는 거짓말이다. 이제 우리는 이런 거짓말을 그만두어야 한다.

## 낮은 꼬리 잘라내기

내 목소리가 정치에 미칠 수 있는 영향력이 얼마나 보잘 것 없는지와는 상관없이, (자유국가에서) 투표권은 나로 하여금 사회 문제에 대해 공부를 해야겠다는 의무감을 주기에 충분하다.

_장 자크 루소

모든 성인들에게 보통선거권을 부여하는 것에 대한 대안을 고민한다면, 조지타운 대학교의 철학자 제이슨 브레넌의 주장을 참조하는 것이 도움이 될 것이다. 브레넌은 몇 편의 논문과 자신의 저서《민주주의에 반대한다Against Democracy》를 통해 지식을 갖춘 이들에 의한 통치를 말하는 에피스토크라시epistocracy를 주장했다.[13] 사실 그는 내가 여기서 제시하는 것보다 훨씬 커다란 규모의 개혁을 주장하고 있다. 그는 지식이 많은 사람들에게만 투표를 허용하자는 엄청난 주장이 논리적으로 불가능하지는 않다는 철학적인 주장을 하고 있다. 하지만 그러한 주장과 더불어 중요한 이야기를 들려주고 있다. 보통선거권을 찬성하는 사람이라면, 유능한 정부를 가질 보편적 권리에 비추어 그 선거권을 균형 조정해야 한다는 것이다. (공리주의 철학자 제러미 벤담Jeremy Bentham이 권리란 '말도 안 되는 헛소리'라고 지적했던 것처럼) 개인적으로 나는 진정한 의미의 권리란 존재하지 않는다고 생각하는 쪽이지만, 권리를 믿고 있는 사람이라면 브레넌의 주장이 납득될 것이다.

브레넌은 정부가 이미 자신이 한 약속을 이행할 정도의 능력도 없다면, 그 정부에 어떤 것을 요구하는 것은 무의미한 일이라고 말했다. 논란의 여지가 있는 주장이라도 금지하지 않겠다는 약속을 이행할 수 없는 정부라면 언론의 자유라는 추상적인 권리는 무의미한 것이다. 가장 유명한 예는 아마 1977년 수정안을 포함한 소련의 헌법일 것이다. 이 헌법은 "소련 시민들은 언론·출판·집회·결사 및 가두시위의 자유를 보장받는다"라는 터무니없는 약속을 하고 있다.

하지만 소련과 같이 나쁜 정부만 지킬 수 없는 약속을 하지는 않는다. 전 세계에 걸쳐 무능한 정부는 시민의 권리에 대해 터무니없는 약속을 한다. 그리고 그 약속을 지킬 수 없는 정부는 수시로 약속을 이행하지 않는다. 그 속에는 의료 서비스 보장에 대한 약속도 있다. UCLA와 맥길 대학교의 공중보건 연구자들은 전 세계 수십개 국가의 헌법에 명시되어 있는 의료 서비스 보장권에 대한 자료를 수집했다. 이들은 몇몇 의료 서비스를 보장하는 것이 단순한 포부에 불과하다고 규정했다. 그저 목표를 과장한 말에 지나지 않는다는 것이다. 하지만 실제로 정부가 의료 서비스를 보장하는 곳도 있었다. 구체적인 예를 들어보자.

> 건강권을 명시하고 있는 헌법 조항이나 이를 국가의 의무로 규정하고 있는 조항들은 그 권리를 보장하고 있는 것으로 규정된다. 따라서 … 베네수엘라에서는 (1999년 제정되고 2009년 수정된 헌법 83조에 한정하여) '건강은 근본적인 사회적 권리'이며, 국가의 책임으로 생명권의 일부로서 보장된다.[14]

2010년 중반 베네수엘라의 의료제도가 완전히 붕괴되기 이전에도 '생명권의 일부'로서 건강권이 잘 보장되지는 않았다. 예를 들어 유럽연합의 모성사망률은 10만 명당 8명에 불과한 데 비해 베네수엘라의 경우는 10만 명당 90명이 넘는 수준이었다. 출산을 하는 베네수엘라 여성들에게 보장된 건강권은 유럽 여성들에게 보장된 권리에 비해 가치가 떨어지는 것이었다.

(건강에 대한, 언론 자유에 대한, 공정한 재판에 대한) 권리라는 게 존재한다면, 국민은 이러한 권리를 제공할 정도로 능력 있는 정부에 대한 권리도 가지고 있다. 브렌넌은 유능한 정부를 구성하는 하나의 중요한 요소로 충분한 지식과 지능을 갖춘 통치자를 꼽고 있다. 민주주의에서는 아주 중요한 의미에서 보통 시민이 바로 그 통치자다. 보통선거권에 대해 대단히 냉소적으로 지지하는 사람들은 정반대의 입장을 취할 수도 있다. 이들은 투표로 상황을 바꿀 수 없다고 믿고 있기 때문에 바로 그러한 권리를 지지한다. 이들이 보기에 투표에 대한 평등권은 유치원생들의 야구 경기에서 모든 아이들이 공을 칠 수 있는 권리를 갖는 것이나 다를 바 없다. 이러한 냉소적인 견해에 따르면, 투표라는 게임은 애초에 그리 중요하지 않다. 따라서 누구라도 게임을 할 수 있게 해야 한다. 참가상은 누구에게나 줄 수 있을 정도로 널려 있다!

하지만 최소한 민주주의 국가에서 투표라는 게임은 중요하다. 새로운 유권자들이 등장하면 새로운 정책이 필요하다. 이는 많은 역사적·통계적 연구들이 근거를 제시하고 있는 주장이다. 몇 가지 예를 들어보자.

- 19세기 미국으로 이주한 아일랜드인들은 자신들이 거주하고 있는 도시의 정치 지형을 바꾸어놓았다. 새로운 정치 조직과 (어떤 사람들은 부패했다고 하지만) 좀 더 개인적인 거버넌스 규범이 탄생했다. 《태머니 홀의 플런킷Plunkitt of Tammany Hall》은 이 주제에 대해 인류학적인 근거를 제시하고 있는 짧으면서도 가장 훌륭한 책이다.
- 19세기와 20세기 초반에 걸쳐 미국과 유럽에서 일어난 여성 투표권 확대는 아동 교육과 의료 서비스에 대한 정부 지출을 증대시키는 원인이 된 것으로 보인다.[15]
- 여성은 남성에 비해 오랫동안 관세장벽을 더 지지해왔기 때문에, 여성 참정권 운동은 20세기 초반 세계가 자유무역에서 등을 돌리는 경향을 심화한 것으로 보인다. 미국의 여론조사 자료, 영국의 역사적 근거, 수십 개 국가에 걸친 관세율 변화의 패턴 분석이 이러한 주장을 뒷받침하고 있다.[16]

　새로운 집단에 참정권을 허용한 것이 정부 정책에 영향을 미쳤는지에 대한 대부분의 연구들은 분명히 그렇다는 답을 얻었다. 게다가 광범위하게 연구되어온 여성 참정권의 사례를 보면, 여성과 남성이 각각 지지하는 평균적인 정책의 차이를 알고 있다면 충분히 예상할 수 있는 방식으로 정책이 바뀌었다. 평균적으로 남성들은 여성에 비해 건강 문제를 그다지 걱정하지 않는다. 부유한 국가에서 남성들은 여성에 비해 병원에 적게 가고, 건강 문제에 훨씬 더 적은 돈을 지출한다. 따라서 개인적인 삶에서 다른 견해를 가지고 있는 집단들이 유권자로서 공적 영역에 등장할 때, 이제까지와는 다른 문제가 선거 이슈로 등장하는 것은 놀라운 일이 아니다. 정부는 이렇게 이제까지와는 다른 관심사에 반응을 보이기 마련이다.

너무나 뻔한 이야기인지도 모르겠지만, 다시 한 번 생각해보자. 최저 수준의 교육을 받은 사람들의 투표권을 제한하는 것을 고려해보아야 하는 것은 어떤 고상한 형이상학적 이유 때문이 아니다. 고등학교를 마치지 못한 유권자가 투표하러 온다고 해서 신성한 투표장이 훼손되는 것도 아니다. 최저 수준 학력자들의 투표 제한을 고려해야 하는 진정한 이유는 좋은 정책이 정말 중요하기 때문이다. 그리고 그들의 투표를 제한하는 것이 좋은 정책을 펼칠 수 있는 확률을 높여주기 때문이다. 교육 분포에서 낮은 꼬리lower tail를 잘라내어 유권자들의 평균 지식 수준을 향상시키는 것은 좋은 정책을 얻을 확률을 높여주는 실용적인 방법이다.

지식이 부족한 유권자가 최소한 어느 정도는 정부가 일하는 능력에 방해가 된다는 데에는 많은 사람이 동의할 것이다. 하지만 어떤 사람이 고등학교에 다닐 때 다소 게을렀다는 이유만으로 평생 동안 투표를 금지하는 규칙을 만들자고 하면 많은 사람들은 선뜻 동의하려 들지 않을 것이다. 앞서 보았듯이 나름의 문화에 따르느라 고등학교의 졸업율이 낮은 집단도 있다. 따라서 어느 정도의 수정안을 생각해볼 필요가 있다. 유권자의 교육 수준을 '고교 졸업장 혹은 그에 상당하는 것'이라고 할 때, 그 '상당하는 것'은 나라마다 다를 수 있다.

미국 사람들은 일반적으로 고졸학력인정시험이 고등학교 졸업장에 준한다고 생각한다. 몇 살에 그 시험을 통과했는지에 대해서는 크게 개의치 않는다. 최소한의 대학입학시험 점수, 예를 들어 점수 분포의 10번째 백분위수 정도면 유권자의 교육 수준에 부합하는 대안이 될 수 있을 것이다. 이밖에도 투표권을 획득할 수 있는 다양한 방식이 있다. 병역 의무를 마친 사람들에게 투표권을 주는 나라도 많다. 로버트 하인라인Robert Heinlein의 공상과학소설《스타쉽 트루퍼스Starship Troopers》에서는 병역을 마친 사람들만이 투표할 수 있는 권리를 갖는다.[17] '병역을 마쳐야 시민이 될 수 있다'가 이 책의 슬로건이다. 사실 이런 방법을 사용한다고 해서 미국에서 유권자가 더 늘어나는 것도 아니다. 이미 입대하기 위해서는 고등학교 졸업장을 가지고 있거나 고졸학력인정시험을 통과해야 한다. 게다가 사실상 IQ 테스트라 할 수 있는 군입대자격시험은 지능 분포에서 낮은 꼬리에 있는 사람들을 걸러내는 역할을 한다.

다른 나라들은 다른 규칙을 통해 유권자의 교육 요건을 충족시키지 못하는 사람들도 투표할 수 있는 길을 열어 주고 있다. 벤저민 프랭클린Benjamin Franklin은《가난한 리처드의 연감Poor Richard's Almanac》에서 "20대에는 의지, 30대에는 기지, 40대에는 판단이 지배한다"라고 말한 바 있다.[18] 이 경구에 주목하여 40세가 넘은 모든 사람들에게 참정권을 부여할 수도 있다. 부유한 국가라면 결국 거의 모든 국민들이 투표할 수 있게 된다는 의미다. 물론 나이가 들면서 (주관적인 개념인) 판단력이 좋아지는지를 측정하기란 어려운 일이다. 하지만 앞서 보았던 이탈리아 유권자들의 정치 지식에 대한 연구를 보면 45세에서 64세 사이의 유권자들이 18세에서 24세 사이의 유권자들에 비해 정치에 대해 상당히 많은 지식을 가지고 있었다. 오타와 대학교의 초빙교수 다니엘 스톡메르Daniel Stockemer와 프랑수와 로쉐François Rocher는 캐나다인을 설문조사하여 "젊은 사람일수록 나이든 사람들에 비해 (상당한 정도로) 정치에 대해 무지하다"라는 결과를 얻었다.[19]

교육 수준이 낮은 사람들을 대상으로 연령에 따라 투표권을 제한하는 방식에는 이미 선례가 있다. 로마 대학교의 명예교수 조르조 델 베키오Giorgio del Vecchio에 따르면, "(이탈리아에서) 1912년 6월 30일 제정된 법은 글을 모르는 사람들에게도 나이가 30세가 넘었거나 병역 의무를 이행하는 조건으로 투표권을 주었다."[20]

아마도 이미 100여 년 전 이탈리아 사람들은 10퍼센트 적은 민주주의로 가는 실용적인 방법을 찾아낸 것 같다. 하지만 6년 후인 1918년, 제1차 세계대전의 여파로 남성들의 보통선거권 연령은 21세까지 낮아졌다. 그리고 4년이 지난 1922년 베니토 무솔리니Benito Mussolini가 최연소 수상으로 선출되었다. 물론 역사상 최악의 수상이었다.

## 영리한 선거구 조정

　이미 보았다시피 민주주의에는 균형을 조정하여 더 많이 교육을 받은 시민들에게 발언권을 조금 더 부여하는 여러 가지 방식이 있다. 나는 여기서 또 하나의 방식을 제시하고자 한다. 영국이나 미국과 같이 선거구에 따라 국회의원을 선출하는 나라에서 교육 수준이 평균 이상인 선거구의 크기를 평균보다 10퍼센트 축소하는 방안이다. 마찬가지로 평균 이하의 교육 수준을 가지고 있는 선거구는 평균보다 10퍼센트 넓히는 것이다. 이렇게 하면 교육 수준이 평균 이상인 선거구의 숫자가 지금보다 10퍼센트 정도 더 많아질 것이다.

　내가 '영리한 선거구 조정smart redistricting'이라고 부르는 다음의 예를 생각해보자. 선거구당 10명의 유권자가 있고, 1,000명의 유권자가 100개의 선거구에서 100명의 국회의원을 뽑는다고 가정하자. 교육 수준이 평균 이상인 선거구의 크기를 10퍼센트 줄일 수 있다면, 50명의 국회의원이 각각 10명의 유권자를 대표하는 대신, 55명의 국회의원이 각각 9명의 유권자를 대표하게 될 것이다(쉽게 이해하기 위해 반올림했다). 평균 이하의 교육 수준을 갖고 있는 선거구에서는 45명의 국회의원이 각각 11명의 유권자를 대표하게 될 것이다. 대표자의 수도 같고, 투표하는 사람의 수도 변하지 않았다. 하지만 '최소임금을 두 배로 올리면 실업률은 어떻게 될까?'

와 같은 질문에 올바른 대답을 할 수 있는 사람들이 더 많이 국회에 진출하게 될 것이다.


## 투표권을 잃어 마땅한 사람들

하지만 참정권은 시민권, 지적 능력, 전과를 근거로 합법적으로 제한할 수 있다.

_유엔 여성 통계


레스 맥켄Les McCann과 에디 해리스Eddie Harris가 연주하는 내가 좋아하는 재즈곡 〈무엇과 비교해서?Compared to What?〉는 경제학적인 질문을 던지고 있다. 내가 제시하는 선거 개혁 방안은 지금 현재 상황에 비해서, 지금 현재 상태에서 눈에 띄는 구체적인 변화를 가져오고자 하는 것이다. 이제 나는 유권자의 교육 수준을 향상시키는 또 다른 방법을 제시하고자 한다. 그것은 어떤 행동을 하는 것이 아니라 어떤 행동을 하지 말자는 것이다.

나는 에피스토크라시를 위한 선거제도 개혁의 일환으로 아무런 행동도 하지 않는 방법을 제시하려 한다. 살인·방화·무장 강도·강간 등 흉악한 범죄를 저지른 중죄범의 투표권을 되돌려주지 않는 것이다. 중죄범에게 투표를 허용해야 하는지의 문제는 최근 미국에서 중요한 이슈로 떠올랐다. 1980년대와 1990년대에 걸쳐 그 어느 때보다 많은 수백만 명에 달하는 중죄인들이 유죄 판결을 받고 수감되고 석방되었던 대규모 투옥이 일어났기 때문이다. 미국은 물론이고 다소 정도의 차이는 있지만 벨기에, 이탈리아, 그리스, 룩셈부르크에서도 판결을 받은 죄수들은 감옥에서 풀려난 후에도 투표권을 되찾지 못한다.[21] 중죄범들은 중요한 면에서 사회 계약을 위반했으므로 투표권을 잃어 마땅하다는 게 권리 중심 주장이다.

다시 한 번 말하지만, 나는 일반적으로 이러한 권리 중심의 주장에 찬성하지 않는다. 사실은 터무니없는 주장이라고 믿는다. 따라서 이런 권리 중심 주장보다는 결과 중심의 주장을 살펴보자. 평균적으로 중죄범들은 가벼운 죄를 지은 범죄자들에 비해 상당히 교육 수준이 낮다. 2003년 법무부 통계국은 미국 수감자들의 평균 교육 수준이 얼마나 낮은지 보여주었다. 법무부 통계국의 통계학자 울프 할로Wolf Harlow에 따르면, "1997년 미국의 지방 및 주 연방 교도소에 수감된 사람들 중 41퍼센트, 보호관찰 대상자 중 31퍼센트가 고등학교나 그에 상응하는 교육을 마치지 못했다. 19세 이상의 일반 대중 중에서 12년 과정의 교육을 마치지 못한 사람들의 비율인 18퍼센트와 비교된다."[22]

하지만 수감자들의 통계에는 '그에 상당하는 것'이 포함되어 있기 때문에 수감자들과 다른 미국인들 사이의 교육 격차가 크게 두드러져 보이지 않는다. 수감자의 23퍼센트가 고졸학력인정시험을 치렀기 때문이다. 따라서 이들을 제외하면, 고등학교 졸업장을 받지 못한 수감자는 64퍼센트이고, 일반 시민의 경우 고등학교를 졸업하지 못한 비율은 18퍼센트다. 40퍼센트가 넘는 격차다.

중죄범들의 투표권 요구는 설득력이 부족하다는 데 대해서는 이미 불완전하지만 일정 수준의 사회적 합의가 있으므로, 이 합의를 강화할 수 있는 방법을 모색해보자. 유권자들의 능력 수준을 조금이라도 향상시키기 위한 모든 개입, 작은 노력, 모든 조정은 좀 더 유능한 정부를 만드는 발걸음이 될 것이다. 미국, 이탈리아, 그리스, 룩셈부르크, 벨기에가 중죄범들에게 투표권을 되찾아주는 것에 비하면, 아무 일도 하지 않는 편이 10퍼센트 적은 민주주의로 나아가는 중요한 한 걸음이다.


## 에피스토크라시, 지혜로운 이들의 정치

---

교육을 받지 못한 사람 혹은 제한된 교육을 받은 사람은 높은 수준의 교육을 받는 사람과는 완전히 다른 정치 행위를 한다.
_가브리엘 아몬드 & 시드니 버바


역사적으로 볼 때 영어권 국가의 상원과 하원은 그 성격이 완전히 다른데, 상원은 공개적으로 엘리트주의적인 역할을 담당해왔다. 영국의 하원House of Commons(common은 '평민', '보통 사람'을 가리킨다)은 한 세기가 넘게 '국민'을 대표하는 기관이었다. 이와는 대조적으로 상원House of Lords(lords는 '귀족'을 가리키는 말이다)은 (성직을 갖고 있든 그렇지 않든 간에) 엘리트의 목소리를 대변하도록 만들어졌다. 물론 이 엘리트는 오랜 시간에 걸쳐 다른 방식으로 규정되었다. 상원은 오랫동안 세습 귀족과 성공회 교회를 대변하는 도구였다. 시간이 지나며 상원은 (예를 들어 종신 작위를 받은 전 수상들과 같이) 살아 있는 동안 작위가 허용된 사람들로 채워졌다. 그리고 시간이 지난 지금 상원은 입법을 가로막을 수 있는 실제 권한은 거의 상실한 자문 의원회로 전락하고 말았다. 비록 상원의 권력이 이렇게 약화되고는 있지만, 상원의 토대가 된 원칙, 다시 말해 국가의 엘리트들이 정부에 확고한 발언권을 가져야 한다는 원칙은 새겨둘 가치가 있다.

독일 상원은 지방 정부에서 임명하며, 임기는 정해져 있지 않다. 다시 말해 독일의 상원의원은 지방 정부가 해촉할 때까지 직위를 유지할 수 있다. 이와는 대조적으로 하원은 4년이라는 임기를 가지고 있다. 이미 보았다시피 미국 상원의원의 임기는 6년, 하원의원의 임기는 2년이다. 여러 정부들은 다양한 임명 방식과 선거 방식을 통해 상원을 구성하여 다양한 정치 문제를 풀어내려 노력하고 있다. 하지만 상원의원의 임기가 하원에 비해 긴 것은 차치하고, 상원의원이 어떤 일을 해야 하는가에 대한 합의도 이루어지지 않고 있다.

나는 상원의원이 해야 할 새로운 역할을 제안하고자 한다. 상원은 '지혜원Sapientum', 다시 말해 지혜로운 사람들의 의회가 되어야 한다는 것이 나의 생각이다. '지혜원'이란 내가 만든 말이다. 미국 상원의원은 '세네트Senate'라고 부르는데, 라틴어에서 비롯된 이 말은 나이든 사람들, 다시 말해 원로들의 의회를 가리킨다. 원로원을 지혜원으로 바꾸기 위해서는 그 성원들, 지혜의원을 뽑는 유권자들을 먼저 바꿔야 한다. 지혜의원을 선택하는 시민들은 하원의원을 선택하는 유권자들에 비해 평균적으로 상당히 높은 학력, 더 많은 능력, 더 많은 인적 자본을 가지고 있어야 한다. 다시 말해 지혜원 선거에 투표하기 위해서는 어느 정도 강화된 교육 요건을 충족해야 한다.

이것이 에피스토크라시로 조심스레 나아가는 가장 실질적인 방법이 될 것이다. 현재 투표권을 가지고 있는 모든 사람들은 하원과 국가 수반에 대한 투표를 한다. 하지만 대학 학위 또는 그에 상당한 학력을 가지고 있는 사람들만 상원에 투표하는 것이다. 미국의 문화에서는 전통과 유산의 가치를 근거로 상원의원을 임명하지 않는다. 따라서 그런 상원이 만들어지더라도 제 기능을 다할 수는 없을 것이다. 하지만 많은 미국인은 다른 사람들에 비해 아는 것이 많은 사람을 존중한다. 이 사실이 바로 지혜원을 선출하는 초석이 될 수 있다.

하지만 고등학교 졸업장이라는 투표 요건과 마찬가지로, 여기에서도 기준을 약간 완화해서 적절한 빈틈을 만들어야 한다. 투표의 기준이 '대학 졸업장'이 아니라 '대학 졸업장 혹은 그에 상당하는 것'이 되어야 한다. 그렇다면 상원의원의 선출 자격을 부여하는 '그에 상당하는 것'은 무엇이 될 수 있을까? 한 나라의 시민들이 좋은 대체물이라고 생각하는 것은 무엇이든 가능하다. 배관장인 자격증, 소믈리에 자격증, 공예업에 5년 이상 종사한 경력 등은 어느 정도의 지식과 통찰을 담보해주는 설득력 있는 기준이 될 수 있다. 병역도 하나의 기준일 수 있다. 다시 한 번 말하자면, 우리의 목표는 개인들에게 입법 과정에 참여할 수 있는 신성한 권리를 주자는 게 아니라, 좀 더 나은 정책 결과를 도출하는 것이다.

누가 투표할 수 있고 투표할 수 없느냐를 나누는 정확한 기준은 자의적일 수밖에 없다. 보잘것없는 사람이 투표장에 들어서고, 훌륭한 사람은 투표를 못하게 될 수도 있다. 하지만 경범죄를 저지른 사람에게는 투표를 허용하고, 중범죄를 지은 사람에게는 투표권을 박탈하는 나라들은 이미 그런 기준을 세우고 있는 셈이다. 피고에게 중범죄를 선고하느냐 경범죄를 선고하느냐는 판사의 자의적인 재량이기 때문이다. 또 다른 예를 들어보자면 외국인 체류자가 아무리 수년 혹은 수십 년을 어떤 나라에 거주하더라도, 사소한 행정 규칙으로 참정권을 포함한 온전한 시민권과 더불어 그 사람의 거주권을 제한할 수 있다. 그리고 연령 기준이 있는 나라라면 젊은 나이에 안타깝게 사망하는 사람은 투표를 한 번도 못 할 수도 있다.

이렇게 우리가 이미 가지고 있는 투표 규제 역시 자의적이라는 사실을 깨달아야 열린 마음으로 또 하나의 좀 더 자의적인 투표 규제를 고려해볼 수 있다. 내가 '지혜원'의 기준이라고 이야기했던 자의적인 기준은 평균 이상의 지식을 가진 시민들이 선택하는 입법부를 만들어낼 수 있다. 그 결과 명백히 에피스토크라시적 성격을 갖는 또 하나의 입법부인 지혜원은 좀 더 현명하고, 좀 더 멀리까지 보고, 좀 더 많은 지식에 입각한 결정을 내리게 될 것이다.

이미 지혜원적인 요소를 받아들이고 있는 국가로는 아일랜드를 들 수 있다. 아일랜드의 상원은 60명으로 구성되어 있는데, 그중 3명은 (더블린 트리니티 대학교와 같은) 더블린 대학교의 졸업생들에 의해서만 선출된다. 또 다른 3명은 아일랜드 국립대학교의 졸업생들에 의해서만 선출된다. 아일랜드의 상원은 법안을 지연시킬 수만 있을 뿐 기각은 하지 못하기 때문에 강력한 힘을 갖는다고 할 수는 없다. 하지만 엘리트 대학교의 졸업생들이 10퍼센트의 의원을 선택한다는 점에서 에피스토크라시로 10퍼센트만큼 더 나아가고 있다. 인구가 500만 명에 못 미치는 아일랜드가 두 엘리트 대학교 졸업생에게 상원의원 10퍼센트를 선출할 수 있는 권한을 부여하고 있으니, 미국에서는 상위 140개 대학의 졸업생에게만 투표 자격을 부여하여 상원의원의 10퍼센트를 선출하자는 계획안이 제시될 수 있을 것이다. 아일랜드의 사례는 고려해볼 가치가 있다.

# 기득권과 개혁 사이에서

이제는 고인이 된 조지메이슨 대학교의 공공선택이론 연구소의 동료 고든 털록은 정말 훌륭한 개혁안이 왜 그렇게 실행되기 힘든지 설명하려 애썼던 적이 있다.[23] 그는 사회의 경제적 파이를 키울 수 있는 좋은 개혁을 법제화하기 힘든 중요한 이유 중의 하나를 오래전부터 자리 잡고 있는 나쁜 규칙 안에서 잘 해보려고 희생하고 애쓰는 내부자들이 있기 때문이라고 말했다. 이들은 자신들의 희생을 아무 의미 없는 것으로 만들어버리는 개혁을 두려워한다. 이 내부자들은 자신들이 확보한 보잘것없는 기반을 지킬 수 있게 해달라고 우리의 동정심에 호소하는 간청을 할 수 있다는 점도 염두에 두어야 한다. 이 내부자들의 주장도 그럴듯하다. 아무리 훌륭한 개혁이라도 희생자가 있기 마련이다. 따라서 개혁이 잘 이루어질 것이라는 막연한 희망만으로 희생자를 만드는 게 과연 가치가 있는 일인지를 잘 생각해보아야 한다.

뉴욕 택시 운전사들이 좋은 예다. 경제학자들은 수십 년 동안 뉴욕시의 택시 공급 규제 방식에 대해 기이하다고 비판해왔다. 뉴욕시에서 택시를 몰고 싶은 사람은 우선 공급량이 고정되어 있는 택시 메달리온을 구매해야 한다. 메달리온은 뉴욕시에서 택시를 운행할 자격을 부여하는 실제 메달이다. 미국기업연구소의 경제학자 마크 페리Mark Perry에 따르면 한창 때 메달리온은 무려 100만 달러에 거래된 적이 있다고 한다.[24] 경제학자와 교통 운동가들은 이 구동성으로 뉴욕시가 메달리온의 공급을 늘려야 하며, 아예 메달리온 자체를 없애는 방안도 고려해야 한다고 주장하고 있다. 한 마디로 메달리온을 없애고 도시의 택시 수를 수요와 공급의 법칙에 맡기라는 것이다.

이쯤에서 메달리온의 공급 확대에 반대하는 동조 집단 하나가 떠오른다. 바로 이미 메달리온을 가지고 있는 택시 운전사들이다! 이들은 땀 흘려 일해서 50만 달러 혹은 그 이상의 가격으로 메달리온을 구매했다. 그런데 이제 몇몇 교수들이 자신들의 투자를 무가치한 것으로 만들려고 한다! 그게 정의인가?

택시 운전사들의 주장은 충분히 일리가 있다. 털록이 말한 '과도적 이익의 함정transitional gains trap'은 사실 '과도적 손실의 함정transitional losses trap'이라 부르는 편이 나을 것이다. 좋은 개혁이 몇몇 사람들에게 그들이 믿고 투자한 부분에 대한 손실을 요구한다면, 그 좋은 개혁안은 처음부터 개혁에 반대하는 강력한 집단과 부딪힐 수밖에 없다. 헤어 스타일리스트들은 미용 허가증 폐지에 반대하고, 회계사들은 세금 간소화 법안에 반대하며, 종신 재직권을 받은 교수는 종신 재직권 폐지에 맞서 싸운다. 각각의 경우에 오랜 시간에 걸쳐 값비싼 투자를 한 내부자들은 이른바 공동의 이익을 위해서 자신들이 투자한 가치가 곧 붕괴할 것이라는 이야기를 듣고 있기 때문이다.

에피스토크라시를 위한 선거 개혁도 흡사한 문제에 직면하게 될 것이다. 사람들은 자신들이 익숙하고, 자신들의 기반이라고 생각하는 투표권에 대한 권리가 당연하다고 생각한다. 교육이 부족한 이웃의 투표권도 빼앗아서는 안 된다고 생각하는 이들도 있다. 따라서 이 과도적인 손실의 함정을 피할 수 있는 실용적인 방법이 있을까?

간단한 방법이 하나 있다. 개혁이 법제화되는 날 선거권을 가지고 있는 사람에게 선거권을 보장해주는 것이다. 그리고 시간의 경과에 따라 변화의 단계를 밟아가는 것이다. 투표 규제를 완전히 전향적으로 만들면 가능한 일이다. 지금 현재의 유권자 집단을 바꾸는 게 아니라 미래의 집단을 바꾸는 것이다. 입법계에서는 이런 방법을 '기득권 인정grandfathering'이라고 한다. 사람들이 현재 가지고 있는 편익을 보전해줌으로써 기존의 이익을 지키려는 사람들과 싸울 필요가 없도록 개혁안을 만드는 것이다. 시간에 따라 변화를 주는 또 다른 방법도 있다. 예를 들면 개혁안이 법제화되는 날 최소 10세인 모든 사람들에게 투표권을 유지하도록 보장하는 방법도 있을 수 있다. 어쨌든 원칙은 분명하다. 사람들은 이미 가지고 있는 것을 내놓으려 하지 않는다. 하지만 애초에 가지고 있지 않았던 것이라면 그다지 아쉬워하지도 않는다.

# 투표 규제의 위험성

내가 앞에서 제시한 모든 투표 규제가 지나칠 수 있는 가능성도 있다. 어떤 목표를 겨냥한 투표권 규제로 인해 소수 집단이 다수에 휘둘리는 것은 아닌지 항상 주의해야 한다. 제임스 매디슨이 〈연방주의자 논집〉 51호에서 다수의 독재에 대해 우려했던 내용과 같다. 민주주의 국가에서 소수 집단이 다수에 의해 지배될 때, 1장에서 보았던 박해, 굶주림, 조기 사망이 일어날 수 있다.

대의성이 중요하다는 것은 너무도 분명한 사실이다. 어떤 민족 혹은 문화 집단이 정치에서 거의 완전히 배제될 때 최악의 결과가 일어날 수 있다. 민주주의의 분명한 장점이 하나 있다면, 최악의 결과를 피하는 데 도움이 된다는 점이다. 그러한 이유로 나는 유권자의 목소리를 이런 저런 방향으로 조금만 조정하는 신중한 개혁에 초점을 맞추고 있다.

이는 내가 고등학교를 간신히 마친 사람은 졸업을 못한 사람과 비슷한 점이 많다고 가정하고 있다는 의미이기도 하다. 그리고 고등학교를 간신히 졸업한 시민들은 투표가 가능하므로, 이들은 대체로 투표권이 없는 비졸업자들의 견해와 이익까지 대변하는 경향이 있다는 의미다. 정부가 고등학교 중퇴자에게 의료보험, 재난구호, 장애보험과 같은 혜택을 명백하게 금지하는 쪽으로 나아간다면, 내가 제안하는 유권자 규제는 실패가 될 것이다. 하지만 투표 규제의 악영향의 낮은 확률이라는 비용과, 좀 더 많은 지식을 갖춘 선거인단과 어느 정도 지적 수준을 가지고 있는 사람들에게 만 호소하는 선거 유세를 할 수 있는 후보자라는 편익을 비교해보 아야 한다. 물론 투표 규제로 인한 악영향의 확률이 높을 때는 유 권자들의 투표권을 규제해서는 안 된다.

## 윤리적 사고에 따르는 비용

지금은 고인이 된 보수 지식인 윌리엄 F. 버클리William F. Buckley 가 하버드 대학교에 재직하고 있는 2,000명의 교수에 지배받느 니, 차라리 보스턴 전화번호부에 알파벳순으로 등장하는 맨 앞의 2,000명에게 지배받는 편이 낫겠다고 했던 말은 널리 알려져 있 다. 이 유명한 말을 반복했던 TV 인터뷰도 상당히 재미있다. 하지 만 버클리는 옳은가? 이 질문에 대한 각자의 대답은 서로 다르겠 지만, 나라면 보스턴의 시민들이나 하버드 교수들에게 지배를 받 느니 MIT 공대 교수들에게 지배받는 편을 택하겠다.

신중한 에피스토크라시 개혁에 대한 나의 주장을 읽고 난 후에 도 이렇게 생각할 수 있다. "좋은 지적이야. 하지만 우리나라는 그 래선 안 돼." 아마 당신의 나라에서는 내가 주장하는 개혁이 맞지 않을 수 있다. 하지만 다른 나라의 경우에는 나의 개혁 방안이 필요할 수도 있다. 그리고 그 나라가 투표 연령을 25세로 올리거나, 대학 졸업자들만 상원에 투표할 수 있게 하거나, 교육 수준이 높은 사람들이 차지하는 비중이 큰 선거구를 약간 좁히는 조정을 한다면, 어떤 결과가 도출되는지 잘 지켜보아야 한다. 다시 한 번 말하지만, 냉정하게 감정적 거리를 두고 지켜보아야 한다. 중요한 결정에는 흔히 감정적 거리가 필요한 법이다. 미국의학협회의 공식 성명서를 참조해보자. "일반적인 경우 의사들은 자신 혹은 직계가족을 치료해서는 안 된다. 직계가족이나 의사 자신이 환자일 때 전문적인 객관성이 훼손될 수 있기 때문이다. 의사의 개인적인 감정은 전문적인 판단에 과도하게 영향을 미쳐 치료를 방해할 수 있다."[25]

지난 150여 년에 걸쳐 부유한 민주주의 국가들은 보통선거를 시행해왔다. 그 기록이 완전한 재난이라고는 말할 수 없지만, 개선의 여지가 있음은 틀림없다. 에피스토크라시의 방향으로 나아가기 위한 소규모에서 중간 정도 규모의 조치는 더 나은 정책을 가져오면서도 교육 수준이 낮은 사람들의 삶의 질에는 거의 혹은 전혀 영향을 미치지 않을 것이다. 에피스토크라시가 옳다면, 교육 수준이 낮은 사람들은 오히려 그 변화를 통해 더 나은 삶을 영위할 수 있다. 이전 보다 훨씬 더 유능한 통치자와 더불어 살 수 있게 되기 때문이다.

특히 이 장에서 나는 이 책에서 제안하고 있는 모든 정책의 근본적인 주제에 대해 주의를 환기하고 싶다. 내가 제안하는 어떤 개혁

정책이 자신의 개인적 윤리에 위배된다고 생각하면, 그 정책을 굳이 받아들여야 할 필요는 없다. 하지만 그 전에 우선 자신이 가지고 있는 윤리의 비용에 대해 생각해볼 필요가 있다. 그 비용은 생각보다 훨씬 더 클 수도 있다.

## 참정권 확대의 대가

공상과학 소설가 로버트 하인라인은 민주주의의 개선 방안에 대해 생각이 많은 사람이다. 앞서 말했던 것처럼 《스타쉽 트루퍼스》에서는 병역을 마친 사람만이 투표할 수 있는 사회를 그리고 있다. "병역을 마쳐야 시민이 될 수 있다." 하지만 그의 생각은 여기에서 그치지 않는다. 정부에 대해 이렇게 생각하는 대목도 있다.

정부는 최소한의 지능과 교육을 요구해야 한다. 예를 들어 투표장에 들어가면, 컴퓨터가 2차 방정식 문제를 낸다. 문제를 풀면, 투표 기계가 열리고 투표를 할 수 있다. 문제를 풀지 못하면 투표 기계가 열리는 대신 커다란 종소리가 울리고 붉은 등이 들어온다. 그러면 얼굴이 붉어진 채 슬그머니 투표장에서 빠져나와야 한다. 이제 막 당신은 성인들이 해야 할 결정에 참여하지 못할 정도로 멍청하거나 무식하다는 것을 증명한 셈이다. 다음 선거 때는 운이 좋기를 바란다! 이 제도에는 최소 연령 제한도 없다. 이제 막 열두 살이 된 똑똑한 소녀도 모든 선거에 참여할 수 있고, 소녀의 어머니 혹은 아버지는 또 다시 창피한 경험을 하기 싫어 선거를 회피할 수 있다.[26]

2차 방정식은 뒤집혀 있는 포물선, 다시 말해 U자를 거꾸로 그린 형태다. 레퍼 곡선과 같은 모양이다. 레퍼 곡선은 0에서 시작해 세율을 올리면 어느 정도까지는 세수가 늘어나다가, 결국은 어느 순간 정점에 도달한다. 그리고 그 수준을 넘어, 다시 말해 레퍼 곡선의 정점을 넘어서까지 세율을 올리면 많은 사람들이 암시장, 조기퇴직, 회계 조작 등에 의지하게 되면서 결국 정부는 수익을 잃기 시작한다는 것을 보여주었다.

광범위한 시민들이 투표를 하는 데 대한 편익과 비용도 일종의 레퍼 곡선으로 나타낼 수 있다. 투표가 보편적인 인권이고 좋은 거버넌스라는 목표를 위한 수단이 아니라면, 교육 수준이 높은 사람들에게만 투표를 한정하는 것은 끔찍한 투표 방식일 것이고, 참정권 확대는 사회에 아무런 비용도 일으키지 않고 커다란 도덕적 편익만 낳을 것이다. 하지만 경제학자들이 즐겨 이야기하는, 삶에는 트레이드오프가 있기 마련이라는 말이 이 경우에도 적용될 수 있다면 폭넓은 참정권에는 잠시 동안은 편익이 있을 것이다. 예를 들어 기근을 피할 수 있고 정부가 주도하는 대량학살의 위험이 줄어들며 사회 통합이라는 거창한 느낌도 줄 수 있다.

하지만 지나친 참정권의 확대는 결국 커다란 비용을 치르기 마련이다. 특히 유권자들의 평균 정보 수준이 저하된다. 유권자들의 정보 수준이 낮을 때 정치인들은 편협하고 허약한 지적 토대를 갖고 있는 유권자들에게 영합하기 마련이다. 교육 수준이 높은 사람들에 국한하지 않고 참정권을 더 확대하는 데서 오는 순편익net benefit(총편익에서 총비용을 뺀 값 – 옮긴이)이 대단히 클 수도 있다. 하지만 우리는 참정권 레퍼 곡선의 정점이 어디인지, 한 나라의 뒤집힌 포물선의 정점이 어디인지 알아내야 한다.

하인라인의 투표 개혁을 문자 그대로 받아들이는 것은 멍청한 일이겠지만, 심각하게 고려해보아야 할 문제임은 틀림없다.

## Chapter 6

# 시민 권력에 대한 억제책

♦

다시 태어날 수 있다면, 예전에는 대통령, 교황, 4할 타자로 다시 태어나고 싶었다. 지금은 채권 시장으로 환생하고 싶다. 모든 사람을 주눅 들게 만들 수 있으니 말이다.

_제임스 카빌(클린턴 대통령 정책 자문)

민주주의는 시민 권력에 대한 강력한 억제책을 가지고 있다. 바로 국가 부채다. 미국 최초의 재무부 장관이었던 알렉산더 해밀턴 Alexander Hamilton은 '혁명의 재무관'이라 불렸던 로버트 모리스Robert Morris에게 보낸 편지에서 다음과 같이 주장했다. "과도하지 않은 국가 부채는 축복이 될 것이다. 국가 부채는 연방을 강력하게 결속시켜줄 것이다."[1]

개인적으로 해밀턴의 모든 주장에 동의하지는 않는다. 예를 들어 같은 편지에서 그는 빚을 상환하는 데 필요한 높은 세금이 게으른 미국인들을 더 열심히 일하게 할 것이라고 주장했다. 하지만 국가부채가 '(미국) 연방을 강력하게 결속'시킬 수 있다는 주장은 옳았다. 국채를 구매하는 투자자들은 국가의 장기적인 재정 안정성에 관심이 많기 때문이다. 국가의 부채는 흔히 채권이라는 형태를 갖고 있다. 이 부채에 투자하는 사람들은 공적채권자라고 부른다. 비공식적으로 이 채권자들은 정부를 그들이 투자하는 다른 기업과 같다고 간주한다. 다시 말해 이들은 정부가 적은 비용과 높은 수익을 통해 충분한 이익을 남겨, 많은 이자와 함께 채무를 상환해주기를 원한다.

민주주의는 오랫동안 좀처럼 미래에 집중하지 못한다는 비판을 받았다. 그러나 공적채권자들이 정부에 가하는 압력은 정부가 미래를 생각할 수밖에 없게 만드는 강력한 힘이 될 수 있다. 공적채권자들은 정부가 저지를 수도 있는 무모한 행동을 사전에 차단하는 중요하고도 유용한 억제책이다. 이 장에서는 민주주의 이론가들이 거의 전면적으로 무시하고 있는 이 억제책에 대해 살펴보고, 이들의 잘못을 바로잡아보려 한다.

정부의 부채(국가채무)를 떠안고 있는 개인, 은행, 투자기금은 이미 국가의 운영에 어느 정도 압력을 행사하고 있다. 나는 그 역할을 공식화할 때 더 좋은 나라를 만들 수 있다고 주장하고 싶다. 예를 들어 현대 민주주의에서 10년 만기 이상의 장기 국채를 보유한 투자자들에게 근시안적이고, 충동적이고, 무지할 때가 많은 선거 인단을 견제하는 자문 역할을 맡기는 것이다. 여러분의 정부가 재정 문제에 맞닥뜨리게 되면, 현재 정부에 혹은 잠정적인 미래의 정부에 투자한 투자자들은 결국 테이블에 앉게 될 것이다. 그 테이블은 정부 회의실의 닫힌 문 안에 있을 수도 있다. 하지만 그 테이블을 공개된 장소로 옮겨서 재정 위기가 닥치기 전에 장기 공적채권자들과 회의를 열게 한다면, 재정 위기를 예방하는 데 도움이 될 수 있다.

## 정부가 재정 상태를 공개하지 않는 이유

> 국가의 채권자들은, 일반적으로 말해서 교양 있는 사람들이다.
> _알렉산더 해밀턴

미국 최초의 재무부 장관이자 가장 중요한 역할을 담당했던 알렉산더 해밀턴은 국가 부채의 장점에 대해 즉흥적인 재담만 늘어놓은 것이 아니다. 그는 자신의 생각을 기초로 해서 신생 국가였던 미국의 재정 정책의 기틀을 마련했다. 이 정책의 가장 중요한 요소가 바로 미국 정부가 자주 채권을 발행해야 한다는 결정이었다. 그 이유는 금융시장이 정부의 재정 안정성에 대해 어떻게 생각하고 있는지 파악하기 위해서였다.[2]

채권이란 미래에 어느 정도의 돈을 받기 위해 오늘 돈을 지불하는 은행 계좌와 같다. 따라서 당신이 오늘 미국 정부에 90달러를 지불하면 미국 정부는 그에 대한 보상으로 지금부터 5년 후에 당신에게 100달러를 지급할 수 있다. 이를 5년 만기 채권이라 부르고, 이때 이윤율(연간실효이자율effective annual interest rate)은 연간 2퍼센트 정도다. 정부가 차입을 통해 자금을 조성하는 것은 '채권 매각'이라고 부른다. 채권 발행은 정부가 대중으로부터 돈을 빌리는 실질적인 방법이다. 1997년 대중음악가 데이비드 보위David Bowie는 채권 발행으로 5,500만 달러를 모았는데, 그 채권은 곧 '보위 채권'이라고 불렸다. 이 채권은 1990년 이전 앨범들에서 나오는 인세로 지탱되었고, 보위는 채권 수익을 이전의 다른 음반에 대한 권리를 사들이는 데 사용했다.[3] 수십 명, 수천 명, 심지어 수백만 명의 투자자들에게 채권을 매각할 수 있다면 차용인은 굳이 은행에서 돈을 빌리지 않아도 된다. 중개업자도 필요 없고, 시장 경쟁의 힘을 이용해 차입 비용도 낮출 수 있다.

시장에서의 경쟁이란 정보 공개를 의미한다. 모든 사람이 시장의 경쟁을 통해 당신이 어떻게 일을 운영하고 있는지 알 수 있다. 흔히 정부는 채권을 매각할 때 경매를 통해 가장 높은 입찰자에게 채권을 매각한다. 정부는 이러한 방법으로 이자 비용을 최대로 낮출 수 있다. 동시에 최종입찰가는 즉시 모든 사람에게 공개된다. 따라서 정부의 국채 매각은 마치 여론조사와 같은 역할 혹은 주식 가격과 같은 역할을 한다. 오늘날의 투자자가 예를 들어 지금부터 5년 후에 100달러를 받을 수 있는 권리에 대해 기꺼이 높은 가격을 내려한다면, 전액 상환에 대해 충분히 확신하고 있다는 의미다.

또 중요한 사실이 있다. 사실상 정부의 재정 건전성에 대한 실제적인 국민투표라고 할 수 있는 최종입찰가격이 즉시 공개된다는 점이다. 많은 전설과 민주주의에 대한 형식 이론에 따르면, 정부 내부자들은 불편한 사실들을 감추고 매일같이 진실을 왜곡하며, 국민들의 기대치를 관리한다고 한다. 하지만 국채 시장에서는 최소한 모든 사람이 분명히 볼 수 있는 명백한 사실이 있다. 시장이 정부의 재정 건전성을 판단한다는 사실이다. 1790년 처음 미국이 건립되었을 때부터 그랬고, 지금도 세계의 부유한 민주주의 국가들이 채택하고 있는 최고의 방법이기도 하다. 정부는 일상적으로 채권을 발행한다. 부분적으로는 신규 차입금을 조달하기 위해서이기도 하지만, 새로운 부채를 얻는 것은 대부분 과거의 부채를 상환하기 위해서다. 이러한 관행을 채무 만기 연장이라 부른다.

미국의 뮤지컬 작곡가이자 배우인 린 마누엘 미란다Lin-Manuel Miranda는 미국 최초의 재무부 장관이 금융 엘리트의 역할을 얼마나 잘 이해하고 있었는지를 노래로 만들어, 기록적인 흥행을 했던 뮤지컬 〈해밀턴Hamilton〉(미국의 초대 재무부 장관 알렉산더 해밀턴의 일대기와 미국 건국 스토리를 다룬 작품-옮긴이)에서 울려 퍼지게 할 수도 있었을 것이다. 미란다가 그런 노래를 만들었다면 아마 그 노래는 다음과 같았을 것이다.

얼버무릴 때는 지났다

10% 적은
민주주의

투자자들의 분위기는 심각해지고 있다

우리의 수치가 사실이 아니라고

전 지구적으로 자금은 말라가고 있다고

전면 공개를 원한다

전면 공개를 원한다


정부는 왜 일상적으로 자신들의 재정 상태를 모든 사람이 볼 수 있도록 하는 걸까? 아마도 영화제작자들이 아무리 형편없는 영화라도 상영 며칠 전에는 영화 비평가들에게 공개하는 것과 마찬가지 이유일 것이다. 상품을 사람들이 보지 못하게 감추는 이유는 그 상품이 형편없다는 사실을 드러내고 싶지 않기 때문이다. 관객과 마찬가지로 투자자들도 형편없어 보이는 상품은 멀리하려 든다.


## 정부 재정의 정직한 감시자

클린턴 대통령은 내일 오타와를 방문할 예정이다. 하지만 모든 캐나다 언론은 클린턴이 아닌 다른 막강한 권력자의 방문만을 다루고 있다. 바로 무디스 고위 인사의 방문이다.

_토머스 프리드먼

많은 사람이 공유하고는 있지만, 사실은 잘못된 생각이 있다.

'자국 화폐를 인쇄하는 국가라면 절대 채무불이행 상황에 빠질 수 없다'라는 생각이다. 이러한 사고에 따르면, 주권국가는 언제나 충분한 지폐를 찍어 정부의 채권자들에게 '갚을 수' 있다. 하지만 여기서 '갚을 수'라는 말에 인용부호를 넣은 것은 동의할 수 없는 말을 가리킬 때 주로 사용하는 주의 환기용 인용부호에 가깝다.

그렇다. 스탠더드 앤드 푸어스, 무디스, 피치와 같은 저명한 채권등급 평가기관들 모두는 하이퍼인플레이션 상황도 진정한 상환이라고 간주하고 있다. 예를 들어 영국이 재정 위기에 빠져 복사기로 파운드화를 마구 찍어내며 하이퍼인플레이션을 일으킨다고 하자. 그런 상태에서 영국 정부가 거의 가치가 없을 정도로 하이퍼인플레이션된 돈을 가지고 채무를 상환한다고 해도 법적으로나 평가기관에서 볼 때나 채무는 상환된 것이다. 하지만 일반적인 투자자라면 그러한 거짓에 속아 넘어가지 않는다. 하이퍼인플레이션된 통화로 채무를 상환하는 것은 채무불이행과 다름없다는 것을 알고 있기 때문이다. 하이퍼인플레이션으로 인한 채무불이행이 '소프트 디폴트soft default'라고 불리는 것은 참으로 기이한 일이다. 앞으로 살펴보겠지만, 일반적인 채권등급 평가기관들이 공인하는 채무불이행이 투자자들에게는 오히려 훨씬 더 유리하기 때문이다.

투자자들은 하이퍼인플레이션을 통한 상환도 상환이라는 거짓말을 믿지 않는다. 따라서 이들은 어떤 나라가 돈을 찍어내기 위해 인쇄기를 향해 달려가는 것처럼 보이는 순간, 그 나라의 채권으로부터 도망치기 시작한다. 따라서 인플레이션율이 올라가는 순간 채권 가격은 곤두박질치며, 이에 따라 채권 이자율은 하늘 높은 줄 모르고 솟구치기 시작한다. 이자율이 높다는 것은 선물이 아니다. 그 채권을 가지고 있음으로써 얻게 되는 '이득'이 순전히 인플레이션 효과이기 때문이다. 1년 후 100달러를 지급하기로 약속한 어떤 정부의 채권이 오픈 마켓(판매자와 구매자에게 모두 열려 있는 곳─옮긴이)에서 1달러에 거래되고 있다면, 그 1만 퍼센트나 되는 연간 수익률은 정부가 그 돈을 상환하지 않거나, '100달러'에 상응하는 어떤 것으로 상환하더라도, 그 '달러'로는 이미 하이퍼인플레이션 된 상태의 빅맥Big Mac을 사 먹기에도 충분치 않을 것이라고 투자 자들이 짐작하고 있다는 의미다.

노벨 경제학상을 수상한 크리스토퍼 심스Christopher Sims는 노벨 상 수상 연설이었던 〈지폐Paper Money〉에서 유사한 주장을 했다.[4] 인플레이션을 감안한 미국 정부 부채의 수익률은 장기간에 걸쳐 크게 요동쳤다. 제2차 세계대전 이후 미국 공적채권자들이 들었던 가장 나쁜 소식은 1970년대의 예기치 못한 높은 인플레이션이었 다. 1970년대 초반 미국 정부의 장기채권 가치는 폭락했다. 당신 이 1972년 미국 정부에 10년 동안 (대략) 100달러를 빌려주었다 고 하자. 10년 후 당신은 정부가 상환한 돈으로 82달러 정도 가치 의 물건밖에는 구매할 수 없었다. 그렇다. 당신은 1982년에 '100달 러'에 대한 이자까지 받았다. 하지만 10년 동안에 물가는 거의 두 배로 올랐고, 따라서 당신이 받은 돈으로는 1972년에 비해 18퍼센트나 적은 물건밖에 살 수 없었다. 1970년대 공적채권자들은 미국 정부에 돈을 대출하는 것을 특권처럼 여겼다. 하지만 그 경험으로 인해 투자자들은 이후 미국 정부에 대한 투자에 훨씬 더 조심스러운 태도를 보이고 있다.

1970년 후반이 되자 높은 인플레이션으로 손실을 입을 수도 있다는 사실을 알게 된 투자자들은 좀 더 높은 수익, 다시 말해 좀 더 높은 이자율을 요구하며 미국 정부 부채에 대해 낮은 가격을 지불하려 했다. 이 낮은 가격은 정부와 납세자들에게는 비싼 비용으로 돌아왔다. 정부는 이제 빌린 돈만 상환하면 되는 것이 아니라, 높은 인플레이션이 다시 일어날 수도 있다는 위험에 대한 두려움을 보상하기에 충분할 정도의 돈을 투자자들에게 상환해야 했다. 이러한 패턴은 1980년대와 1990년대에 걸쳐 계속해서 이어졌다. 심지어 인플레이션이 극적으로 (그리고 지금까지 지속적으로) 꺾인 지 6년이 지난 1988년에도 투자자들은 (결국) 100달러를 지불한 대가로 1998년에 190달러라는, 인플레이션율을 감안한 구매력을 상환받았다.[5] 1980년대 후반과 1990년대 미국에 투자했던 전 세계 자금은 안전하고 상당히 낮은 인플레이션 덕분에 엄청난 수익을 거둘 수 있었다. 부분적인 이유는 미국이 1970년대에 인플레이션율이 높다는 평판을 얻었기 때문이다. 한번 평판이 나빠지면, 그 평판을 회복하는 데 큰 비용이 들기 마련이다.

1970년대 미국이 소프트 디폴트를 만지작거리며 얻은 교훈은 무엇이었을까? 전 세계 투자자들은 각 정부의 경제적 건전성을 주시하고 있다. 국가 채무에 대한 이자율은 그 나라 경제의 전반적인 건전성을 추적할 수 있는 유용한 도구다. 또 다른 도구가 있다면 스탠더드 앤드 푸어스, 무디스나 피치와 같은 주요 신용평가기관들의 채권 등급 평가일 것이다. 전 세계적으로 채권 등급 평가는 정부 부채에 대한 이자율과 같이 움직이는 경향이 있다. 따라서 등급 평가는 정부의 장기 정책이 현명하고 지속 가능한지를 평가하는 (불완전하기는 하지만) 유용한 도구라고 할 수 있다.

국가와 정부가 같은 것은 아니지만, 훌륭한 정부는 경제를 좀 더 잘 운용한다. 그런 까닭에 나는 거시경제학을 수강하는 학생들에게 여러 나라의 정부 채권 등급 평가율을 주의 깊게 보라고 권한다. 어떤 정부가 질서와 통제를 유지하며 경제라는 배를 방심하지 않고 운전하고, 어떤 정부가 배의 타륜 앞에서 꾸벅꾸벅 졸고 있는 것은 아닌지 알아내라는 말이다.


## 전 세계 자금을 감시하는 비선출 관료

정부 채권 등급 평가가 미래에 대한 완벽한 예측 변수라고는 할 수 없다. 하지만 이미 에덴동산에서 쫓겨난 우리에게 완벽함은 기준이 될 수 없다. 따라서 정부 채권 등급 평가는 앞으로 상황이 어떻게 진행될지 알려주는 동시에, 누군가는 당신의 나라에 어떤 당이 상승세이고 어떤 당이 내림세인지, 혹은 어떠한 도덕적 주장이 인기가 있는지 등에는 아예 관심을 두지 않고, 다만 정부 정책을 냉정하게 주시하고 있다는 것을 보여주는 지표이기도 하다. 공적 채권자, 신용등급 평가기관, 국제적인 자금은 단 한 가지에만 관심이 있다. 정부가 제때 부채를 상환할 수 있는가이다.

전 세계적 투자자들의 냉정한 견해는 독립적인 중앙은행을 운영하는 비선출 관료의 냉정한 견해와 통하는 구석이 있다. 하지만 투자자들은 한 가지 점에서 독립적인 중앙은행장과는 다르다. 이들은 단지 키보드를 몇 번 두드려서 당신 국가의 경제에서 손을 뗄 수 있다. 당신 국가의 국채를 버리고 좀 더 안전한 장소로 옮겨가는 것이다. 이들의 냉정한 견해는 조언을 얻는 데에도 도움이 될 수 있다. 부유한 민주주의 정부의 재무부는 공개적으로 잠재적인 투자자들에게 조언을 구하는 데 익숙하지 않지만, 적어도 국제적인 자금에 잘 보이려고 늘 노력하고 있다. 예를 들어 2000년대 중반 일본의 재무성은 뉴욕의 재팬 클럽Japan Club의 열린 모임에서, "일본의 국채보유자 기반을 다양화하려는 노력의 일환으로 미국 투자자들에게 일본 정부 채권 구매를 권유했다. (재무성 국제금융담당 차관) 히로시 와타나베Hiroshi Watanabe는 미국 투자자들은 일본의 재정 상황은 물론 일본 정부가 재정 건전성을 회복하기 위해 어떤 계획을 세우고 있는지에 관심이 있다고 말했다."[6]

때로는 이러한 모임이 정례화되기도 한다. 빅토리아 시대에 외국의 국가 채무에 투자한 영국 투자자들은 외국채권자회사CFB, Corporation of Foreign Bondholders를 만들었다. 자신들이 투자한 국가에 조언을 해주기 위해서였다. 투자를 원하는 국가에게 풍부한 지식과 자금을 가지고 있고 위험을 회피하려는 투자자들의 충고는 귀담아 들을 만한 가치가 있었다. 스탠퍼드 대학교 도서관에 비치된 외국채권자회사의 연간보고서를 보면 이들이 상당히 장기적인 투자에 관심이 있었다는 사실이 드러난다. 1983년 보고서는 이미 제1차 세계대전 이후 사라져버린 오스트리아–헝가리 제국의 부채 상환까지도 다루고 있다. 외국채권자회사는 1986년에서야 모든 부채에 대한 상환이 이루어지리라 전망했다.

미국 정부에도 유사한 기관이 있었다. 1930년대 프랭클린 루스벨트Franklin Roosevelt 대통령이 주도하여 만든 외국채권자보호위원회Foreign Bondholders Protective Council이다. 영국의 외국채권자회사만큼 성공하지는 못했지만, 외국채권자보호위원회는 어쨌든 2002년까지는 명맥을 유지했다. 하지만 외국채권자회사가 수십 년간 누렸던 지위에는 미치지 못했다. 이와는 대조적으로, '채권국들이 공공 부분(다시 말해서 정부 대 정부) 부채를 재검토하는 주요 포럼'인 파리클럽Paris Club은 1956년 발족한 이래 전 세계적으로 높은 지명도를 유지하고 있다.[7] 파리클럽은 융자 조건이 6개의 지도 원리 중

하나라고 말하고 있다. "경제와 재정 상황을 회복하기 위한 개혁을 실천하고, 개혁에 헌신적인 태도를 보이고, … IMF 프로그램 하에서 개혁을 실천하며 실적을 보인 … 채무국만을 상대로 파리클럽은 채무 재구성을 검토한다."[8]

파리클럽은 개혁 프로그램을 만들어 제시하지 않는다. 다만 채무국에 '경제와 재정 상황을 회복하기 위한 개혁을 실천하는' 강력한 재정적 동기를 부여할 따름이다. 정부에게 장기적인 재정 지속 가능성에 초점을 맞추라고 요구하며 기강을 잡는 '보이는 손'이라고 할 수 있다. 그리고 당연한 이야기지만, 채무국이 장기적으로 재정의 지속 가능성을 개선할 수 있는 중요한 방법으로 생산성 향상이 있다. 생산적인 기업과 마찬가지로 생산성이 풍부한 국가라면 채무 상환이 어렵지 않다. 파리클럽이 규율을 잡는 역할을 자임하는 이유는 이타주의가 아니다. 다만 어떤 국가 정부가 장기적으로 부채를 상환하는 능력이 있느냐에 초점을 맞춤으로써, 보통 시민들의 삶을 개선하는 효과는 있다고 할 수 있다. 그래서 기강을 잡는 보이는 손은 더 높은 생산성이라는 보이지 않는 손을 담보하게 된다.

영국의 외국채권자회사, 미국의 외국채권자보호위원회, 파리클럽 모두가 채무국에 자신들의 주장을 관철하려는 공적채권자들에 의해 만들어졌다는 데 주목할 필요가 있다. 나의 첫 번째 제안은 이들과는 다르다. 나는 채무국이 스스로 앞장서야 한다고 주장하

10% 적은
민주주의

고 싶다. 부유한 민주주의 국가의 재무장관은 공식적인 고위 재정 위원회를 구성하여, 국내외 채권 투자자들(혹은 좀 더 현실적으로 그들이 임명한 대리인들)이 정기적으로 그리고 공개적으로 재무부 장관과 의회의 공직자들을 만날 수 있도록 해야 한다.

이제 현대의 몇몇 기관에 대해서 알아보자. 미국의 국채채권자위원회Council of Treasury Bondholders는 미국 국채채권자들이 미국 경제정책에 대한 집단적인 견해를 공유할 수 있는 공식 기관이다. 이들은 구속력이 없는 공적 결의안을 통해 자신들의 집단적인 견해를 표현하는데, 결의안을 투표할 때에는 보유 채권 1달러당 한 표씩 행사할 수 있다. 기업 지배구조와 관련된 독일 모델도 있다. 독일의 거대 은행들은 대규모 개인 기업의 주요 투자자다. 이 은행들은 자신들이 대출을 해준 기업 이사회에 한 석 혹은 그 이상의 자리를 보장받는다. 따라서 독일 기업에서는 문자 그대로 대출업자가 이사회의 자리를 보장받고 있다. 약간만 법률을 바꾸면, 미국, 영국, 일본, 그 외에 부채로 시달리고 있는 민주주의 국가의 각료 회의에도 이러한 일이 일어날 수 있다.

혹시 몇몇 대규모 공적채권자, 특히 외국 정부가 그러한 위원회에서 지나친 정치적 영향력을 행사할까 걱정된다면, 한 명의 투자자 혹은 긴밀하게 연관된 투자 집단이 위원회에서 10퍼센트 이상의 자리를 가질 수 없게 하는 규칙을 만들면 된다. 최소한 처음에는 그러한 규제가 당연해 보인다. 내가 말한 '투자자를 포함한 거버넌스investor-inclusive governance'는 일종의 국가에 대한 이해관계자 이론stakeholder theory(기업은 이해관계자들의 부와 번영을 위해 다양한 목표를 달성해야 한다는 이론-옮긴이)으로, 국가의 입장에서는 이것이 어떻게 작동할지 사전에 많은 점검을 해보는 것이 당연하다. 하지만 동시에 대규모 투자자야말로 정부가 부채를 상환할 수 있도록 만드는 데 가장 강력한 재정적 동기가 있다는 사실도 유념해야 한다. 이들은 장기적인 전망에 집중하고 있다는 점에서 유권자들과는 완전히 다르다. 엘리트 기업이나 외국 기관들이 정부에 발언권을 갖는 데 대해 많은 우려가 있겠지만, 이 투자자들이 귀담아들어야 할 가치가 있는 훌륭한 충고만 하는 완벽한 존재일 필요는 없다는 사실도 기억해야 한다. 이들은 다만 그 국가의 유권자들보다 낫기만 하면 된다. 다시 한 번 말하자면, 경제학자들의 질문은 '누구에 비해서?'이다.

부유한 민주주의 국가에서 고려해볼 수 있는 다른 선택들도 있다. 선출된 공적채권자 대표와 선출된 정부 공직자가 연간 주주 총회와 같은 형태로 모임을 하는 방법이나, 공적채권자의 대표를 재무부 고위직에 공식적으로 임명하는 방법, 혹은 공적채권자 대표에게 경제정책 법안에 대한 제한적인 거부권을 주는 방법 등이다. 영국 상원에서 채택하고 있는 '부드러운 거부권soft veto'도 하나의 모델이 될 수 있을 것이다. 영국 상원의 거부권은 단지 몇 주 정도 법안을 연기하거나, '진심인지 확인하기 위해서 한 번 더 투표'를 해달라며 하원으로 법안을 돌려보낼 수 있을 뿐이다.

내가 특히 실용적이라고 생각하는 또 하나의 대안은 상원에 공적채권자들의 자리를 어느 정도 마련해주는 것이다. 앞에서 말했던 지혜원에 공적채권자들을 위한 어느 정도의 자리를 마련할 수 있을 것이다. 그러면 더 많은 지식을 가진 사람들에 의해 선출된 사람들과 더 큰 인내심을 가진 사람들에 의해 선출된 사람들이 나란히 앉아, 민주적으로 선출된 하원과 민주적으로 선출된 행정부를 함께 견제하는 구조를 만들 수 있다. 국민소득에 비하여 국가채무 비율이 상승할수록 공적채권자들이 차지하는 자리는 늘어난다. 총부채상환비율이 10퍼센트 증가할 때마다 상원에서 공적채권자의 자리를 한 석씩 늘리면, 부채가 많은 정부는 정신을 차릴 수 있을 것이고, 상원은 좀 더 먼 미래를 내다보며 정부 정책을 심의할 수 있을 것이다. 많은 통치 전통에서 상원은 일종의 지혜원으로 설계되어 있다. 정치에서 지혜란 얻기 힘든 것이지만, 장기적인 전망은 지혜에 대한 훌륭한 대체물이 될 수 있다.

## 강력한 정부의 진정한 능력

공적채권자들이 실제 권력을 가진 위원회에 배치되는 데 반대하는 사람도 있을 수 있다. 이들은 국가가 투자자들로부터 독립적인 상태를 유지하며 그들로부터 거리를 둘 수 있는 것이야말로 국가 주권의 정의라고 말하고 싶을 것이다. 이루기 힘든 소망으로 느껴질 수도 있지만, 실제 정치도 흡사한 교훈을 전달하고 있는 것처럼 보인다. 국가는 자신이 원할 때마다 '아니요'라고 말할 수 있다. 그렇지 않은가? 어쨌든 민주주의에서는 시민이 최종 보스가 아닌가? 혹은 적어도 현대의 민족국가에서 정부는 무기를 가진 정당, 다시 말해 합법적으로 무력을 독점하고 있는 기관이다. 정말 단순한 수준에서, 정치 권력은 총구에서 나온다고 했던 마오쩌둥毛澤東의 말은 옳지 않은가?

하지만 이 모든 주장은 불완전하며, 따라서 잘못된 주장이다. 번영은 육체노동, 자본, 인간의 정신과 같은 다양한 인풋을 창의적이고 유용한 방식으로 조정하는 데에서 발생한다. 정부는 흔히 나중에 상환할 것을 약속하고 투자를 받을 필요가 있다. 다시 말해 투자자들이 필요하다. 실제로 모든 정부는 투자자들이 필요하다는 사실을 알고 있다. 그래서 오늘 당장은 채무불이행에 대한 유혹을 느끼더라도, 가까운 장래에 다시 한 번 차입이 필요하다는 사실을 알고 있기 때문에 그 유혹에 저항하는 경향이 있다. 해밀턴은《공공 신용에 관한 보고서First Report on the Public Credit》에서 좋은 채무자라는 평판을 쌓는 게 얼마나 중요한지에 대해 다음과 같이 말했다.

한편으로, 특정한 응급상황의 경우에 차입이 필요하다는 사실에는 의심의 여지가 없다. 따라서 다른 한편으로, 좋은 조건으로 차입하기 위해서는 반드시 국가의 신용이 확고해야 한다.

…

어떤 나라의 신용이 조금이나마 의심의 여지가 있을 때는, (돈을 빌릴 때마다) 반드시 이런저런 형태로 터무니없는 이자를 내야 하기 때문이다.[9]

차입을 원하는 정부에게 평판은 강력한 동기가 된다. 여러분이 좋아하는 레스토랑의 화장실이 항상 청결한 것과 마찬가지 이유다. 논란의 여지가 있기는 하지만 경제사에서 중요하게 받아들이고 있는 주장이 있다. 가톨릭 편을 들었던 제임스 2세를 쫓아내고 개신교를 믿던 윌리엄 왕과 메리 여왕의 집권을 가져온 영국의 명예혁명은, 사실 영국이라는 국가가 17세기 국제 자금이라는 투자자들에게 반드시 돈을 상환하겠다고 약속하는 사건이었다는 것이다. 흔히 입헌군주제, 다시 말해 왕마저 법의 지배를 받고 의회에 종속될 수밖에 없게 만드는 제도가 등장한 계기가 된 명예혁명은 경제사가들의 관점에서 보자면, 왕과 의회 모두가 투자자들 앞에서 굴복했던 사건이었다.

명예혁명 이전에는 군주가 채권자에게 돈을 갚아야만 한다는 생각은 터무니없는 것이었다. 여왕이나 왕이 왜 하찮은 채권자들의 지시에 따라야 하는가? 군주에게는 대출금 상환을 거부할 권한

이 있었기에 채권자들은 군주에게 대출을 꺼렸다. 따라서 군주가 진정 대출을 원할 때라면 아주 높은 이자율을 지급하기로 약속해야 했다. 저금리로 대출을 받기 위해서는 상환에 대한 공약이 필요하고, 이 공약은 군주가 부채를 상환할 수 있을 정도로 충분히 강력한 힘을 가지고 있는 동시에, 상환을 함부로 거부할 수 없을 정도로 충분히 힘이 약해야 한다는 것을 의미한다.

명예혁명은 이 충분히 행복한 중간을 끌어낸 사건이었다는 것이 노벨 경제학상을 수상한 더글러스 노스Douglass North와 스탠퍼드 대학교의 정치학자 배리 웨인가스트Barry Weingast가 중요한 논문에서 주장했던 요지였다.[10] 국가 부채 상환을 거부하는 지금 현재의 권력을 희생함으로써 정부는 잠재적인 권력이라는 적립금을 축적했다. 그 잠재적 권력은 필요할 때 좋은 조건으로 대출을 받을 수 있는 권리였다. 이러한 설명이 명예혁명의 성격을 제대로 설명하고 있는지에 대한 논쟁은 여전히 진행 중이지만, 이 주장의 정치적·경제적 논리는 무시하고 넘어가기에 너무도 강력하다.

## 권력은 높은 신용등급에서 나온다

나의 조지메이슨 대학교 시절 동료 힐턴 루트Hilton Root는 프랑스 왕조에 대해서도 유사한 주장을 펼치고 있다. 〈왕의 손을 묶기〉

라는 논문에서 루트는 혁명 전 프랑스에서 군주들의 골치를 썩였던 몇몇 조직, 총칭해서 '기업'이라 부르는 조직들이 사실은 프랑스 군주들의 대출 상환 공약을 사회와 정치가 신빙성 있게 받아들일 수 있는 길을 열어준 집단이었다고 주장하고 있다. 루트는 다음과 같이 말한다.

앙시앵레짐Old Regime(프랑스혁명 이전의 제도) 시대에 효율적인 국가 재정에 가장 커다란 걸림돌은 경제의 주연이라고 할 수 있는 왕이 법 위에 군림하고 있었다는 점이다. 다시 말해 군주는 채무를 갚지 않아도 된다는 의미였고, 실제로도 채무 상환을 거부하는 때도 많았다. 군주는 이렇게 재무 상환을 거부한다는 평판으로 인해 부유한 시민들에 비해 훨씬 더 높은 이자율을 지급해야 했다.[11]

왕은 이러한 상황을 어떻게 타개할 수 있었을까? 우리는 여기서 정치 권력은 총구에서 나온다는 오래된 말이 얼마나 터무니없는지 알게 된다. 이 말은 다음과 같이 고쳐 말해야 한다. 재정 위기가 닥치면 정치 권력은 높은 신용등급에서 나온다. 왕은 자신의 신용등급을 올리기 위해서 자신이 가진 정치 권력 중에서도 핵심적인 부분을 포기해야 했다. 그 부분은 바로 채무불이행을 선언할 수 있는 권한이었다.

루트는 앙시앵레짐 시대 프랑스의 왕들이 실질적으로 이 권력을 포기했다고 설명하고 있다. 왕은 이제 채무불이행 대신 귀족들에게 대출하는 방법을 선택했다. 왕이 귀족들로부터 돈을 빌리는 전통적인 방법으로는 정부 요직을 팔아치우는 방법이 있었다. 보통 그 자리는 누구라도 돈을 주고 사는 순간 커다란 수익을 보장받는 요직이었다. 요직을 차지함으로써 얻는 여러 혜택 중에는 평생 세금을 면제해주는 것도 포함되어 있었다. 하지만 많은 돈을 써서 '국왕의 비서'가 되는 것은 위험한 일이기도 했다. 몇 년이 지나지도 않아 왕이 해고를 할 수도 있고, 마음이 바뀌어 세금을 다시 징수할 수도 있고, 다른 누군가에게 그 자리를 팔아넘길 수도 있었다. 하지만 왕이 이 '평생직장'을 '왕 마음대로 직장'으로 바꿔버린다는 평판이 널리 퍼지면서 사람들은 그 자리에 비싼 값을 치르지 않으려 들었다. 왕이 마음대로 변덕을 부릴 수 있는 특권은 이제 강점이 아니라 약점이 되어버렸다.

'국왕의 비서들'의 대처 방안은 서로 힘을 합쳐 '뮤추얼 펀드 mutual fund'를 조성하는 것이었다. 당시에 이들은 '뮤추얼 펀드'라고 명시하지는 않았지만, 실제 기능은 바로 뮤추얼 펀드와 같았다. 이들은 자신들의 모임을 '기업'이라고 불렀다. 이 '기업'은 대중에게 돈을 빌려, 그 수익금을 이용하여 '국왕의 비서' 직을 구매했다. 그리고 기업의 투자자들은 국왕의 비서들에게서 돈을 받았다. 사실상 기업이 배당금을 지급했던 셈이다. 하지만 국왕의 비서가 해고되면 더이상 투자자들에게 배당금을 지급할 수 없었다. 따라서 해고는 투자자들에게 나쁜 소식이었다. 국왕이 공직을 다른 귀족에게 팔기 위해 기존 귀족을 해고하는 것은 해고당하는 귀족뿐 아니라 기업에 속한 다른 투자자들 사이에서도 분노와 불신을 불러일으키는 행동이었다. 그래서 왕궁 내부자는 물론 많은 투자자 모두에게 상처를 입히며 공적인 평판까지 훼손될 위기에 처한 국왕은 국왕답지 않은 행동, 다시 말해 전형적인 채무자와 같은 행동을 보이며 마지못해 과거의 약속을 지키곤 했다.

앙시앵레짐 시대의 프랑스의 왕들은 가시적이고, 공개되어 있고, 많은 사람이 공유하고 있는 자금을 차입함으로써 스스로 자신의 손을 묶어버리는 결과를 가져왔다. 그리고 이렇게 스스로를 결박함으로써 좀 더 낮은 이자율로 돈을 빌릴 수 있었다. 국왕들은 미래의 차용권을 위해 (기꺼이는 아니지만) 자발적으로 자신들이 가지고 있는 채무불이행 권한을 내려놓았다. 프랑스와 영국의 예는 군주제나 민주주의와 상관없이 모든 정부는 채권자의 강력한 힘 앞에서는 순한 양이 되는 편이 현명하다는 사실을 다시금 상기시켜준다.


## 공식적인 채권자의 역할

아무리 암울한 시절이라도 정부가 부채 대부분을 상환하려 하는 것이야말로 정부가 채권자 앞에서는 순한 양일 수밖에 없다는 사실을 보여 주는 예이다. UCLA 경영대학원의 세바스티안 에드워즈Sebastián Edwards에 따르면, 일반적인 방식으로 (보통은 공적채권자들에게 "우리가 약속했던 양을 상환하지 않을 것입니다"라고 말하며) 채무불이행을 선언하는 나라라도 평균 차입금의 3분의 2 정도는 상환한다고 한다. 에드워즈의 표본에서 중위 채무불이행 국가는 투자자들에게 32퍼센트의 채무 삭감을 받아들이게 했다. 몇몇 극단적인 경우를 제외하면 평균 채무 삭감률은 37퍼센트로 조금 더 늘어난다. 어느 쪽이든 일반적으로 채무불이행을 선언하는 나라라도 부채 대부분을 상환한다는 말이다.[12] 채무불이행을 선언한 정부가 왜 이런 행동을 할까? 채무를 상환하는 국가라는 평판을 완전히 구겨버리는 것을 원치 않기 때문이다.

많은 경제학자가 그러듯이, 나도 베이비붐 세대의 마지막 남은 사람이 사회보장연금 수령이 끝나는 순간 미국은 국가 부채에 대해 채무불이행을 선언해야 한다는 농담을 해왔다. 이렇게 때맞춰 채무불이행을 선언함으로써 미국은 이자를 지급하는 데 드는 수조 달러를 절약할 수 있을 것이다. 하지만 이런 일은 일어날 수 없다. 그 이유는 부유한 국가들이 막대한 전쟁 부채를 떠안고서도 채무불이행을 선언하지 않는 것과 같다. 정부는 어느 정도 가까운 장래에 다시 돈을 빌릴 수 있기를 원하기 때문이다. 정부가 차입을 원하는 가장 즉각적이고 단기적인 이유는 한 해 동안의 불규칙한

현금 흐름을 관리하기 위해서다. 소매업체가 크리스마스 쇼핑 시즌에 대비하여 상점에 물건을 가득 채우기 위해 가을에 은행에서 대출을 받는 것과 마찬가지로, 정부도 세금이 들어올 때까지 버티기 위해서 단기 차입금이 필요하다. 부유한 민주주의 국가들은 대체로 적은 수의 관료들을 두고 있는 복지국가이므로, 연금이나 간호사의 월급은 매달 정확하게 지급되어야 한다. 그렇지 않다면 그 나라의 사회구조 자체가 붕괴될 수도 있다.

매달의 현금 흐름의 문제는 차치하고라도, 정부는 건설 프로젝트 및 다른 사회간접자본에 투자를 하기 위해서도 돈을 빌려야 한다. 게다가 노동자 생산성이 매년 1퍼센트 정도 지속적으로 증가한다면 매년 국가의 미래 수입의 일부에 대해 차입하는 것은 경제적으로 볼 때 이치에 맞는 일이다. 지금 조금 더 잘살고, 지금으로부터 몇 십 년이 지난 후 더 잘살게 되었을 때 그 부채를 갚으면 되는 일이다. 만일 당신의 나라가 앞으로 50년에 걸쳐 한 사람당 50퍼센트를 더 벌 수 있다면, 세계 금융시장의 힘을 이용하여 그 번영의 일부를 앞당겨 쓰지 말아야 할 이유라도 있는가? 젊은이들이 젊음을 낭비하듯이 수입은 노인들에게 낭비되고 있다. 젊은이들이 젊음을 낭비하는 것은 우리로서는 어쩔 수 없는 일이라고 하더라도, 금융시장이 언젠가 늙은 내가 누리게 될 부의 일부라도 젊은 내가 향유할 수 있게 해줄 수 있다면 좋은 일이 아니겠는가?

빠른 현금 확보의 필요성, 사회간접자본 기금의 필요성, 평생 소비 지출을 고르게 잘 할 수 있는 지혜와 같은 이 모든 요소는 채무 불이행을 선언하는 국가들이 장래 채권자들 사이에 좋은 평판을 유지하길 원하는 동기가 된다. 실제로 그러한 평판을 만들고 유지하기 위해서는 아픔을 무릅쓰고서라도 가능한 한 많은 부채를 상환해야 한다. 채무불이행을 선언하는 정부가 실행하는 긴축정책으로 인해 그 나라의 시민이 더 고통을 받고 불만을 터뜨릴수록, 그 정부가 채권자들에게 채무를 상환하기 위해 진심으로 노력을 했다는 사실이 명확히 드러나는 법이다. 정부가 채무 상환을 위해 시민의 불만을 기꺼이 감수하기로 했다는 사실은 그 정부가 장래에 더 많은 채무를 상환하리라 믿어도 좋다는 신호를 보내는 것이다. 만일 반대로 정부가 몇몇 소셜미디어상의 긴축정책에 반대하는 징징거리는 소리나 지출 삭감에 대한 미지근한 저항의 목소리를 귀담아듣고 채무불이행에서 성의를 보이지 않는다면, 채권자들은 그 정부는 미래에도 채무를 갚는 데 성의 없는 태도를 보이리라고 추정하게 될 것이다.

다시 말해서 국가 부도 상태에서 겪고 있는 고통이 정부의 미래의 재정 건전성을 개선하는 데 중요하다는 말이다. 또 현재와 미래의 공적채권자들은 이미 정부 정책을 형성하는 데 강력한 힘을 행사하고 있다는 의미이기도 하다. 오늘의 정부 정책은 오늘의 공적채권자들의 태도에 좌우된다. 공적채권자들이 이미 정부 정책에 간접적이기는 하지만 명확한 영향력을 행사하고 있으니, 우리는 그 역할을 공식화하는 것도 고려해보아야 한다.

## 유권자의 역할과 채권자의 역할

유럽인들은 최근 그리스에서 공적채권자들이 휘두르는 정치 권력을 볼 수 있었다. 유럽의 여파로 국가 부도의 위기를 맞은 그리스 정부에, 개인 투자자, 은행, 국제 대출기관들은 지출을 줄이고, 세금을 늘리고, 정부 자산을 팔아 잉여현금 흐름을 조성하여 정부가 진 막대한 부채를 상환하라고 강하게 압박했다. 채권자들이 개혁에 앞장섰던 것이다.

국채보유자들이 이처럼 사실상 개혁가 역할을 자임했던 것은 1997년 아시아 금융위기와 그보다 먼저 1980년대 초반 라틴아메리카의 사례에서도 나타났던 현상이었다. 그래서 다음과 같은 패턴이 이제는 일상적으로 나타나고 있다. 금융위기가 닥친다. 경제는 약화한다. 정부는 당장 세금 소득을 잃는다. 많은 사람들이 해고되어(소득세가 줄어든다) 사람들은 지출을 줄인다(판매세와 부가가치세가 줄어든다). 동시에 시민들은 복지 프로그램, 실업보험, 일자리 창출 프로그램을 통해 더 많은 지출을 하라고 정부에게 강하게 요구한다. 정부의 회계는 일반 가정의 회계와 크게 다르지 않다. 가정의 수입이 줄어들고 비용이 증가하면, 매달 내야 하는 주택담보대출의 상환도 힘들어진다. 경기가 좋을 때는 쉽사리 지킬 수 있었던 재정 공약도 경기가 나쁠 때는 지키기 힘들다.

　모두 알고 있다시피, 바로 이러한 지점에서 국제적인 기관들이 등장하기 시작한다. 국제금융기금IMF, International Monetary Fund이나 월드뱅크World Bank, 혹은 미주개발은행Inter-American Development Bank 이나 아시아개발은행Asian Development Bank과 같이 지역에 국한된 개발은행이 바로 그런 기관들이다. 대중의 상상 속에서 그리고 실제로도 이들은 전 세계적 금융 시스템을 대표하는 엄격한 감독관들이다. 이들은 개발도상국에 달콤한 디저트를 먹으려면 먼저 몸에 좋은 시금치를 먹으라고 명령하는 감독관이다. 이 기관들은 만기가 임박한 부채의 상환은 물론 위기를 겪고 있는 국가가 러프 패치rough patch(경기 회복기의 일시적 침체를 뜻하는 소프트 패치soft patch보다 더 나쁜 경기 상태-옮긴이)를 극복하기에 충분할 정도의 대출을 해준다. 하지만 그에 대한 대가로 정부가 장래에 이 대출금을 상환하는 데 도움이 된다고 믿고 있는 개혁을 요구한다.

　실제 현실에서도 은행은 늘 이렇게 행동한다. 집을 사기 위해 대출을 받는 경우를 생각해보자. 은행은 집주인이 보험을 들었다는 증거를 제시하라고 요구한다. 보험에 들지 않은 집이 불에 타 전소되고 집주인은 주택담보대출금을 갚지 않겠다고 결정해버리면, 은행은 약간의 땅과 더불어 시커멓게 타버린 집을 돌려받게 된다. 이런 상황을 피하기 위해 은행의 주택담보대출에는 대개 조건이

붙기 마련이다. 예를 들어 집주인이 주택 화재보험에 가입해야 한다는 조건이다.

기업의 대출에는 좀 더 많은 조건이 붙는다. 은행은 기업의 소유자가 해외계좌에 돈을 빼돌리지는 않는지 확인하기 위해 물품 목록을 점검하는 것은 물론이고 기업의 회계장부를 볼 수 있는 권한도 갖는다. 보통은 회계사들이 은행을 대신해 이런 일을 처리한다. 내가 알고 있는 한 회계사는 정규 회계감사를 위해 미국 중서부 지역에 있는 곡식 저장고 꼭대기까지 올라가기도 했다. 거의 6층 높이나 되는 저장고까지 올라간 것은 저장고의 꼭대기를 살펴보면서 그 저장고가 정말 곡물로 가득 차 있는지 확인하기 위해서였다. 특정한 조치를 요구하고, 주도면밀하게 감사하고, 채무자들의 주장을 검증하는 것은 대출 업무의 당연한 부분이다.

하지만 정부 차관의 경우라면, 공적채권자들의 행동은 전혀 달라진다. 국제무역기금이나 월드뱅크와 같은 위기대출자crisis lender들은 대출을 조건으로 개혁을 요구하는 반면, 경기가 좋을 때 정부 채권을 구매한 일반적인 채권자들은 훨씬 수동적인 역할을 한다. 경기가 좋을 때, 뮤추얼펀드, 투자 은행, 보험사와 같은 국제 투자자들은 침착하게 정부의 신용등급을 관찰하고, 몇 개의 신문을 읽고 통계 분석을 점검한 다음, 정부 채권이 채무불이행이라는 위험을 감수하면서도 투자할 가치가 있는지를 판단한다.

이처럼 가깝지도 멀지도 않은 관계는 정말 비효율적이다. 이렇게 비효율적인 국채보유자의 역할을 기업의 주주와 같은 역할로 다시 정의해야 한다. 국채보유자들을 국가 주식의 주주로 생각하게 되면 내가 제안하는 개혁들은 급진적이라기보다는 자연스럽고 발전적으로 보이게 될 것이다. 다시 한 번 말하지만, 나는 50퍼센트 적은 민주주의가 아니라 10퍼센트 적은 민주주의를 제안하고 있다. 사적 영역에서 기업이 기금을 조성하는 데는 다음의 두 가지 방식이 있다.

- 은행 대출 혹은 채권 발행: 어떤 사람이 내게 돈을 주고, 나는 거기에 이자를 합쳐 나중에 갚겠다고 약속한다.
- 지분, '주식' 혹은 '부분 소유권' 발행: 누군가 내게 지금 돈을 주고, 나는 (앞으로 결정될) 미래 수익의 일부를 주기로 약속하고 이에 더하여 사업 운영에 대한 발언권을 준다.

예외가 많겠지만, 어쨌든 이 두 가지가 가장 흔한 방식이다. 채권은 지급을 약속하지만 발언권은 보장하지 않고, 주식은 발언권은 보장하지만 지급에 대한 약속은 모호하다.

주목해서 보아야 할 하나의 예외가 있다. 당신이 채권자이고 기업이 당신에게 약속한 돈을 상환하지 않는다면, 그 회사는 파산한다. 하지만 파산을 맞는다고 해서 그 기업이 당장 폐쇄되지는 않는다. 당장 공장 문을 닫고 미지불 어음을 갚기 위해 남아 있는 가구를 처분하지는 않는다. 대기업 파산이 완전 폐쇄를 의미하는 경우는 극히 드물다. 법적으로도 실제로도, 일반적으로 파산이란 채권자들이 그 회사를 경영할 기회를 얻었다는 것을 의미한다. 따라서 일반적인 사적 영역이라는 환경에서 채권자들은 잠재적인 미래의 주주들이다. 나는 정부의 '주주'에 가장 가까운 사람들이 유권자인 부유한 민주주의 국가에서 유권자와 채권자 사이의 경계를 완화해야 한다고 주장하는 바이다. 우리는 공적채권자들을 민주주의의 고위 재정 자문이자 실제로 그 국가에 개인적인 투자를 하고 있는 자문으로 생각하기 시작해야 한다.

## 근시안적 유권자에 대한 견제 장치

1990년대 중반 정부가 잠재적 투자자들의 요구에 반응해야 한다는 인식이 고조되고 있을 때, 칼럼니스트 토머스 프리드먼Thomas Friedman은 국채보유자들과 신용등급 평가기관들의 정치 권력이 커지고 있다고 썼다. 이 이야기는 이미 앞서 인용한 바 있으니, 여기에서는 채권 시장이 거버넌스에 어떻게 도움이 되는지에 대한 그의 견해를 들어보도록 하자. "무디스와 채권 시장은 민주주의로서는 받아들이기 힘든 경제적·정치적 선택을 강요하고 있다."[13] 국가 부채는 근시안적인 유권자들의 사고를 견제하는 최고의 장치가 될 수 있다. 게다가 채권 시장의 장기적인 관점은 부유한 민주주의 국가들이 재정 지속 가능성을 받아들이도록 만들 수 있다.

지난 몇 십 년에 걸쳐 노령화되고 있는 인구와 경기 둔화 때문에 부유한 민주주의 국가들의 정부 부채는 국민소득에 비해 1퍼센트 정도 늘어났다. 가장 노령화된 인구분포를 가진 부유한 민주주의 국가인 일본의 경우, 국민소득에 대한 정부 부채 비율은 이제 200 퍼센트에 이르렀다. 이미 100퍼센트를 넘은 나라들도 많다. 이탈리아의 경우 150퍼센트다. (캐나다를 제외한) G7 국가 중 6개 국가의 정부 부채율은 1990년대 중반에 비해 높아졌다. 캐나다가 예외인 이유는 이때 무디스의 고위 간부가 재정규율fiscal discipline을 요구했기 때문이다. 정부 부채 수준이 앞으로도 상당 기간 높은 상태를 유지할 것으로 예상되고, 이에 따라 힘든 재정적 선택을 앞둔 지금 상황에서 이 선진국들이 어떤 정치적 행동을 해야 하는지는 명확하다. 유권자들의 권력을 줄이고 그만큼 채권자들의 권한을 늘리는 개혁을 위한 시간은 이미 충분히 무르익었다.

## Chapter 7

# 현실 정치의 문제들

◆

정부가 통치하기 위해서는 정치 기계 같은 것이 존재해야 한다.
그리고 그들이 제대로 작동해야 한다.

_조너선 라우치

조지 워싱턴 플런킷George Washington Plunkitt은 민주주의가 실제
로 어떻게 작동하는지 말해주었다. 부패의 나폴레옹이라고 불러
도 좋을 만한 면모를 보여주었던 플런킷은 한 걸음 더 나아가 민주
주의가 어떻게 하면 더 잘 작동할 수 있는지까지 몸소 보여주었다.
플런킷은 뉴욕시 태머니 홀Tammany Hall을 이끄는 지도자였다. 태
머니 홀은 1800년대 후반과 1900년대 초반에 걸쳐 뉴욕시 정치를
주름잡았던 민주당의 정치 기계(보스 정치인을 중심으로 모여 보스
정치를 실행하는 정치인 집단-옮긴이)였다. 태머니 홀이라는 정치 기
계는 어떻게 작동했을까? 플런킷에 따르면 태머니 홀을 움직인 것
은 '정직한 뇌물'이었다. 다시 말해 정부의 세금을 축내는 게 아니
라, 이미 알고 있는 것 혹은 사람과 내부자 거래를 통해 돈을 마련

하는 것이다.[1]《태머니 홀의 플런킷: 매우 실제적인 정치에 대한 매우 솔직한 이야기》에서 플런킷은 도금시대Gilded Age(1870~1900년까지 급속한 경제 성장의 시대-옮긴이)의 저널리스트 윌리엄 라이어던William Riordan을 앞에 두고 자신의 이야기를 풀어놓았고, 이 짧은 책은 이후 미국 정치에서 빼놓을 수 없는 필독서가 되었다.

플런킷은 사기꾼이 아니었다. 스스로 말했다시피 "기회를 보았고, 기회를 잡았던 사람"일 뿐이다.[2] 하지만 그 기회를 어떻게 볼 수 있었을까? 태머니라는 정치 기계는 어떻게 그렇게 오랫동안 권력을 유지할 수 있었을까? 일단 권력을 유지하는 것, 다시 말해 재선부터 시작해서 차근차근 알아나가기로 하자. 플런킷은 재선을 하는 방법에 대해 훌륭한 충고를 했고, 몸소 실천에 옮겼다.

예를 들어, 젊은이들을 제 편으로 끌어들인 방법을 말해드리죠. 저는 목소리에 자부심이 있는 젊은이가 있다는 이야기를 들었죠. 자신이 노래를 잘한다는 거예요. 저는 그 학생에게 워싱턴 홀로 와서 우리 합창단에 가입하라고 말했죠. 와서 노래를 부르더니 그 이후로는 평생 저를 지지하고 있어요. 또 다른 젊은이는 공터에서 야구를 하는데 아주 완벽히 잘한다고 하더라고요. 그래서 우리 야구팀에 데려왔더니, 금방 자기 자리를 찾더라고요. 다음 선거 날에 오시면 제 선거를 도와주고 있는 그 친구를 보실 수 있을 거예요.[3]

플런킷의 방식인 페미니스트인 캐롤 허니쉬Carol Hanisch가 1970 년대 말했던 "개인적인 것이 정치적이다"라는 구호를 떠오르게 한 다.[4] 플런킷은 자신의 방식에 대해 다음과 같이 견해를 밝혔다. "저 는 정치적 논쟁으로 사람들을 골치 아프게 만들지 않아요. 그저 인 간 본성을 연구하고, 거기에 따라 행동할 뿐이죠."[5]

플런킷은 충실한 추종자들로 이루어진 네트워크를 구축했다. 하지만 그에 대한 충성은 윈스턴 처칠Winston Churchill처럼 '피, 노력, 눈물, 땀'을 요구하지 않았다. 그저 선거가 있는 날 태머니 출신의 후보자에게 투표할 몇 명의 친구만 확보하면 된다. 강력한 정치 기 계를 만드는 데 필요한 것은 그것이 전부였다. 다시 말하자면, 중 요한 투표에서 그를 지지하기 위해 투표장에 와주는 사람들의 네 트워크다.

## 거래를 통한 정치

어떤 조직이 그 지도자에게 충성한다고 해서 그 조직이 반드시 좋은 쪽으로 권력을 사용하리라는 법은 없다. 사악한 정당과 흉악 한 조직은 역사의 곳곳에서 찾아볼 수 있다. 하지만 최소한 대규 모 사회 개선을 위해서는 강력하고 서로 협력하는 조직이 선행조 건이라는 것은 사실이다. 다시 미국 의회의 예로 돌아가보자. 앞서 나는 의회를 재선 공장이라고 묘사했다. 국회의원들은 선거구에 있는 유권자들에게 자신이 뽑은 대표자들이 자신들을 위해 가치 있는 일을 하고 있다고 보여주려는 목적을 갖고 있으며, 의회는 정치인들의 '보이는 손'에 의해 설계된 시스템이라는 점에서 재선을 목적으로 하는 공장이었다. 의회는 유권자들에게 신뢰할 만한 믿음을 주기 위해 만들어진 기계다.

하지만 의회의 역할은 재선 공장에서 그치지 않는다. 친구들과 이야기할 때, 나는 의회를 재선 공장이라 부르지 않는다. 나는 의회를 가리킬 때 이미 오래전부터 존재하던 '호의 공장favor factory'이라는 말을 사용한다. 국회의원들은 선거구 유권자들에게 정치적 지지를 받고, 그 대가로 호의를 베푼다. 하지만 국회의원들은 자신과 같은 정치 기계에 포함된 의원에게는 물론이고 다른 의원에게도 호의를 베푼다. 이들은 자신들이 특히 좋아하지도 않는 법안을 지지하며 대통령에게 호의를 베풀기도 한다. 이들이 호의를 베푸는 것은 원래 친절한 사람이기 때문도 아니고 진심으로 나라를 위하기 때문도 아니다. 그럴 가능성도 없지는 않겠지만, 최소한 일반적으로는 그렇지 않다. 이들이 호의를 베푸는 이유는 호수성互酬性, reciprocity이라는, 전문가들이 상호이타주의reciprocal altruism라고 부르는 규범 때문이다. 한마디로 "네가 내 부탁을 들어주었으니 나도 네 부탁을 들어줄게" 정도의 상부상조 정신이다.

워싱턴 정가에서 어떤 일을 성사시키는 가장 중요한 요소가 바로 이 규범이다. 법안 통과를 위한 표결의 형태로 나타날 때는 이를 로그롤링logrolling(의원들이 각자가 지지하는 법안이 통과되도록 서로 짜고 돕는 것-옮긴이)이라고 부른다. "당신 법안이 마음에 들지는 않지만, 내 선거구 주민들에게 도움이 되는 감미료(실제로 정치에 사용되는 말로, 다른 의원의 관심을 끌기 위하여 법안에 추가하는 조건을 가리킨다-옮긴이)를 넣어준다면, '찬성' 투표를 해줄 수도 있지"라며 서로 거래를 하는 것이다. 로그롤링의 어원을 보자면 '이웃이 서로 도와가며 장작을 굴려 땔감을 쌓았던 미국 전통'에서 비롯된 것으로 보인다.[6] 하지만 지금은 미리엄-웹스터 사전에도 나와 있듯이 호의 교환을 가리키는 말로 사용되고 있다. 실제로 정치 분야에서 자주 쓰이는 말이고, 협박 대신 호의 거래를 통해 법안을 통과시키려 노력하는 협상을 가리킨다. 쉽게 말해 '(당신이) 찬성해주면 (나도) 찬성해준다'라는 의미다.

## 민주주의의 성공에는 부패가 필요하다

우리가 좋아하든 아니든 간에 정치는 근본적으로 거래적 성격을 띤다.
_타일러 코언

캘리포니아대학교-산타크루즈 캠퍼스의 경제학자 도널드 위트만Donald Wittman이 쓴 《민주주의의 실패라는 신화The Myth of Democratic Failure》라는 탁월한 책은 나의 민주주의에 관한 생각, 특히 그중에서도 민주주의의 약속과 잠재력에 관한 생각을 정립해주었다.[7] 위트만은 민주주의가 경제 성장에 도움을 주는 동시에 유권자들이 원하는 바를 제공할 수 있는 이유가 부분적으로는 로그롤링의 힘 때문이라고 주장했다.

예를 들어보자. 미국 하원의 40퍼센트가 어떤 법안을 원한다고 하자. 이들은 이 법안을 너무나 통과시키고 싶은 나머지 특정 세제 혜택, 의료비 지출 확충, 항공사 규제 변화와 같은 법안도 기꺼이 포함하여 이 법안 통과에 필요한 12퍼센트에서 15퍼센트 정도의 표를 더 얻으려 한다. 일단 가지고 있는 표에 더하여 한 번에 하나씩 상대방의 호의를 얻으며 정치적인 연합을 한다. 플런킷이라도 이보다 더 잘하긴 힘들었을 것이다. 소규모 혹은 중간 규모 정도의 국회의원 집단이 관심을 가진 문제는 끝도 없이 많다. 로그롤링을 통해서라면 입법부, 더 나아가 국가가 그 문제에 대해 무언가를 할 수 있게 만들 수 있다.

순수 민주주의라면 로그롤링은 불가능할 것이다. 앞서 말했듯 오늘날 순수 민주주의를 구현한다면 그것은 모든 사람이 이 법안 저 법안을 심각하게 고려하며 스마트폰을 통해 투표하는 형태가 될 것이다. 이런 상황에서라면 수백만 명의 시민들을 놓고 거래를 하려 노력해봐야 아무런 성과를 거두지 못할 것이다. 하지만 백 명 혹은 몇 백 명의 선출 공직자들이 한곳에 모여 있는 의회에서는 어떨까? 그곳이 바로 로그롤링이 효과를 발휘할 수 있는 상황이다. 실제로도 의회라는 상황에서 로그롤링은 효과가 있다. 위트만이 다른 논문에서 말했듯이 "하원과 상원은 소수의 인원으로 구성되어 있으므로 협상 비용을 줄일 수 있고, 그에 따라 효율적인 로그롤링을 위한 조건이 형성된다."[8]

로그롤링을 위해서 흔히 사용되는 방법은 소위 '선심 예산earmark' (지정 예산이라고도 한다—옮긴이)이다. 다시 말해 특정한 의원에게 도움이 되도록 표적 지출을 하는 것이다. 의회의 법안은 "교통부는 전문가들의 견해에 따라 그 교량 건설을 위한 기금을 지출할 것이다"라는 말 대신에 이를 살짝 바꿔 "뉴욕주 스케넥터디시에 5차선 다리를 놓을 기금을 마련한다"라고 말한다. 선심 예산은 의원들 사이의 거래를 쉽게 성사시켜주는 윤활유 역할을 한다.

선심 예산은 너무도 중요한 역할을 하기 때문에 미국 의회가 2010년 초 이 관행을 공식적으로 금지했을 때, 나는 이 금지 조치가 의회의 재정을 절약해주기보다는 오히려 낭비하는 결과를 낳으리라고 예측했다. 2010년 공화당이 다시 백악관을 차지하기 1년 전, 나는 트윗에 이렇게 썼다. "지출을 통제하기 위한 가장 좋은 방법은 더 많은 선심 예산을 허용하는 것이다."[9]

내 생각으로는 (특히 공화당 쪽에 있는) 국회의원 하나하나는 다른 모든 의원이 지출을 줄여주길 원하면서도, 정작 자신의 선거구에는 좀 더 많은 지출을 원하기 마련이다. 지출을 줄이는 거래를 성사시키기 위해서는 가장 열렬히 지출에 찬성하는 소수의 국회의원에게 지출 감소에 찬성표를 던지겠다고 약속하는 대가로 선심 예산을 약속하는 것이 가장 실용적인 방법일 것이다. (선심 예산이 아무리 늘어나더라도 지나칠 정도까지 증가하지는 않는다. 가장 심할 때도, 미국 연방 지출의 1퍼센트 정도였다.[10] 모두가 손을 잡고 까마득한 심연을 향해 뛰어내릴 때, 우리 중 몇몇은 손을 잡아준 대가를 받으려 들기 마련이다.)

2011년 공화당이 백악관을 되찾았을 때, 공화당은 어쨌든 문서상으로는 다시는 선심 예산이란 없을 것이라고 약속했고, 실제로도 어느 정도는 약속을 지켰다. 바로 그 시점에서 공화당 하원의원들은 재정 축소를 부르짖는 티파티Tea Party(정부의 건전한 재정 운영을 위한 세금 감시 운동을 펼치는 미국의 보수단체-옮긴이)의 영향을 받아 말로도, 그리고 어느 정도는 실제로도 정부 지출 감소를 요구했다. 하지만 2011년과 그 이후 상당 기간에 걸쳐 세금 감면에 대한 특정할 만한 압력은 없었고, 그동안 공화당은 하원의 63석을 얻어 수십 년 만에 처음으로 민주당보다 의석수가 상당히 많은 다수당이 되었다. 일반적인 정치적 잣대로 보면, 공화당은 민주당이 지배하는 상원과 대통령에 맞서 자신들이 원하는 지출 법안을 통과시킬 수 있는 위치를 확보했다. 나의 예측은 과연 옳았을까?

몇 년 동안은 내 예측은 완전히 틀렸다. 민주당이 상원을, 공화당이 하원을 각각 장악하고 있는 상태에서 하원 내에서는 진정한 의미의 법안 거래가 이루어질 수 없었다. 이제 거래는 상원과 하원 사이에서 이루어져야 했다. 상원과 하원이 서로 협동하지 않는다면 그 어떤 일도 일어날 수 없었다. 놀랍게도 상원과 하원은 협동하여 한때 긴축재정이라 여겨지던 법안을 통과시켰다. 이전보다는 상당한 지출 감소를 강제하는 법안이었다(여기서 세부적인 내용까지 다루지 않을 것이다). '임시압류' 같은 것도 있었던 것 같다. 어쨌든 이 법안은 하원이 선심 예산 없이도 의회에 자신의 의지를 상당 부분 관철할 수 있었다는 것을 보여준다. 나의 이론으로는 당시 상황을 제대로 설명할 수 없었다.

하지만 나는 장기간에 걸쳐 작동하는 사회의 기본적인 메커니즘에 초점을 맞추고 연구하는 학자다. 나는 규칙에 어긋나는 예외적인 일화를 좋아하기는 하지만, 협조, 협력, 팀 빌딩team building(팀원들의 작업 및 커뮤니케이션 능력, 문제 해결 능력을 향상하여 조직의 효율을 높이려는 조직 개발 방법-옮긴이)이 모든 넓은 의미의 민주주의 정치체제에서 법안을 통과시키는 데 핵심적인 역할을 한다고 믿고 있다. 나는 플런킷의 지혜가 핵심을 꿰뚫고 있다고 믿으며, 경제에서는 고상하기만 한 이상理想보다는 주고받는 거래가 더 중요하다고 믿고 있다. 당시 나는 그저 시간이 흘러가기만을 바랐다.

시간이 지나며 나의 주장은 거의 사실로 드러났다. 미국 의회에서 선심 예산이 줄어들면서 국회의원들이 주목을 받기 위해 할 수 있는 것이라고는 이데올로기적인 분노를 터뜨리거나, 소셜미디어를 통해 이목을 끌거나, 정치인 개인이 정당 지도자들과 맞서 싸우는 행동밖에는 남지 않게 되었다. 지금은 고인이 된 메릴랜드 대학교의 경제학자 맨슈어 올슨Mancur Olson이 '선택적 이익selective benefits'이라 불렀던 선심 예산과 그 밖의 좋은 먹잇감들은 일상적인 정치적 거래를 성사시키는 데 중요하다. 소셜미디어상의 바이럴 마케팅viral marketing은 물론, 그것을 뛰어넘어 일할 수 있는 무언가를 제공해주기 때문이다. 나는 동료인 타일러 코언Tyler Cowen과 2010년 이후 선심 예산에 대해 가끔 이야기했다. 그는 2018년 여전히 받아야 마땅한 인정을 받지 못하고 있는 선심 예산의 장점에 관한 칼럼에서 다음과 같이 썼다. "무엇보다 나는 선심 예산에 대한 혼란과 타협이 미국 정부의 핵심적인 특징으로 남아 있을 수밖에 없다는 사실을 인정한다. 우리가 좋아하든 아니든 간에, 정치는 근본적으로 거래적인 성격을 띤다."[11] 그리고 거래가 제대로 이루어지려면, 유권자들로부터 어느 정도는 거리를 두어야만 한다.

## 근시안적인 정치인과 유권자

이제 저널리스트이자 정치 평론가이며 내가 감히 학자라고 부르고 싶은 조너선 라우치Jonathan Rauch에 대해 이야기해보려 한다. 그는 학계 내부와 외부에 광범위한 영향을 미쳤던 사회과학적 주제에 대해 이미 여러 권의 책도 출간하며 충분히 학자라 불릴 만할 뿐만 아니라 개인적으로도 훌륭한 사람이다. 나는 사교모임에서 몇 번 그를 만난 적이 있다. 어떤 주제에 대해서라도 그와 함께 이야기를 나눌 기회를 얻는다면, 정말 커다란 선물을 받는 셈이다. 그는 행복에 관한 연구, 동성 결혼, 내성적인 사람을 잘 다루는 방법, 거버넌스의 부진, 정치적 공정성 등에 관한 책을 썼다.

2015년 그는《정치적 현실주의: 글쟁이, 기계, 거금, 밀실거래는 어떻게 미국 민주주의를 강화할 수 있는가》라는 짧고도 훌륭한 책을 써서 누구나 무료로 볼 수 있도록 했다. 그는 자신의 용어를 이렇게 상세히 설명했다.

그렇다면 정치적 현실주의란 무엇인가? … 정치적 현실주의는 통치 행위를 어려운 것으로 간주하며, 정치적 평화와 안정성은 당연하게 여겨서는 안 되는 귀한 보물이라고 생각한다. 복잡한 권력 공학으로 인해 정치에 대한 개입은 예측할 수 없고 위험하다고 이해한다. (예를 들어 어떤 추악한 정치 관행을 금지한다고 하더라도, 그 관행이 반드시 사라지리라는 법은 없다.) … 정치인들의 야합과 로그롤링은 정치제도가 부패한 것이라기보다는 건강하다는 것을 보여주는 지표다. 거래 정치transactional politics가 언제나 적절하거나 효과적이지는 않지만, 이마저 할 수 없는 정치제도라면 심각하게

고장난 상태라고 할 수 있다.[12]

앞서 타일러의 인용문에서와 마찬가지로 나는 여기서도 '거래'라는 말을 강조하고 싶다. 타일러와 라우치는 모두 실제로 정치가 성공하기 위해서는 내부자들이 거래를 성사시켜야 한다고 보고 있다. 물론 일반적인 유권자, 다시 말해 외부자들은 그 거래를 보며 경악할 수도 있을 것이다. 라우치는 거래 정치가 파이를 키우는 데 도움이 되는 특별한 이유 하나를 제시하고 있다. 거래 정치의 도구로 이용되는 정치 기계는 로비, 선거 유세 기부, 법률 제정의 과정 등에서 찾아볼 수 있는 비공식적인 야합, 다시 말해 상부상조를 추동하는 장치뿐 아니라 공식적인 정당의 장치까지도 포함한다.

정치 기계는 보통 장기적인 데 관심을 두고 있다. 바로 그러한 이유로 정치 기계는 파이를 키우는 데 도움이 된다. 이 기계는 대부분의 정치인보다 훨씬 정치 수명이 길다. 따라서 정치 기계는 앞으로도 수십 년간 기존 권력을 유지하기 위해서 자신의 나라가 충분히 부유하고 안정적이며 안전한지에 관심을 둔다. 정치 기계는 인내심이 있는데, 이는 라우치의 말대로 정치에서 찾아보기 힘든 속성이다. "정치인들은 유권자와 마찬가지로 근시안적이다. 기계들은 이러한 단점을 보완해줄 수 있다. 왜냐하면 기계들은 미래까지 내다보는 전략을 짜고, 거래를 성사시키기 때문이다. 정치 기계가 정치에서 담당하는 역할은 은행이 경제에서 하고 있는 역할과 같다. 장기적이고 반복적으로 등장하여 핵심적인 역할을 하며 정치적 신용을 확장하는 것이 바로 정치 기계의 역할이다."[13] 장기적인 시간의 지평이야말로 민주주의가 필요로 하는 것이다. 따라서 정치 기계는 그 지평을 확장하는 중요한 도구다.

위트만, 코언, 라우치의 의견에 동의한다고 할 때, 발생하는 문제가 하나 있다. 거래 정치를 민주주의의 축소라고 할 수 있는가? 미국 의회가 태머니 방향으로 10퍼센트 움직인다고 해서 민주주의는 감소하는가? 라우치는 최소한 '어느 정도'는 그렇다고 대답한다. "(강력한 정치 기계를 가지고 있으며) 유권자들로부터는 '분리된' 체제는 어느 정도는 비민주적이다. … 하지만 이 체제 역시 힘든 정책적 선택을 앞둔 지도자들에게 그들이 필요한 정도의 지지는 해줄 수 있다."[14]

부유한 민주주의 국가의 정치는 계속해서 '힘든 정책적 선택'의 영역에 남아 있게 될 것이다. 라우치가 제시하는 밀실거래나 블라인더가 제시하고 있는 전국적인 조세위원회를 보고 있노라면, 탁월하고 상당한 영향력을 행사하고 있는 브루킹스 연구소의 학자들이 모두 합쳐 평균 4퍼센트 적은 민주주의를 외치고 있지 않나 하는 생각이 든다. 좋은 출발이다.

# 가짜 뉴스의 충격에서 벗어나는 방법

---

이 나라가 직면하고 있는 위기는 리더십의 위기라기보다는 팔로
우십의 위기이다.

_조너선 라우치

지금 인용한 라우치의 말은 현대 의회가 직면하고 있는 난관에
대해 이야기하고 있다. 하지만 그와 동시에 한 나라의 문화를 파
편화하고 있는 소셜미디어의 힘에 관해서도 이야기하고 있다. 전
CIA 외교 문제 분석가로 전 세계에서 일어나는 사건들을 주도면
밀하게 지켜보았던 마틴 거리Martin Gurri는 최근 자신의 책《새천년
시대 대중의 반역과 권위의 위기》에서 바로 이 점을 지적했다. 거
리는 전통적인 정책 분석가로, 몇 십 년에 걸쳐 텔레비전, 블로그
그리고 이제는 완전히 성숙한 단계에 도달한 소셜미디어의 등장
이 만들어낸 변화가 과학기술의 세계와 전 세계 정치계에 어떤 영
향을 미치는지에 대해 관찰해왔다. 거리는 이미 지나가버린 '까마
득한 옛날'에 이렇게 이야기한다.

전 세계에서 일어난 사건을 분석하는 사람으로서 나는 전 세계 신
문과 텔레비전의 보도를 훑어보며 정보를 얻었다. 나는 그런 것이
야말로 진정한 정보라고 생각했다.[15]

물론 세상은 이제 그렇게 돌아가지 않는다. 이제 신문과 텔레비전은 정보를 얻을 수 있는 수단 중에서도 그다지 중요하지 않은 요소에 불과하다.

거리는 자신의 예를 '짖지 않은 개', 다시 말해 취재되지 않은 이야기에서 찾았다. 잘 알려져 있다시피 '아랍의 봄'의 촉매제(거리자신의 사용했던, 비극적인 사건을 묘사한 낱말이다)는 페이스북에 포스팅된 모하메드 부아지지Mohamed Bouazizi의 사진이었다. 튀니지의 노점상이었던 이 청년은 공무원들에게 수모를 겪은 후 깊은 절망 속에서 분신했다. 이 청년의 희생이 지역적인 혁명을 불러일으켰다. 부아지지는 사후 아랍의 봄을 불러일으킨 공로를 인정받아 유럽연합이 주는 사하로프 인권상을 받았다. 하지만 거리는 또 다른 튀니지의 노점상에 주목한다. 그의 이름은 아브데슬렘 트리메치 Abdesslem Trimech로, 그 역시 공무원들에게 수모를 겪은 후 분신했다. 부아지지와 마찬가지로 트리메치 역시 화상으로 사망했다. 부아지지가 죽음을 선택하기 아홉 달 전이었다. 페이스북에 공유된 부아지지의 죽음은 혁명을 불러일으켰지만, 트리메치의 죽음은 그렇지 않았다.

아래로부터 이야기가 온라인으로 퍼져나가면서 전 세계적 공분을 불러일으며, 세상을 바꾸는 힘으로 발전하는 경우는 해마다 더 많아지고 있다. 그에 대한 사례로 거리는 냅스터로 시작된 광범위한 음악, (이제는 영화와 책도 포함한) 파일 공유 그리고 터키 대통령

레제프 타이이프 에르도안Recep Tayyip Erdoğan이 트윗에 분통을 터뜨렸던 이야기까지 언급한다. 이 모두는 언론이라는 게이트키퍼gatekeeper가 가지고 있던 권력이 정보화 시대에 들어서며 얼마나 순식간에 곤두박질쳤는지를 보여주는 사례들이다. 문화 게이트키퍼들의 힘이 약해져가는 현상을 거리는 '공권력의 위기crisis of public authority'라고 부른다. 현대 민주주의에서는 월터 크롱카이트Walter Cronkite(한때 미국을 대표하던 앵커-옮긴이)와 같은 권위자는 더는 찾아볼 수 없다. 독재국가에서도 독재자를 조롱하고, 독재자가 원치 않는 정보를 공유하고, 반드시 진실은 아니더라도 독재자가 하는 이야기와는 다른 이야기를 찾아내는 것이 이제는 그다지 어렵지도 불가능하지도 않은 일이 되고 있다.

특히 미국에서 시민들과 엘리트 모두는 이 새로운 정보 생태계에 대해 우려하고 있다. 중국과 러시아의 정보기관과 같은 불량 국가의 기관들이 바이럴 메시지를 만들어 정치적 논쟁에 영향을 미치고, 정치적 긴장을 악화시키는 일도 얼마든지 가능하기 때문이다. 중요한 문제이고, 이해할 수 있는 걱정이다. 하지만 이는 거리가 말하는 '공권력의 위기'에서 파생된 하나의 결과일 뿐이다. 현실을 자신이 원하는 렌즈를 통해서만 보려고 드는, 지식이 부족한 유권자로 가득 찬 세상은 케인스가 말했던 수요가 공급을 만들어내는 세상이다.

자신이 지지하는 편이 다른 편의 공정하지 못한 행동 때문에 부당하게 고통을 겪고 있다는 이야기를 보고 싶을 때, 사람들은 자신의 의지라는 보이지 않는 손을 통해 그러한 뉴스를 만들어낸다. 이 보이지 않는 손이 뉴스를 만들어낼 때(혹은 뉴스의 프레임을 바꾸어버릴 때), 그 뉴스는 가짜 뉴스처럼 느껴지지 않는다. 오히려 일반적인 뉴스에 비해 더 깊은 진실을 담고 있는 뉴스이자 훨씬 중요한 역사처럼 느껴진다. 크리스토퍼 놀란Christopher Nolan 감독의 영화 〈다크 나이트Dark Knight〉 마지막 부분에서 배트맨은 이렇게 말한다. "때로는 진실만으로 충분치 않아. 때로 사람들은 그 이상을 원하지."[16]

부유한 민주주의 국가의 시민들은 흔히 이와 같은 진실 이상의 세계에 너무도 몰입한다. 여러 나라의 다양한 하위문화에서는 다양한 이야기가 만들어진다. 각각의 이야기들은 하위문화에서 원하는 진실을 충족시킨다. 이 탈중심화되고, 자기중심적이고, 주변과 차단된 '미디어 버블media bubble'이라는 새롭게 등장한 영역은 좋은 정부를 만들고자 하는 우리의 관심사에 어떤 의미를 가질까? 아마도 점점 더 증가하는 유권자의 무지를 더는 견디지 못하고, 온건한 에피스토크라시를 찬성하는 주장이 강화될 수도 있다. 물론 그렇게 단정 짓기는 아직 이르며, 좀 더 많은 연구가 필요하다. 하지만 이러한 공권력 약화에서 예상할 수 있는 효과는 있다. 그것은 좋은 정부를 만드는 데에도 분명히 중요한 부분이다.

소셜미디어가 중요한 역할을 하는 정치의 등장이 문화적 유행에 불과하거나 조작된 외부 영향이 국가의 정치 논쟁에 단기적으로 큰 충격을 준다면(중요한 가정이다!), 모든 선거는 과거에 담당했던 것처럼 '한 나라의 정치적 온도'를 측정하는 기능에 비해 훨씬 안 좋은 역할을 하게 될 것이다.

다시 말해서, 공적 영역에서 많은 잡음이 생기면 선거를 통해 대중이 진정 무엇을 말하고 있는지 잘 파악할 수 없다. 선거의 목적이 사람들이 진정 무엇을 원하는지를 알아내는 것이라면(완벽하다고 할 수는 없지만, 선거 민주주의 혹은 간접 민주주의의 좋은 목표다), 아마도 우리는 선거 일주일 전에 오른쪽 혹은 왼쪽으로 쏠리는 임의적인 운동보다는 사람들의 지속적인 관심사와 희망사항을 측정하는 것이 나을 것이다. 그 무작위적인 흔들림이 커질수록, 하나의 선거 결과를 지나치게 심각하게 받아들이지 말자는 주장이 힘을 얻게 된다.

통계학자들은 여기서 작동하는 원리를 알고 있다. 데이터의 잡음이 심할 때는 어떤 특정한 데이터에 주목하지 말고, 더 커다란 표본을 살펴본 다음 결론을 도출하라는 것이다. 소음이 많은 방에서 어떤 노래가 들릴 때는 좀 더 오랜 시간 동안 들어야 그 노래가 롤링 스톤스의 노래인지 아닌지를 알 수 있다.

그렇다면 이와 연관된 문제, 잡음이 많은 선거라는 문제는 어떻게 해결해야 할까? 하나의 가능성을 제시하자면, 각각의 선거의 지분을 낮추는 시차임기제時差任期制, staggered election를 들 수 있다. 미국 상원은 이미 시차임기제를 실행하고 있지만, 형태를 조금 달리할 수도 있을 것이다. 6년이라는 상원의 임기를 고려할 때, 상원의원 100명 모두를 2020년에 선출하고, 2026년 그리고 2032년에 다시 100명 모두를 선출하는 것은 원칙적으로 대단히 쉬운 일이다. 하지만 다행스럽게도 미국 헌법은 상원의 선거를 이렇게 규정하고 있지 않다. 그 대신 상원의원의 3분의 1을 2년마다 뽑는 방식을 취하고 있다. 상원의원들의 회전이 조금씩 시차를 두고 일어나기 때문에, 상원의원들은 해마다 정서적, 지적으로 조금씩 더 안정적인 상태에서 국가의 문제를 처리할 수 있다. 4년, 6년 그리고 (많은 교수가 바라고 있듯이) 8년의 임기를 가진 나라라면 어렵지 않게 임기에 시차를 두어 미국 상원이 자신을 부르는 것처럼 '지속적인 조직'을 만들 수 있다. 지속적인 조직은 의원들이 좀 더 안정적이고 일관성 있게 생각하고 행동할 수 있게 하는 장점이 있다.

거리가 말하고 있는 공권력의 위기 속에서 훌륭한 민주적 거버넌스로 나아가는 길을 찾기 위해서는 지금 우리가 사는 세상에 범람하고 있는 대중적인 설교만으로는 부족하다. 다시 말해 그럴듯한 트윗도, 사실을 근거로 하고 객관적인 분석을 제시하고 있는 신문의 훌륭한 칼럼도 모두 충분치 않다. 부유한 민주주의 국가들이 가짜 뉴스가 주는 충격 효과를 약화하고, 좀 더 많은 지식에 가중치를 주기 위해서는 제도적 변화가 필요하다. 시차임기제가 오늘날처럼 트루시니스truthiness(사실 여부와 상관없이 사람들이 자신이 믿고 싶은 것을 진실로 인식하려는 성향 또는 심리 상태를 뜻하는 말-옮긴이)가 지배하고 있는 민주주의 국가에서 거버넌스를 개선할 수 있는 유일한 도구는 아니다. 하지만 훌륭한 첫걸음이 될 수는 있을 것이다.

# 너무나 민주적인
# 유럽연합의 한계

◆

유럽은 최악이다. 대의 민주주의의 패러디도 아니다. 순수한 과
두제, 그것이 유럽이다.

_미셸 우엘벡

낭비는 심하고, 현실 감각은 모자라고, 엘리트주의적인 관료들
이 사람들에게 이래라 저래라 지시만 늘어놓는 것으로 이 세상에
서 가장 유명한 것이 바로 유럽연합이다. 유럽에 거주하고 있는 유
럽인들에게 자신들의 초국가적 정부에 대해 어떻게 생각하느냐고
설문조사를 했을 때, 가장 흔한 대답이 낭비가 심하고 현실 감각
이 떨어지는 관료주의에 대한 불만이다. 이 불만이 커다란 아우성
까지는 이르지 않았지만, 적어도 이미 웅성대는 소리 정도는 된다.
유럽연합 집행위원회에서 실시하는 공동체에 대한 여론조사 유로
바로미터Eurobarometer는 수천 명의 유럽연합 시민들을 대상으로 10
년 이상 똑같은 질문을 반복해 던졌다. "당신에게 개인적으로 유럽
연합은 어떤 의미인가?"

응답자들은 10개 정도의 응답 리스트 중 선택할 수 있었고, 자신이 적절하다고 생각하는 응답 여러 개를 동시에 선택할 수 있었다. 같은 숫자의 (예를 들어 사회 보장이나 경제 번영과 같은) 긍정적인 답변과 (범죄, 국경 통제의 상실과 같은) 부정적인 답변이 들어 있는 균형 잡힌 설문이었다. 2002년부터 2015년까지 이 설문 결과를 살펴본 유럽연합 보고서에 따르면 해마다 '관료주의'와 '돈의 낭비'가 각각 네 번째와 다섯 번째로 많이 등장했다. 이 낱말들은 모든 설문 응답에서 최소한 20퍼센트 정도의 비율을 차지했다. 같은 유럽연합 보고서에 따르면, 이 두 개의 응답은 "2002년 이래 계속해서 그 비율이 조금씩 상승하고 있다."[1]

민주주의를 조금 줄이는 것이 정말 좋은 생각이라면, 대체 왜 그렇게 많은 사람이 유럽연합에 대한 불평을 늘어놓고 있는 것일까? 미셸 우엘벡Michel Houellbecq의 말에서도 알 수 있듯이 브뤼셀에 있는 유럽연합 본부의 현실 감각이 떨어지는 과두적 정치인oligarch 때문일까? 아니면 유럽연합의 민주주의적 요소, 다시 말해 선출직 공무원 자체가 더 커다란 문제의 원인일까? 나는 대체로 후자라고 주장한다.

전 세계 정부를 기준으로 볼 때 유럽연합의 관료들은 민주적으로 선출된 지도자들이 넘겨준 과제를 넘겨받아 실제로 유능하고도 인상적으로 맡은 일을 수행해왔다. 유럽연합이 지난 몇 십 년에 걸쳐 씨름해온 문제들은 대체로 민주주의적 거버넌스의 문제이지, 과두제 거버넌스의 문제라고 할 수 없다. 그 문제는 유럽이 처음의 유럽석탄철도공동체European Coal and Steel Company와 같은 관세 동맹에서 그치지 않고, 중앙은행, 독립적으로 제 역할을 다하고 있는 사법부, 엄청난 규모의 규제기관을 갖춘 하나의 완전한 정부가 되면서 단속적斷續的으로 드러난 문제다. 유권자들이 정기적인 국민투표, 유럽 대통령 선출 혹은 유럽연합의 여러 단체장 선출과 같은 방법을 통해 유럽연합을 스스로 운영하고자 했다면, 아마도 상황은 더욱 엉망이었을 것이다.

유럽 대륙 전체에 산재하며 다양한 이데올로기를 가진 유권자들이 합의를 도출하기 힘든 상태에서도 민주주의를 운영해야 하는 유럽연합의 독특한 구조상 문제는 당연히 발생하기 마련이다. 하지만 그 구조는 우연히 만들어지지 않았다. 과거에 유럽연합을 구상한 과두적 정치인들이 실수로 이와 같은 구조를 만든 것이 아니다. 오히려 10개가 넘는 다양한 독립 국가의 5억이 넘는 유권자들이 함께 힘을 합쳐 유럽연합의 방향을 결정하는 민주주의의 형태를 만들려다 보니 지금의 유럽연합과 같이 복잡하고, 까다롭고, 거의 관리가 불가능한 구조가 자연스럽게 발생한 것이다.

요컨대, 유럽은 초국가적 민주주의를 만들기 쉽지 않은 곳으로, 지금까지 유지되어온 것만도 대단히 인상적이다.

10% 적은
민주주의

## 너무나 민주적인 유럽연합

유럽연합에는 주요한 세 개의 통치 기구가 있다. 유럽의회, 유럽연합이사회(혹은 유럽연합각료이사회), 유럽연합집행위원회다. 유럽의회는 민주적으로 선출된다. 유럽연합이사회도 사실상 민주주의의 절차를 따른다. 유럽연합집행위원회는 이사회에서 임명하며, 유럽의회의 과반이 승인해야 하고, 5년 임기로 재임이 가능하다.

유럽의회는 여러모로 일반적인 의회와 같다. 5년에 한 번씩 유럽 전역에서 동시에 선거를 시행한다. 나라마다 정해진 의석수가 있는데, 주로 인구에 따라 정해지지만 반드시 인구만으로 정하지는 않는다. 유럽의회는 인구가 적은 나라에 비율상 좀 더 많은 의석을 배정한다. 유럽의회는 각 정당이 의회에서 얼마나 많은 의석을 확보할지를 결정하는 데 비례대표제를 이용하고 있다.

세부적인 내용과 예외는 건너뛰고 일반적인 규칙만 말하자면, 어떤 정당이 얻는 총득표 수의 비율에 따라 그 정당의 의석수가 결정된다. 대략적으로 말하자면, 당신이 지지하는 정당이 유럽 전역에 걸쳐 8퍼센트를 득표한다고 하면, 유럽의회에서 8퍼센트의 의석을 얻게 된다. 그 정당을 지지하는 유권자들이 어느 지역에 얼마나 있는지는 아무런 관계가 없다. 따라서 유럽의회의 의원들은 영국의 하원이나 미국의 의회처럼 좁은 지역 선거구를 대표하기보다는 자신의 정당과 국가 전체를 대표하게 된다. 이렇게 되면 선거구 내에서는 절대 다수표를 얻기 힘든 군소정당도 유럽의회에서 는 상당히 많은 의석을 확보할 수 있다.

유럽연합이사회는 어떤 면에서 보자면 유럽연합의 상원 버전이 다. 하지만 유럽연합이사회는 입법권과 더불어 암묵적으로 사실 상의 행정 권한까지 행사하는 작은 상원이다. 따라서 간단하게 유 사 상원이라 불러도 좋을 것 같다. 유럽연합이사회는 재무부 장관, 노동부 장관, 외무부 장관 등의 각 정부 장관들로 구성되어 있고, 이들이 유럽연합의 28개 국가를 대표한다. 유럽연합이사회와 쌍 둥이처럼 닮아 보이는 유럽이사회(혹은 유럽연합 정상회의, 유럽연합 정상회의라고도 한다−옮긴이)는 28개국의 수상, 대통령, 정부 수반 으로 구성되어 있다. 유럽연합이사회는 입법 활동을 담당하고 있 는 반면, 유럽이사회는 유럽연합의 주요 보직을 임명하는 역할을 한다.

모두 민주적인 방식으로 선출되는 28개국 정부는 유럽연합이사 회에 모여 중요한 문제에 대해 표결을 하는데, 유럽연합 신규회원 가입 동의, 유럽연합 시민들의 권리에 대한 정의, 유럽연합 회원국 사이의 조세정책의 조화를 위한 규칙과 같이 커다란 문제에 대해 서는 만장일치를 일반적인 원칙으로 삼고 있다. 따라서 어떤 유럽 연합 국가도, 심지어 한 국가라도 입법 과정에 제동을 걸 수 있다. 물론 이런 식으로 유럽연합의 입법 과정을 갑자기 멈춰 세우는 행 위는 그 국가에 위험할 수도 있고, 평판이라는 측면에서도 나름 비용을 치러야 한다. 그러나 어쨌든 이러한 제도가 존재한다는 사실만으로도 각 정부는 안심하고 권력을 브뤼셀로 넘겨주었다. 만장일치가 이루어지지 않을 때는 가중다수결qualified majority 원칙을 통해 결정이 이루어지는 경우가 많다. 단순다수결은 일상적인 문제를 처리할 때 혹은 아주 이따금씩 가중다수결이나 만장일치 표결로 과반수가 지지하는 안건이 통과되지 않을 때 사용된다. 유럽연합이사회는 의제 설정이나 표결 모두에서 강력한 힘을 가진 개별 국가들의 소집단으로 구성되어 있다.

모든 법안은 유럽의회와 유럽연합이사회의 표결을 거쳐야 한다. 유럽의회의 표결은 (미국의 하원처럼) 인구가 많은 나라에 가중치를 두고, 유럽연합이사회의 표결은 가중다수결이 아니라면(유럽연합에서는 '아니라면'이라는 표현을 흔히 볼 수 있다) 미국의 상원처럼 모든 나라가 똑같은 권리를 갖는다. 가중다수결 투표는 모든 나라에 똑같이 가중치를 두는 동시에(최소한 55퍼센트의 국가가 찬성해야 한다), 인구에도 가중치를 둔다(유럽연합의 65퍼센트 시민을 대변하는 나라들이 찬성해야 한다). 다시 말해 인구가 적은 16개국은 원칙적으로는 단순다수결을 통해 유럽연합이사회에서 법안을 통과시킬 수 있지만, 가중다수결을 채택했을 때는 자신들이 지지하는 법안을 통과시킬 수 없을 수도 있다. 유럽연합에서 법안을 통과시키는 것은 쉬운 문제가 아니다. 하지만 어떤 안건을 통과시키느냐 못 시키느냐를 결정하는 것은 다수결 투표, (좀 더 흔히) 만장일치, (더 흔히) 가중다수결 투표라는 민주주의적인 방식이다. 이를 대의 민주주의가 아니라면 어떤 이름으로 부를 수 있겠는가?

유럽연합 거버넌스에서 세 번째로 중요한 기관은 유럽연합집행위원회다. 유럽연합집행위원회는 유럽연합의 모든 전통적인 행정 권력을 가지고 있다. 물론 독립적으로 설계된 유럽중앙은행에 대한 권한은 없지만 유럽의회와 유럽연합이사회에서 제정한 정책을 집행하는 대략 3만 2,000명에 달하는 직원과 도급업자들을 관리하고 있다. 유럽연합집행위원회에도 수십 명의 위원이 있는데, 각 유럽연합 국가를 대표하는 한 명의 위원과 많은 직원들이다.

유럽연합집행위원회를 이끄는 사람은 집행위원장이다. 다른 위원과 마찬가지로 집행위원장 역시 28개 유럽 정부에 의해 임명되며, 유럽의회의 승인을 받는다. 유럽연합집행위원장은 사실상 유럽의 대통령이라고 할 수 있다. 그러나 최고 지도자라는 의미의 일반적인 정치적 대통령은 아니다. 그보다 집행위원장은 대기업 사장과 같은 역할을 한다. 대기업에서 사장은 최고경영자가 설정한 대전략을 실천에 옮기며, 기업의 일상적인 결정을 처리한다. 유럽연합집행위원장은 기업의 CEO처럼 대전략을 설정하지 않는다. 오히려 유럽의회나 유럽연합위원회와 같은 진짜 상관들이 만들어놓은 정책을 집행하는 역할을 한다. 물론 예외는 있다. 예외란 있기 마련이니까. 하지만 그것이 규칙이다.

지금까지 권력의 균점, 인구가 많은 국가에 대한 약간의 가중치

등 유럽 거버넌스의 본질을 살펴보았다. 하지만 그중에서도 가장 두드러지는 것은 유럽연합위원회가 가중다수결 혹은 심지어 만장일치 표결을 요구하기 때문에 작은 국가도 입법 과정에 있는 어떠한 안건도 제지할 수 있는 막대한 힘을 가지고 있다는 점이다. 유럽연합집행위원회는 행정부다. 집행위원회는 법안을 발의할 권한을 가지고 있지만, 그 법안은 수정될 수 있고 실제로 수정되는 경우가 많다. 유럽연합과 유럽연합위원회가 동의한 모든 법안은 유럽연합집행위원회에 의해 집행되어야 한다.

유럽연합은 대단히 민주주의적으로 보인다. 현대의 기준으로 보아도 그렇다.

## 유럽연합은 제대로 작동하고 있는가?

유럽연합은 유권자들에 의해 만들어진다. 하지만 그렇다고 해서 유럽연합이 일반적인 부유한 민주주의 정부와 같다는 말은 아니다. 유럽연합과 부유한 민주주의 국가 사이에는 '민주주의'보다는 '정부'라는 측면에서 차이가 있다. 유럽연합에 대해 모든 정치 평론가들이 언급하듯이, 유럽연합은 조세에 대한 직접 권력은 전혀 갖고 있지 않기 때문에 회원국의 분담금이 있어야만 지탱할 수 있다. 유럽연합의 장기적인 예산은 유럽연합위원회의 만장일치 표결을 거쳐야 한다. 따라서 유럽연합의 모든 회원국이 나름의 발언권을 가지고 있으며, 아무리 가난하고 인구가 적은 나라라도 협상력을 확보할 수 있다. 게다가 하나의 조직으로서 유럽연합은 자체 군사력이 없고, 유럽연합의 경찰력이라고 할 수 있는 유로폴Europol은 체포권도 없다. 따라서 유럽연합은 일반적인 정부라면 당연히 가져야 할 주요한 특징이 결핍된 정부다. 다시 말해 자신이 원하는 바를 직접 집행할 수 있는 조세권은 물론 군대와 경찰도 없다.

그래서 유럽연합의 권력이라고는 '그 밖에 남아 있는 것' 범주에 속하는 규제력밖에 없다고 할 수 있다. 프린스턴 대학교의 앤드류 모라브칙Andrew Moravcsik이 유럽연합의 민주주의가 과연 타당한가를 주제로 쓴 탁월한 논문에서 지적했듯이, 이는 일반적인 정부라면 독립적인 기관에 맡기거나 정부의 다른 부서에 넘겨, 전혀 언론의 주목도 받지 못할 문제들에 유럽연합이 집중하고 있음을 의미한다.[2] 민주주의의 정당성이라는 도덕적 개념에 관심이 있다면 모라브칙의 주장은 귀담아들을 필요가 있다. 모라브칙은 만일 유럽연합에서 민주주의적인 요소를 거의 찾아볼 수 없다고 하더라도, 현재의 유럽연합은 충분히 합리적인 형태의 거버넌스라고 주장한다. 그 이유는 민주주의를 좋아하는 사람이라면 일반적으로 비선출 관료에게 넘겨버릴 일에 집착하고 있기 때문이다.

그러나 다른 측면도 기억할 필요가 있다. 유럽연합은 전통적인 기준에서 보더라도 여전히 대단히 민주적이다. 따라서 학자, 시민

혹은 정치 평론가들이 유럽연합에 대해 제기하고 있는 불만들은 테크노크라시(기술 전문가에 의한 사회 운영 시스템-옮긴이)에 대한 비판도, 과두정치에 대한 비판도, 혹은 소위 브뤼셀의 민주주의 결핍에 대한 비판도 아니다. 최소한 실제로 다른 민주주의와 비교할 때 유럽연합의 민주주의는 손색이 없다. 선거도 많고, 유럽의회는 대체로 많은 권력을 가지고 있고, 오롯이 선출직으로만 구성되는 유럽연합위원회는 유럽의회보다 더 많은 권력을 가지고 있다.

게다가 오슬로 대학교의 정치학자 모르텐 에게베르그Morten Egeberg, 오세 고니츠카Åse Gornitzka, 야를 트론달Jarle Trondal이 결정적인 증거를 들며 제시했듯이, 유럽연합집행위원회 위원들은 유럽의회 의원들과 공식적·비공식적으로 빈번히 접촉하며 정보를 주고받는다.[3] 브뤼셀 관료들은 유럽연합의 주요 정치인들의 전화에 응답하고, 법적·실제적 상관들의 말을 귀담아듣는다는 데에는 의심의 여지가 없다. 전통적인 기준으로 볼 때, 유럽연합은 대중의 이해에 민감하게 반응하는 민주주의responsive democracy(책임 민주주의) 정부처럼 행동한다. 이렇게 되면 남아 있는 핵심적인 문제는 유럽연합이 과연 민주주의냐 아니냐가 아니라, 유럽연합이 제대로 작동하고 있는가라고 할 수 있다.

# 유럽연합의 10퍼센트 적은 민주주의

유럽연합이 현대 민주주의처럼 행동하고 있다는 것은, 그 안에 비민주적인 요소도 포함되어 있다는 말이기도 하다. 예를 들어 유럽연합 사법재판소에 속해 있으면서 강력한 권력과 동시에 상당한 자율성을 지닌 관료들과 유럽연합집행위원회의 규제기관 등이 바로 비민주적 요소라고 할 수 있다. 유럽연합에 대해 (우엘벡의 용어를 빌어) 유사 과두정치라고 부를 수 있다면, 유럽중앙은행의 경우는 더욱 그런 성격을 띤다고 할 수 있다. 유럽중앙은행은 1999년 설립되어 유로화를 이용하고 있는 19개 유럽연합 국가, 다시 말해 유로존의 경제를 떠맡고 있다. 유럽중앙은행의 이사회와 은행장은 28개 유럽 정부에 의해 임명되며 8년의 임기가 보장된다. 그리고 앞서 말한 것처럼 유럽의회의 임기는 5년이다.

따라서 유럽연합은 근본적으로는 상당히 민주적이라고 할 수 있지만, 덜 민주적인 중요한 요소도 가지고 있다. 이를 종합해서 생각하면, 유럽연합은 내가 이 책에서 제안하고 있는 민주주의를 축소하는 많은 개혁을 실제로 보여주고 있는 훌륭한 예가 될 수 있다. 다음은 유럽연합의 특징이다.

- 선출직 공무원들이 비교적 긴 임기를 보장받는다. (2장)
- 대단히 '독립적인' (다시 말해서 비민주적인) 중앙은행을 갖고 있

다. (3장)

- '독립적인' 규제기관이 많다. 게다가 상당한 권력을 갖고, 자율적인 유럽연합 사법재판소도 있다. (4장)
- 학력이 높은 사람들이 높은 비율로 유럽의회 선거에 임하므로, 투표자들의 지식 수준이 비교적 높다. (5장)[4]

앞에서 내가 주장했던 내용이 옳다면, 유럽연합에서 어느 정도는 훌륭한 성과를 기대한다고 해서 이상할 것은 없다. 다시 한 번 말하지만, 우리가 사는 세계의 기준은 완벽함은 아니다. 다만 최소한 좀 더 대중들과 거리를 유지하고, 좀 더 과두정치적인 성격을 띤 정부가 커다란 비용 없이 실제적인 편익을 생산한다는 것을 보여주는 징후만으로 충분하다.

이제 몇몇 근거를 제시하겠다. 전반적으로 볼 때 유럽연합은 상당히 많은 지지를 받고 있다. 유럽연합 전역의 시민들을 대상으로 한 2018년 설문조사가 전형적인 결과를 보여준다. "설문에 따르면 (유럽연합 시민 중) 67퍼센트는 자신의 나라가 유럽연합 회원이 되면서 이익을 얻었다고 믿고 있고, 60퍼센트는 유럽연합 회원국으로 남아 있는 편이 좋다고 말했다. (12퍼센트는 유럽연합 가입이 자신의 나라에 해가 되었다고 말했다.)"[5]

유럽중앙은행은 설립 이후 인플레이션율을 낮고 안정된 상태로 관리하고 있다. 지난 몇 십 년 동안 남유럽의 인플레이션율보다 낮고, 심지어 독일의 제2차 세계대전 이후 인플레이션율보다도 낮은 상태를 유지하고 있다. 유럽중앙은행은 전 세계 금융위기에 적극적이고 창의적으로 대처해왔다. 심지어 마이너스 금리를 제시하여 유럽중앙은행에 돈을 쌓아두고 있는 은행들이 대출할 수밖에 없도록 만들기도 했다. 몇몇 회원국의 과도한 부채 문제에 직면했을 때(이 부채는 민주주의 정부에 책임이 있었다), 유럽중앙은행은 유럽의 안정을 지키기 위한 노력의 하나로 이탈리아와 스페인은 물론 유럽 주변 국가들의 국채를 가능한 한 모두 매수하는 위험하고도 적극적인 조치를 취했다. 앞날도 번창하길 바라지만, 지금까지는 아주 좋다고 할 수 있다.

유럽연합이 가까운 동네 레스토랑 식탁에 상표가 붙지 않은 올리브유를 올려놓지 못하게 했다는 이유로 여러 나라에서 나쁜 평판을 받고는 있지만, 전반적으로 볼 때 유럽연합에 가입한 회원국들은 유럽연합으로부터 경제적 도움을 받고 있다. 서던메소디스트 대학교의 경제학자 로버트 로슨Robert Lawson과 텍사스텍 대학교의 경제학자 앤드류 영Andrew Young은 각각 다른 연구에 공저자로 참여하면서, 다른 비교 대상 국가보다 유럽연합 회원국들의 경제적 자유 수준이 약간 더 신장했음을 발견했다.[7] 이러한 경제적 자유 지표는 시장 지향성에 대한 대리변수proxy variable로 널리 이용되고 있다. 계획경제보다 시장을 지향한다는 것은 장기적인 번영에 대한 좋은 예측 변수이므로, 올리브유 일화는 지루한 일상적 규칙이라기보다는 널리 리트윗되고 있는 예외라고 할 수 있다. 평균적으로 볼 때, 유럽연합에 가입하는 것은 그 나라를 좀 더 잘살게 만든다.

유럽연합의 가입이 친시장적 경향성을 낳은 이유를 하나 들자면, 유럽연합에 가입하기를 원하는 나라들은 가입 과정의 하나로 자신들이 유럽연합과 함께할 수 있다는 합리적인 근거를 제시해야 하기 때문이다. 이들은 자신의 국가가 충분히 민주적이고, 시장 지향적인 정책을 시행하고 있고, 유럽 기준에서 볼 때 유능한 정부를 가지고 있음을 보여주어야 한다. 물론 헝가리가 최근 '비자유 민주주의illiberal democracy'(선거 제도가 있지만 통치 행위가 민주적으로 행해지지 않는 정치체제-옮긴이)를 추진하고 있는 데서 볼 수 있듯이 과거의 행동이 미래의 결과를 담보해주지 않는다. 헝가리의 예에서 볼 수 있듯이, 다른 회원국도 유럽연합의 구성원이 된 후에 언제라도 다시 과거의 구태로 돌아갈 수도 있다. 이미 한 가족이 된 성원을 처벌할 것인지 축출할 것인지를 결정하기는 쉽지 않다. 어쨌든 한 나라의 정부가 유럽연합 가입을 원할 때 하는 행동은 유명 배우가 액션 영화의 주인공으로 발탁되었다는 소식을 들었을 때 취하는 행동과 흡사하다. 이제 훌륭한 몸매를 만들어야 할 충분한 동기가 주어진 셈이다.

모두 합쳐보았을 때, 유럽연합이 좋은 결과를 파생한다는 주장은 충분한 근거가 있어 보인다. 물론 음흉한 속셈을 가지고 유럽연합 가입을 추진하는 나라도 있을 수 있다. 예를 들어 유럽연합의 풍부한 농업 보조금을 노리고 가입을 추진하는 나라도 있을 수 있다. 하지만 유럽연합 가입 과정에는 보이지 않는 (혹은 보이는?) 손이 작동하고 있는 것처럼 보인다. 유럽연합은 가입할 만한 가치가 있는 클럽이다. 부분적인 이유를 들자면, 다른 회원들이 조금만 더 열심히 해보라고 옆구리를 찔러주기 때문이다. 옆구리를 찔리는 것은 성가신 일일 수 있지만, 그것도 동기부여의 대가라고 생각하면 견딜 수 있다.

## 브렉시트의 근본적인 이유

그런데 그 클럽이 그렇게 훌륭하다면, 누가 탈퇴를 하려 하겠는가? 2016년 영국 국민투표에서 아슬아슬하게 통과된 영국의 유럽연합 탈퇴를 가리키는 '브렉시트Brexit'를 유럽연합이 가지고 있는 여러 장점이 아무런 의미가 없다는 것을 보여주는 강력한 근거로 간주할 수 있을까? 전혀 그렇지 않다. 유럽연합은 부분적으로는 친시장적 성격을 갖는 클럽이다. 애초부터 유럽연합은 유럽 국가들 사이에 좀 더 자유로운 무역을 증진하기 위해 만들어진 클럽이었다. 그와 동시에 유럽연합은 대단히 민주적인 클럽이다. 따라서 유럽연합은 회원국들로부터 광범위한 지지를 얻는 정책만을 추진할 수 있다. 이 클럽의 평균적인 회원국은 지금도 클럽 정책에 커다란 영향력을 행사하고 있다. 바로 이 사실이 영국이 유럽연합 회원국으로서 얼마나 많은 이익을 확보할 수 있는가의 문제와 연결되어 있다.

일반적으로 다른 회원들의 영향을 받을 수밖에 없는, 다시 말해 동료효과peer effect(동료의 행동이나 사고방식에 영향을 받아 개인의 행동이 바뀌게 되는 효과-옮긴이)가 실재하는 어떤 조직에 가입하려 할 때, 여러분은 자신이 그 조직에서 최고의 회원이길 바라지 않는다. 아마도 아래의 사례처럼 다른 회원들이 여러분보다 더 나은 사람이길 바랄 것이다.

- 자극을 줄 수 있는 헬스장 회원
- 여러분보다 똑똑하여 새로운 것들을 가르쳐줄 수 있는 학급 친구
- 유럽연합의원회의 회원국 중 좀 더 시장 친화적인 국가

동료효과를 알고 있는 사람이라면, 당연히 자신보다 나은 동료를 찾아보려 하는 게 현명한 일이다.

그런데 유럽연합에는 영국의 모델이 될 수 있는 나라가 그다지 많지 않다. 어쨌든 영국이라는 나라는 시장 친화적 자유주의라는 개념을 처음 만들어낸 나라다. 18세기 후반 애덤 스미스Adam Smith가《국부론The Wealth of Nations》에서 제시한 통찰에 입각한 시

장 친화적 자유주의를 실제 정책으로 전환하여 윌리엄 글래드스톤William Glastone 수상의 정치적 리더십 아래서 19세기 후반 최고의 전성기를 구가했던 나라가 바로 영국이다. 20세기와 21세기에 걸쳐 영국의 경제적 자유주의에 대한 지지는 더 증가하기도 하고 줄어들기도 했지만, 영국은 여전히 대부분의 유럽연합 회원국과 비교하면 훨씬 더 시장 친화적인 국가다.

경제적 자유주의, 다시 말해 시장 지향적 경제를 평가하는 두 가지 고전적인 기준을 살펴보기로 하자. 하나는 프레이저연구소의 세계경제자유연례보고서Economic Freedom of the World이고, 다른 하나는 헤리티지재단의 세계경제자유지수Index of Economic Freedom이다. 다른 유럽연합 회원국들과 비교했을 때, 프레이저연구소의 보고서에서는 아일랜드와 에스토니아만이 영국보다 앞서 있었고, 세계경제자유지수에서는 두 나라에 더해 덴마크 정도가 영국보다 앞에 있었다. 28개 유럽연합 회원국 중 겨우 세 나라만이 영국보다 아담 스미스의 충고를 성실히 따르고 있다는 이야기다. 유럽연합 정상회담에 참석하는 영국 총리가 누구보다 경제적으로 자유주의적인 국가를 대표하고 있는 셈이다. 경제정책이라는 이름의 헬스클럽에서 영국은 남들이 가장 부러워할 만한 육체를 소유하고 있고, 자신의 학급 친구에게서 배울 것이라고는 거의 없는 가장 똑똑한 학생이라고 할 수 있다.

앞서 말했듯이 유럽연합에 가입하는 이유 중 하나는 유럽연합이 최선의 노력을 다하도록 동기를 유발하는 외부 자문 혹은 코치의 역할을 하기 때문이다. 그러나 당신에 비해 성취율이 형편없는 코치에게서 마음에 맞는 충고를 받을 수 있을까? 시장 친화적 개혁을 받아들이기 힘든 나라들이 유럽연합 회원이 되면서 좀 더 나은 경제정책을 추진할 수 있다는 주장은 일리가 있다. 유럽연합은 이러한 나라에 현명하면서도 노련한 자문이자 승리하는 방법을 알려주는 코치다. 하지만 영국의 입장에서 볼 때 유럽연합 회원권은 언제나 '그다지 별로' 매력이 없었다. 회원권 혜택은 늘 폴란드, 프랑스, 스페인에게 돌아갔고, 영국은 그에 비해서 그다지 수혜를 입지 못했다.

브렉시트의 원인은 브뤼셀의 식품 상표에 대한 법규 때문만은 아니었다. 영국 유권자들에게는 이민 정책이 첫 번째 관심사였다. 하지만 영국 유권자와 정치인 모두는 어느 정도는 유럽연합 회원국의 편익과 비용을 비교해볼 수 있었다. 비용 리스트 중에는 영국이 일반적인 유럽연합 회원국들과 비교해볼 때 더 나은 정책과 거버넌스를 가지고 있다는 사실도 포함되어 있었다. 헬스클럽에서 가장 몸이 좋은 사람이 더는 나오지 않겠다고 할 때, 그 사람의 마음을 되돌리기는 힘들다. 브렉시트의 경우 역시 유럽연합에서 여러모로 앞서 있는 한 국가가 여러 가지 복잡한 이유로 이제 그만둘 때가 되었다고 결정을 내린 것으로 보인다.

## 초국가적 민주주의의 전제조건

전 세계적 금융위기 이래 유럽연합이 마주쳤던 가장 커다란 문제는 근본적으로 유럽연합의 민주주의적 구조 때문에 발생했다. 그 문제는 유럽 부채 위기, 유럽 난민 위기, 유럽 일부의 비자유주의적 민주주의의 등장이다. 유럽연합은 이러한 문제에 관한 결정이 늦을 수밖에 없고, 자신들이 발표한 결정을 집행할 수도 없다. 게다가 유럽연합은 워낙 생각이 다양할 뿐만 아니라 제각각 강력하고 때로는 압도적인 힘을 가지고 거버넌스 과정을 멈춰 세울 수 있는 국가들로 구성되어 있으므로 결정을 내리기조차 힘들다. 정치학자, 사회학자, 경제학자들 모두는 각각 나름의 근거를 들며, 높은 수준의 문화적·민족적 다양성이 정치 분쟁과 불신을 낳고 있다고 이구동성으로 지적했다. 그중에서 이웃 국가들에 대한 신뢰를 살펴본 로버트 퍼트넘Robert Putnam의 연구가 가장 유명하다.[8] 하버드 대학교의 실험실 실험[9]이나 케냐의 화훼 가공 공장[10]에 대한 관찰에 따르면, 높은 수준의 문화적·민족적 다양성은 협력과 생산성까지도 감소시키는 것으로 보인다.

유럽 국가들이 합의에 도달하기는 힘들다. 그 부분적인 이유는 어떤 다양한 정치 연합체가 조직적인 방식으로, 다시 말해 하나의 조직으로서 행동하기란 어렵기 때문이다. 카우보이 철학자라고 할 수 있는 윌 로저스Will Rogers가 했던 말이 적절한 예가 될 수 있다. "나는 어떠한 조직적인 정당에도 속해 있지 않다. 나는 민주주의자다!"[11]

유럽연합의 구조는 아마도 많고도 다양한 민주주의 국가가 가입하기로 선택한 초국가적 민주주의 구성체 중에서는 가장 나은 것일 수 있다. 유럽연합 가입으로 자신의 나라가 손해를 입는다고 생각한다면 유럽연합에 가입하려 들지 않을 것이다. 초국가적 민주주의에 가입하려는 국가는 다른 나라들이 힘으로 밀어붙이지 않을까 하는 두려움을 느끼기 때문에 초국가적 유럽의 민주주의를 위해서 반드시 필요한 전제 조건은 만장일치의 규칙이다. 최소한 중요한 결정에서만이라도 만장일치 규칙에 가까운 것이 없다면, 유럽연합은 존재할 수 없을 것이다. 유럽연합의 모든 결정을 과반수로 바꾸자고 제안하는 정치 평론가들은 망상에 빠져 있는 셈이다. 순진한 이론의 나래를 펼치다 보면 영구동력기관이라도 못 만들 게 없다.

## 만장일치의 합의에 이르는 실용적 방법

만장일치 결정을 따를 때 통치는 쉽지 않다. 만장일치의 세계는 가장 크게 우는 아이가 젖을 얻어먹고, 협조를 거부하는 한 명이 많은 일을 멈춰 세울 수 있는 세상이다. 미국 상원에서 직원으로 일하며, 직접 체험할 수 있었던 일이다. 상원의 많은 입법 활동은 만장일치 동의(상원에서는 UCUnanimous Consent라고 부른다)를 기반으로 하고 있어서, 한 명의 상원의원이 어떤 문제를 좋아하지 않는다는 사실을 모든 사람이 알고 있다는 이유로 많은 잠재적인 안건들이 묻혀버리기도 한다. 상원의 만장일치 규칙 중에서 가장 유명한 것이 필리버스터라는 오래된 전술이다. 필리버스터는 어떤 의안이 상정되는 것을 막기 위한 무제한 토론을 가리키는 말이다. 개인적으로 제임스 스튜어트James Stuwart가 필리버스터를 연기하는 〈스미스씨 워싱턴에 가다Mr. Smith Goes to Washington〉라는 영화를 추천한다. 1939년에 제작된 이 흑백영화를 보면 전통적인 만장일치 규칙이 어떤 형태인지 알 수 있다. 하지만 실제 총천연색의 세상에서 벌어지고 있는 실제 만장일치 제도는 그다지 매력적으로 보이지 않는다.

미국 상원이 만장일치 규칙이 적용되는 유일한 장소는 아니다. 1600년대와 1700년대 폴란드의 입법부에도 이 규칙이 있었다. 당시에는 의회에서 그저 "난 반댈세!"라고 외치는 것만으로도 법안을 무효화할 수 있었다. 이 관행은 폴란드의 정치 상황을 악화시켰다는 평판을 받고 있다. W. J. 와그너W. J. Wagner는 수십 년 전 〈폴란드 리뷰〉에 이렇게 썼다. "최근에 이보다 더 극렬한 비판을 받았던 제도가 없었다는 것은 분명하다."[12]

그러나 몇몇 정치학자들은 만장일치 제도에 애착이 있다. 심지어 와그너도 마찬가지였다. 만장일치제는 어떠한 유권자도 정부의 의도적 결정에 의해 피해를 보는 일이 없도록 보장하는 장치다. 정부를 만들 때, 어떤 사람도 정부의 결정에 의해 손해를 입지 않게 하는 것이 가장 중요한 관심사라면(경제학자들은 그 결정이 '파레토 효율성Pareto efficiency'이 있느냐고 말한다), 모든 사람에게 정부 정책에 동의하느냐고 물어보는 것이 그 누구도 정부 정책을 통해 피해를 보지 않게 하는 가장 확실한 방법일 것이다. 이는 스웨덴의 경제학자 크누트 빅셀Knut Wicksell이 《금융 이론 연구Inquiries into Finance Theory》에서 주장했던 내용이다.[13] 만일 정부가 원칙적으로 착취를 가능하게 하려면, 일단 모든 사람에게 실제로 그 누구도 착취당하고 있지 않다는 동의를 얻어야 한다.

이제는 고인이 된 조지메이슨 대학교 동료이자 노벨 경제학상 수상자 제임스 뷰캐넌은 빅셀의 《금융 이론 연구》의 핵심적인 부분을 처음으로 영어로 옮겼다. 아마도 그는 이 책을 읽으며 많은 생각거리와 더불어 많은 논쟁거리도 찾아낸 것 같다. 역시 고인이 된 나의 동료 고든 털록과 함께 쓴 책에서 뷰캐넌과 털록은 만장일치 합의는 정부가 취하는 조치가 사람들에게 해를 미칠 가능성을 줄이는 데 중요한 역할을 한다는 의미에서 고귀한 이상적 요소가 있다고 주장했다. 하지만 이들은 아무리 만만한 주제라도 합의에 이르는 길이 그다지 순탄치 않음을 강조하기도 했다.

이들이 함께 쓴 《국민 합의의 분석Calculus of Consent》에서는 '만장일치의 규칙'이라는 제목으로 한 장을 할애해 만장일치 제도의 윤리와 장점, 단점을 다루고 있다.[14] 이들은 만장일치 제도가 가치를 부여할 만한 이상이며, 진지한 정치적 사고의 출발점이 될 수 있다고 말한다. 물론 현명한 정부라면 결국 피통치자의 만장일치 동의에 전적으로 의지하지 않고 결정을 내릴 것이라고도 덧붙인다. 만장일치제에 대한 장벽은 합의에 이르는 데 필요한 매우 커다란 비용이다.

> 만장일치 규칙을 저버리자는 주장이 합리적으로 지지를 받기 위해서는 의사결정 비용이 먼저 고려되어야 한다. … 의사결정 비용을 최소화할 수 있다면, 합리적인 개인들은 정치적 결정을 내리기 전에 언제나 항상 만장일치 동의라는 요건을 지지할 것이다.[15]

뷰캐넌과 털록은 다수결 원칙에서는 소수자들이 희생되지 않을지, 다수가 표결을 통해 '외부 비용'(나쁜 부작용)을 강요하지는 않을지 걱정하며 이렇게 말했다. "게다가 (다수결에서는) 결정에 대해 반대하는 소수가 있는 한, 외부 비용이 생겨날 수밖에 없다. … 만장일치 규칙만이 모든 외부 효과를 확실히 제거해줄 수 있다."[16] 이들은 구체적인 예로 한 산유국이 석유를 통해 축적한 부를 어떻게 분배하느냐의 문제를 들고 있다. 다수결 원칙이 통용되는 나라라면 51퍼센트의 사람들이 그 부의 100퍼센트를 모두 갖는 데 동의하는 모습을 상상하기 어렵지 않다. 이 예는 실제 세계에서도 자원이 풍부한 나라에 중요한 문제임이 틀림없다. 하지만 이 메타포는 조금 더 많은 것을 암시하고 있다. 마치 선한 사마리아인의 비유가 레반트Levant(그리스, 시리아, 이집트를 포함하는 동부 지중해 연안의 역사적인 지역으로, 선한 사마리아인의 배경이 되는 장소-옮긴이) 지역에서 몇 천 마일 떨어진 곳에서도 적용되는 것과 마찬가지다.

뷰캐넌과 털록은 집단의 결정, 특히 민주주의적 결정이 으레 다수결 원칙에 의해 이루어진다고 생각하는 현대의 사고는 잘못이라고 지적했다. 50퍼센트 + 1에서 시작하여 위로 올라가는 것으로 생각하는 대신, 100퍼센트에서 출발하여 마음에 들지는 않지만 아래로 내려오는 방향으로 생각해야 한다는 것이다. 이들은 "정치 논의에서 … 많은 학자는 민주주의 정부에 관한 모든 규범 이론에서 만장일치 규칙이 차지하고 있는 중심적인 위치를 간과하고 있는 듯하다"라고 지적했다.[17]

뷰캐넌, 털록 그리고 빅셀이 다른 인간을 착취하려는 인간의 경향성을 고려하며 도달한 결론에 의하면, 유럽연합의 등장은 필연적이라 할 수 있다. 여러분이 어떤 나라가 자발적으로 유럽연합에 가입하길 원한다면, 그 나라는 자신을 훨씬 더 힘들게 만드는 유럽연합의 모든 결정에 대해 거부할 수 있다고 느껴야 한다. 하지만 유럽연합에 만장일치 규칙이 왜 그렇게 자주 필요한지와는 상관없이, 만장일치 제도는 분명 민주적이다. 만장일치 제도가 현명하거나 효율적인가라는 문제는 그 제도가 민주적이냐와는 완전히 다른 문제다. 따라서 유럽연합의 만장일치 규칙에 대한 불만, 그리고 좀 더 흔히 사용되는 가중다수결이라는 대안에 대한 불만은 사실은 더불어 사는 민주주의의 유형에 대한 불만이라고 할 수 있다. 이는 민주주의에 살고 있는지 아니면 과두정치제 안에 살고 있는지에 대한 불만이 아니다. 유럽인들은 유럽연합위원회의 결정과는 동떨어져 있다고 생각할 수 있다. 하지만 이는 자신들이 민주적 결정과 동떨어져 있다고 생각하고 있기 때문이다.

그렇다면 민주주의 국가들은 만장일치 제도를 얼마나 자주 선택해야 할까? 뷰캐넌과 털록이 자신들의 이론에서 강조했고 폴란드의 역사가 실제로 보여 주었듯이, 만장일치 제도는 비용이 많이 들고 나쁜 결정을 낳을 수도 있다. 유럽연합 내부에서도 '반대'표에 기울어진 나라들은 이면보상side payment을 통해 매수하면 된다는 생각이 있다. 완강한 반대 의사를 보이는 국가를 위해 특정 지역에 농업 보조금을 지급한다거나, 눈부신 유럽연합 사무실 건물을 지어 주는 것이 바로 그러한 이면보상의 예다. 뷰캐넌과 털록은 이러한 행위에 대해서 '만장일치 합의에 이르는' 실용적인 방법의 하나라고 지적했다. 한 집단의 90퍼센트에 달하는 사람들이 정말 파인애플 피자를 먹고 싶지만 단 한 종류의 피자밖에 주문할 수 없다면, 만장일치 제도에서 90퍼센트는 파인애플 피자를 흉물스럽다고 싫어하는 소수를 매수해서라도 파인애플 피자를 얻어낼 수 있어야 한다. 그 90퍼센트가 나머지 사람들의 동의를 매수할 수 없다면, 가중과반수까지도 파인애플 피자를 주문하는 데 그다지 열성적이지 않다는 것을 보여주는 강력한 신호라고 할 수 있다.

코스 정리Coast theorem라고 알려져 있으며 노벨상까지 받은 이 논리는 공식적으로는 만장일치가 잘 작동할 수 있다는 것을 보여주는 주장으로 받아들여지고 있다. 하지만 실제로는 만장일치를 이루기가 얼마나 힘든지를 보여주는 주장이다. 완강한 반대 의사를 보이는 사람을 매수하지 않는 것은 시간과 돈을 효과적으로 사용하지 못하는 것인가? 유권자들(혹은 소규모 유럽 국가들)이 자신들이 가진 불만을 잘 이용하여(제안된 법안에 대해 싫어하는 정도를 과장하든지 하여) 커다란 이면보상을 얻어내려는 강력한 동기가 있지는 않은가? 대답은 "그렇다, 그리고 또 그렇다"이다. 유럽연합은 만장일치 동의에 도달하는 게 얼마나 큰 비용이 드는지를 잘 보여준다. 동유럽의 상대적으로 강한 종교적인 믿음, 북부와 서부의 강한 개인주의적 성향, 동부와 남부의 강한 결속력을 보이는 다세대 가족 구조, 그리고 다양한 경제 수준의 차이 등 문화적으로 너무나 다양한 유럽이라는 지역에서 합의는 지극히 어려운 문제다. 그리고 이 의견의 차이는 진정한 의미의 의견 차이도 있겠지만, 분명 '경제적 동기가 있는 의견 차이'라고 할 만한 것도 있다.

아쉽게도 유럽연합에는 하나의 구조만이 가능하다. 지금처럼 만장일치와 가중다수결이라는 강력한 요소를 가지고 있는 구조다. 하지만 이러한 형태의 민주주의는 비효율적인 흥정과 더불어 지나치게 연약하고, 집행 불가능하고, 대체로 겉치레에 불과한 '합의'를 낳을 뿐이다.

## 유럽연합의 효율성에 대한 또 다른 생각

유럽연합은 그 민주주의적 구조로 인해 합의에 이르기 힘들 수도 있다. 하지만 어떤 것에 대해 마침내 합의하고 집행위원회에 넘겨주면, 유럽연합은 그것을 잘 집행한다.

유럽중앙은행이 그 예다. 경제학자들은 유로화에 그다지 동의하지 않았다. 1990년대에 환율전문가, 인플레이션 전문가, 공유 화폐 전문가 등을 망라한 전 세계 통화 경제학자들에게 물어보았다면, 거의 모두가 10개도 넘는 유럽 국가들이 하나의 통화를 쓴다는 데 반대표를 던졌으리라는 데에 의심의 여지가 없다. 여러 나라로 구성된 어떤 집단이 굳이 하나의 화폐를 써야만 한다고 할 때도, 유로 지역은 필요요건을 충족시키지 못했고 지금도 그 요건을 충족시키지 못하고 있다.[18] 이러한 주장은 노벨상을 받은 캐나다의 로버트 먼델Robert Mundell이 제시했던 것으로, 지금은 정설로 받아들여지고 있다. 중요한 필요요건은 세 가지이다.

1. 그 지역이 경제 충격을 받을 때, 그 충격은 대체로 공통의 충격이어야 한다. 다시 말해 그 지역에 속한 모든 나라가 대략 같은 충격을 받아야 한다. 예를 들어 '공업 국가'는 영향을 받지 않고, '농경 국가'만 영향을 받는 지역적인 충격이어서는 안 된다. 어떤 한 지역을 위해서만 금리를 내릴 수는 없다. 암에 걸린 장기에만 국한된 화학치료를 할 수 없는 것과 마찬가지다. 직접적인 효과가 어디에나 영향을 미치듯이, 부작용도 어디에서나 나타날 수 있다. 중앙은행은 농약을 공중 살포하는 농부다. 세심하게 목표를 설정하는 것은 중앙은행이 가진 장점이 아니다. 다양한 지역이 많은 공통점을 가지고 있을 때 중앙은행은 가장 잘 작동한다.

2. 노동자들과 기계는 국경을 건너 움직일 수 있어야 한다. 따라서 어떤 한 지역이 경제적인 충격을 받더라도 노동자와 (결국은) 기계들이 충격을 받은 나라를 떠나 더 강한 경제권으로 이동할 수 있어야 한다. 예를 들어 미국에서 경기 침체 중 많은 사람이 자신의 주에서 다른 주로 이주했다. 이는 미국이라는 나라가 하나의 공유 화폐를 사용하기에 좋은 환경이라는 것을 보여주는 지표다.

3. 지역적인 경제 충격을 받은 곳을 도와줄 수 있는 이전지출 transfer payment(생산 활동과 무관하게 아무런 대가 없이 지급하는 소득의 이전-옮긴이) 체계가 구축되어 있어야 한다. 이 이전지출에 대해 '특정 계층 세액 공제', '구호보조금', '사회보장 보너스 급여' 등 어떤 이름으로 불러도 좋다. 이전지출은 넓은 지역을 담당하고 있

는 하나의 중앙은행이 특정한 지역을 위한 경기부양책을 펼 수 있게 해주는 하나의 보완책이다. 지역적인 경제적 충격이 닥치면 그 충격을 받은 지역이 계속 지출을 하도록 만드는 방법 혹은 적어도 최소한 가난이 심해지는 것에서 구제해줄 방법을 가지고 있어야 한다.

유로존은 명백히 이 모든 기준을 충족시키지 못하고 있다. 지역적인 충격도 있고, 유동성은 거의 없으며, 유로존 전체를 감당하는 사회안전망도 없다. 이제 애초에 거의 모든 경제 전문가들이 유로존에 회의적이었던 이유를 알게 되었다. 그런데 이 리스트를 작성했던 경제학자 로버트 먼델이 다른 전문가들과는 다른 견해를 피력했다는 것은 흥미로운 일이다. 나는 먼델의 유로존에 대한 지지와 그의 낙관주의를 여기서는 거론하지 않고, 나중에 하나의 책으로 다루보려 한다. 그러니 먼델 대신 〈복스〉의 매튜 이글레시아스 Matthew Yglesias의 이야기를 들어보자. 그는 2015년 유로존에 대해 이렇게 말했다.

유로존을 하나의 경제정책적 아이디어로서 이해하려 한다면, 대단히 멍청한 아이디어라는 점을 금방 파악하게 될 것이다. … (그러나 유로존은) 경제 프로젝트보다는 대체로 정치적 프로젝트다. 경제에 상당한 문제가 있음에도 불구하고, 유로존은 유럽 국가들의 통

합을 공고히 하는 정치적인 목적에서는 성공적이라는 것을 모든 지
표가 보여주고 있다.[19]

정치적·사회적 통합의 공고화라는 핵심적인 목표를 염두에 두
고서, 유럽연합 회원국들은 어쨌든 유로라는 공유 화폐에 대한 합
의에 이른 셈이다. 1992년 서명된 마스트리흐트 조약은 통화 공동
체를 위한 무대를 마련했고, 이 조약은 민주적으로 선출된 유럽연
합의 모든 정부에 의해 비준되었다. 경제학자들은 경제적으로 그
리고 정치적으로 유럽 일부를 강타하는 충격을 유럽연합이 감당
하기 힘들 것으로 예측했다. 그런데 경제학자들이 이러한 예측에
서 옳았던 적이 한 번이라도 있었는가.

유럽의 공유 화폐는 북유럽보다는 남유럽에, 서유럽보다는 동
유럽에 커다란 위기를 초래했다. 유럽중앙은행은 유로에 대해 회
의적이었던 1990년대 학자들이 예측했던 바로 그 형편없는 대책
에 의지해야 했다. 하지만 유럽중앙은행은 창의력을 동원하여 유
로 회원국 중에서 가장 경제가 허약한 나라의 국채를 매입하는 형
태로 경기를 부양했다. 국채란 신중한 중앙은행이라면 매입을 꺼
리는 채권인데도 말이다. 유럽중앙은행의 조치는 경제적으로 취약
한 국가들의 이자율을 떨어뜨리는 효과를 낳았고, 그에 따라 그 국
가의 사람들이나 기업들은 어렵지 않게 돈을 대출할 수 있었다.

유럽중앙은행은 경제학자들이 원칙적으로는 가능하지만 실제

로는 위험하다고 알고 있었던 방법, 다시 말해 공유 화폐를 사용하는 지역의 특정한 한 군데에서 이자율을 낮추는 방법을 찾아낸 것이다. 이러한 정책이 위험한 이유는 인플레이션을 통제할 수 없다는 것이 아니다. 유럽중앙은행은 언제나 잠시 유로존 전체의 이자율을 올림으로써 인플레이션과 맞서 싸울 수 있다. 위험이 있다면, 유럽중앙은행이 위험한 정부 채권을 매입하며 재정 정책에 개입하기 시작했으니, 그리스 정부가 2011년 그랬던 것처럼 몇몇 국가들이 부채 일부 혹은 전체에 대해 채무불이행을 선언할 수도 있다는 것이다. 모든 나라가 국채를 상환한다면, 유럽중앙은행에서 돈이 모자라는 일은 없을 것이다. 하지만 몇 나라라도 채무불이행을 선언한다면, 유럽중앙은행이 그 국채를 매입하는 시점에서 자신도 모르는 사이에 이 나라들에 선물을 제공하고 있다는 이야기가 되어버린다.

대출과 선물은 차이가 있다. 대출은 결국은 갚아야만 하는 선물이다. 대출한 것인지 선물을 준 건지 알 수 있는 유일한 방법은 돈이 상환되기를 기다리는 수밖에 없다. 나는 상황이 긍정적으로 전개되기를 바라고 있다. 어쨌든 이와 같은 사례는 유럽연합의 민주주의가 유럽연합 관료들에게 힘들고, 위험하고, 인기도 없는 일을 떠맡겼을 때, 그들이 놀랍도록 주어진 일을 잘 처리했다는 것을 확인시켜준다.

## 유럽연합의 한계

이와는 대조적으로 2015년 유럽의 이민 위기는 유럽연합의 교과서적인 민주주의적 단점을 잘 드러내 보여주며 위세를 떨쳤다. 유럽연합의 여러 나라는 (이미 충분히 짐작했지만) 국경 통과를 어떻게 막아야 할지 혹은 2015년 보트를 타고 지중해를 건너 도착한 수십만 명의 이민자들을 어떻게 돌봐주어야 할지에 대해 진정한 합의에 이를 수 없었다. 이민 위기는 부분적으로는 유럽에 이미 존재하던 문제가 확장된 것이라고 볼 수 있다. 퓨 리서치센터에 따르면 2009년에서 2018년까지 "대략 200만 명의 이민자들이 지중해를 건너 … 유럽에 도착했다."[20] 유럽연합으로서는 이렇게 유럽에 건너오는 이민자들의 요구를 어떻게 충족시켜줘야 하고, 미래의 국경 보안에 대해 어떠한 정책을 취해야 할지에 대해 어느 정도의 합의가 필요했다.

유럽연합의 민주주의 기구들은 이렇게 중요하면서도 논란이 많은 문제에 대해 어떻게 합의에 도달할 수 있을까? 이와 같은 민감한 문제에서 충분히 예상할 수 있는 것처럼, 유럽연합이사회가 이민 문제를 표결에 부칠 때마다 만장일치제를 사용했다. 하지만 2015년 유럽 전역에 16만 명에 달하는 난민 수용 방안에 대한 중요한 투표에서 유럽연합은 만장일치라는 규범을 포기하고, 유럽연합이사회에서 가중다수결을 통해 안건을 통과시켰다. 당시 미국의 정치평론지 〈폴리티코〉는 다음과 같이 썼다.

지난주 동안 난민 문제를 처리해야 한다는 압력이 점점 거세졌다. 각국의 장관들은 '극단적 선택'이라 할 수 있는 가중다수결을 이용하여 난민 수용 계획을 세울 수밖에 없었다. 이 투표 방식은 이제까지는 논란의 여지가 많지 않은 안건들에 이용되었고, 난민 수용과 같이 민감하면서도 중요한 문제에는 한 번도 사용된 적이 없었다.[21]

만장일치가 아닌 방식으로 이루어진 결정을 통해 각국의 난민 수용 할당량이 정해졌지만, 그 결정은 집행되지 않았다. 1년 후 발표된 〈유럽연합은 당분간 이민 분쟁을 묻어두기로 했다〉라는 논문은 이렇게 말하고 있다.

다른 외교관은 "명백히, 작년의 일괄 타결은 실천에 옮겨지고 있지 않습니다"라고 말했다. 그리고 그는 … 27개국 유럽연합 지도자들은 9월 브라티슬라바 회의에서 '솔직한 논의'를 했다고 덧붙였다. "많은 회원국은 강경한 태도를 고수하며, 좀 더 유연한 해결 방안이 있어야 한다는 데 뜻을 같이했습니다"라고 외교관은 말했다.[22]

이 외교관의 말은 유럽연합의 유사 상원이 서류상으로는 (가중)다수결을 이용하려 할 때에도 실제로는 만장일치 제도를 포기하기 힘들다는 사실을 보여주고 있다.

그러나 유럽연합의 민주적인 기관들이 좀 더 커다란 틀에서 합의를 이루고 있는 이민 정책의 한 요소라 할 수 있는 국경 통제의 문제에서는 유럽연합의 관료제도는 즉각적이면서도 대체로 효율적인 대응을 보였다. 지난 몇 년에 걸쳐 유럽연합은 조용히 그리고 조금씩 놀라울 정도로 강력한 국경 통제 기관인 프론텍스Frontex를 구축했다. 프론텍스는 공식적으로는 2015년 가을 난민 수용 '합의'가 실패했던 무렵에 공식적으로 설립되었다. 프론텍스의 전신은 제대로 국경을 통제하지 못했다는 사실을 모든 유럽 지도자들은 알고 있었다. 그래서 이들은 1년도 안 되는 사이에 이민법을 집행하는 진정한 권력을 가진 기관을 만들어냈다. 프론텍스의 공식 명칭은 유럽 국경 및 해안 경비대European Border and Coast Guard Agency 이다. 현재 프론텍스에 소속되어 있는 국경 경비원이나 해안 경비정은 하나도 없고 여러 유럽 정부의 협조에만 기대고 있으나, 계획에 따르면 몇 년 이내에 프론텍스는 1만 명에 달하는 국경 경비원을 갖게 될 것이다. 이는 엄청난 정책 변화라고 할 수 있다. 민주적인 정치적 요구가 이런 변화를 이끌고 있지만, 테크노크라시가 지배하고 있는 유럽연합집행위원회가 공식적으로 추천하고 있는 변화이기도 하다.[23]

유로크라시는 유럽의 민주주의 지도자들에게 자신들이 원하는 바를 제공해왔다. 이민 규제에 대한 유럽연합의 새로운 민주적 합의에 따라 만들어진 프론텍스는 2017년 초까지 2015년 최고치와 비교해볼 때 이주자 입국률을 20퍼센트 아래로, 10퍼센트에 근접하게 감소시키는 상당한 성과를 보였다. 2015년 후반에는 매달 바다를 통한 입국이 15만 건이 넘었지만, 2017년 초에는 한 달 평균 1만 5,000건으로 줄어들었다.[24] 2015년 후반기 이후 시행되었던 많은 여론 조사에 의하면 이러한 결과는 바로 유럽 유권자들이 원하는 것이었다. 유권자들의 요구가 명확해지고, 시민들이 낮은 이민율을 선호하는 분명한 목소리를 내면서, 정치인들은 반응을 보였고, 유럽연합 관료제도는 유럽연합 유권자들의 요구를 대체로 충족시켰다.

프론텍스가 이민율을 줄이기 위해 사용하는 중요한 방법으로는 아프리카 정부들과 협력하여 사하라 사막 이남의 아프리카 주민들의 유럽 이주 비율을 줄이는 것이 있다. 이러한 정책은 '국경 외부화border externalization'라고 알려져 있으며, 흔히 정부 국경 통제를 아웃소싱하는 것을 의미한다. 문제는 이 나라들이 대체로 과거에 인권을 그리 존중하지 않았다는 점이다. 2018년 연구자 마크 애커먼Mark Akkerman은 다음과 같이 열변을 토했다. "1992년부터 시작되었지만, 2015년 이후 유럽연합은 제3세계 국가, 특히 아프리카 국가에 유럽연합의 국경수비대 역할을 하라는 압박을 더욱 강력하게 가했다. … 유럽연합이 아프리카 국가들과 맺고 있는 관계는 아프리카인들의 유럽 이주를 막는 데만 강박적으로 초점이 맞취져 있다. 어쩔 수 없이 난민이 된 사람들에 대한 배려는 전혀 없다."[25]

유럽중앙은행이 대응했던 것과 마찬가지로 프론텍스도 민주적 상관들의 요구에 적극적으로, 많은 평론가가 보기에는 지나치게 적극적으로 대처해왔다. 어느 정도가 적절한 국경 통제 정책인가는 이 책에서 다룰 수 있는 내용이 아니다. 이 장에서는 유럽연합의 관료제도가 민주적 정치인들이 넘겨준 과제를 제대로 수행했는가 하는 문제를 다루고 있다. 그리고 이 문제에서 의문의 여지란 거의 없다. 실제 세계 기준으로 볼 때, 유럽연합의 관료제도는 유권자들의 요구를 충족시켜주었다. 유럽연합은 민주적 거버넌스라는 문제를 가지고 있다. 하지만 문제는 대체로 민주주의에 있으며 거버넌스에 있다고 할 수 없다.

◀ Chapter 8

# 싱가포르로 가는 길

신생 국가에서는 정직하고 효과적인 정부가 있을 때만 민주주의가
제대로 기능하고 제대로 된 결과들을 생산한다. 이는 국민이 그런 정
부를 선출할 수 있을 정도로 똑똑해야 한다는 의미다. 선출된 정부는
이 정부를 선택한 국민만큼만 훌륭할 수 있다는 사실을 기억하라.

_리콴유

2004년 하버드 대학교의 경제학자 랜트 프릿쳇Lant Pritchett과 월
드뱅크의 마이클 울콕Michael Woolcock은 다음과 같은 질문을 던졌
다. "덴마크로 가는 가장 좋은 방법은 무엇인가?"[1] 이들이 말하는
'덴마크'는 대략 600만 정도의 인구를 가진 풍요로운 북유럽 국가
를 의미하지 않는다. 이들은 유능한 거버넌스, 다시 말해 '효율적이
고, 규범에 근거하고, 능력주의적이고, 정치적으로 책임을 지는 공
공기관들이 보장하는 깨끗한 물, 교육, 위생, 치안 유지, 안전 및 위
생 수칙, 도로, 공공 건강과 같은 주요 서비스'를 일상적으로 제공
할 수 있는 정부를 염두에 두고 있었다.[2]

프릿쳇과 울콕의 논문에는 이후 경제 발전의 주요 목표가 된 캐
치프레이즈가 담겨 있었다. 그것은 '덴마크로 가기'였다. 프릿쳇과

10% 적은
민주주의

울콕은 덴마크는 메타포에 불과하다는 점을 강조하면서, 유사한 좋은 메타포가 될 수 있는 또 다른 나라가 있음을 암시하며 다음과 같이 말했다. "'덴마크'라는 표현으로 우리가 하고 싶었던 것은 흔히 (싱가포르와 같이 새롭게 가입한 나라를 포함하여) 소위 '선진국'이라 불리는 나라의 공공 부분에서 공통적으로 작동하고 있는 핵심 구조다."[3]

동남아시아의 작은 섬나라 싱가포르는 덴마크와 인구가 거의 같고, 1인당 소득은 덴마크보다 대략 80퍼센트 정도 높으며, 기대 수명은 덴마크보다 2년 반 정도 길다. 따라서 이런 기준에 따르면, 싱가포르가 덴마크보다 더 잘사는 나라라고 할 수도 있고, 더 훌륭한 성공담을 들려준다고도 할 수 있다. 하지만 이 두 작은 나라는 1960년대 완전히 다른 환경에서 출발했다. 그 당시 싱가포르는 덴마크보다 훨씬 가난했다. 1960년 이후 덴마크는 1인당 소득이 네 배 정도 성장했지만, 같은 기간에 싱가포르는 무려 23배나 성장했다. 최저소득, 기대수명, 경제 성장이라는 기준으로 볼 때, 덴마크로 가는 길을 찾기 위해서는 싱가포르로 가는 길을 찾는 편이 현명할 것이다.

싱가포르의 기적은 경제적으로는 물론이고 정치적으로도 인상적이다. 하지만 이 나라의 정치적 기적은 민주주의에 기반을 두고 있지 않다. 최소한 민주주의에 대한 어떤 표준적 정의에도 싱가포르는 부합하지 않는다. 물론 싱가포르에서도 선거가 치러지고, 모든 선거는 비밀투표로 공정하게 관리되고 있다. 정체 IV 지수를 만들었던 사람들로 이루어진 체계적 평화를 위한 센터는 싱가포르의 정치제도에 대해 다음과 같이 평가했다.

> 1959년 이래 싱가포르 정치에서 가장 눈에 띄는 점은 다당제 선거다. 하지만 여러 번에 걸친 선거에도 불구하고 인민행동당PAP, People's Action Party은 헤게모니를 틀어쥔 일당체제를 구축했으며, 정부는 … 명예 훼손 소송을 제기하겠다고 협박하는 동시에 사법부와 언론에 대한 영향력을 이용하여 인민행동당의 정치적 헤게모니에 대한 모든 도전을 제한하고 있다.[4]

싱가포르에서 정부 지도자의 잘못을 지적한다고 해서 다짜고짜 감방에 처넣지는 않는다. 대신 소송이 제기되고 재판에서 패소한다. 이런 방식으로 인민행동당은 대부분의 정치적 반대파를 편하게 상대할 수 있다. 다른 수단도 사용되는데, 최근에는 공적 집회를 위한 엄격한 허가 요건이 아예 소셜미디어에서 싱가포르 정치에 대해 이야기하는 것 자체를 금지하는 것으로 바뀌었다. 따라서 싱가포르가 정치적 경쟁을 통제하기 위해 명예 훼손 소송이라는 메커니즘에만 의존하는 것은 아니다. 싱가포르 정부는 다양한 도구를 가지고 있으며, 어떤 도구는 훨씬 잔인하다. 물론 싱가포르는 대체로 그런 잔인한 도구에는 의지하지 않는다.

실질적인 정치적 경쟁이 없고 (인민행동당은 현재 국회의 101석 중 82석을 차지하고 있다) 정부가 언론을 거의 장악하고 있는 싱가포르는 노벨상을 받은 아마르티아 센이 제시했던 민주주의에 대한 최소한의 조건을 제대로 충족시키지 못하고 있다. 센이 정의했던 기근을 피하기에 필요한 수준의 민주주의를 기억하고 있을 것이다. 진정한 경쟁력을 가지고 있는 정당들과 자유로운 언론이 센이 말한 민주주의의 최소한의 조건이었다. 싱가포르는 두 기준 모두에 미치지 못하고 있다. 다시 말해 싱가포르는 전 세계의 부유한 민주주의 국가와 비교하면 10퍼센트 부족한 민주주의가 아니라 그보다 훨씬 못 미치는 민주주의를 가지고 있다. 민주주의를 측정하는 데 널리 이용되는 두 개의 지표가 주관적이기는 하지만 유용한 추정값을 제시하고 있다. 두 지표는 1장에서 논의했던 정체 IV 지수와 〈이코노미스트〉가 이용하고 있는 민주주의 지수다.

민주주의 지수는 싱가포르에 10점 만점에 6.4점을 주었다. 〈이코노미스트〉는 싱가포르의 정치제도를 '결함이 있는 민주주의'라고 부른다. 미국과 같은 범주에 속하지만, 미국은 8.0으로 싱가포르보다 훨씬 더 높은 점수를 기록하고 있다. 하지만 〈이코노미스트〉의 지수는 어떤 나라가 현재 민주주의 국가인지만을 가리키는 것에서 그치지 않는다. 이 지수는 민주주의가 얼마나 잘 작동하고 있는지까지 측정하여 나타낸다. 이는 이 지수가 선거가 경쟁적인지 혹은 선거가 공정하게 관리되는지보다는 민주주의의 성과를 측정하는 데 훨씬 가중치를 두고 있다는 의미다. 예를 들어 미국의 민주주의 지수가 떨어지는 이유는 부분적으로 '정치적 양극화가 두드러지고, 여러 정부 기관들에 대한 대중의 신뢰가 약화하면서, 정부의 기능 범주에서' 낮은 점수를 기록했기 때문이다.[5] 이에 비해 중위의 '완전한 민주주의' 국가들은 대략 9점 정도의 점수를 기록했다. 가장 낮게는 1점에 가까운 점수를 기록한 국가도 있다. 〈이코노미스트〉의 기준에서 보자면 싱가포르는 전 세계 부유한 민주주의 국가에 비해 35퍼센트 정도 적은 민주주의를 가지고 있다. 그러나 다시 한 번 말하지만 이 기준은 민주주의의 결과에 대한 것이며, 민주주의의 과정을 포함하지 않고 있다.

이와는 대조적으로, 1장에서 다루었던 체계적 평화를 위한 프로젝트를 추구하고 있는 사람들은 싱가포르에 훨씬 더 낮은 점수를 주고 있다. +10에서 −10까지의 점수에서 싱가포르는 −2점을 기록했다. 하지만 정체 IV 지수의 양쪽 끝에 많은 나라가 있으므로, 싱가포르는 실상 부유한 민주주의 국가와 비교하면 60퍼센트 정도 모자라는 민주주의를 가진 셈이다. 이 두 지수를 합쳐 평균을 내고 좀 더 중립적인 정체 IV 점수에 약간의 가중치를 두어, 싱가포르는 50퍼센트 모자란 민주주의를 가지고 있다고 하자. 이는 적어도 오늘날의 부유한 민주주의 국가에서 볼 때 싱가포르가 모범이 될 만한 나라는 아니라는 것을 의미한다. 보통의 부유한 민주주의 국가에게 싱가포르를 모델로 추천하는 것은 끔찍한 결과를 가져올 위험이 있다. 물론 그 위험은 낮거나 중간 정도로, 기근, 전쟁 혹은 정부가 시민의 자유를 박탈하고 잠정적으로 시민들을 학살할 수 있는 정도는 아니다. 대부분 기준에서 볼 때, 싱가포르는 지난 50년에 걸쳐 대체적으로 성공을 거두었다. 하지만 그 성공이 다른 나라가 싱가포르와 같은 길을 걸을 수 있다거나 같은 결과를 얻을 수 있다는 의미는 아니다. 싱가포르는 운이 좋았다. 이 책은 운에 관한 책은 아니다. 하지만 여전히 이 예외적인 국가에 대한 사례 연구를 통해 배울 수 있는 점이 많다. 몇 분만 투자하여 이 놀라운 예외에 대해 살펴보자.

## 리콴유의 일류국가로 가는 길

싱가포르의 탄생에 대해서는 리콴유Lee Kuan Yew 이외에도 더 많은 사람을 언급해야 한다고 말한다. 리콴유는 싱가포르의 초대 수상이었고, 1959년에서 1990년까지 집권했으며, 2011년까지도 상당한 정치적 영향력을 행사했다. 그를 가지고 싱가포르의 모든 이야기를 할 수는 없겠지만, 그래도 고인이 된 리콴유를 중심으로 싱가포르를 살펴보려 한다. 그 이유 중 하나는 그가 인용하기에 좋은 말들을 많이 남겼기 때문이다.

리콴유는 훌륭한 유권자들이 훌륭한 정부를 만든다는 사실을 알고 있었다.

신생 국가에서는 정직하고 효과적인 정부가 있을 때에만 민주주의가 제대로 기능하고 제대로 된 결과를 생산한다. 이는 다시 말해서 국민이 그런 정부를 선출할 수 있을 정도로 똑똑해야 한다는 의미다. 선출된 정부는 이 정부를 선택한 국민만큼만 훌륭할 수 있다는 사실을 기억하라.[1988][6]

그는 선거야말로 좋은 거버넌스라는 목적을 위한 수단이며, 좋은 거버넌스에는 효율적인 리더가 필요하다고 강조했다. 하지만 민주적 선거는 그러한 리더를 찾아내는 가장 좋은 방법은 아닐 수도 있다고 했다.

작금의 문제는 우리가 최고의 지도자를 뽑을 때 1인 1표라는 원칙을 어떻게 적용해야 하는가이다. 이 문제를 자연 과정에 맡겨둔다면, 정치는 서양처럼 텔레비전 경연이 되어버릴 것이다. 텔레비전에서 가장 말을 잘하는 사람이나 집회에서 사람들을 즐겁게 하는 사람이 좋은 정부를 만들 수 있는 최고의 지도자는 아닐 수도 있다.[1996][7]

비극적일 정도로 가난했던 싱가포르를 목격했던 리콴유는 부유한 싱가포르를 절대로 당연하게 생각하지 않았다. 그의 비망록 제목도《내가 걸어온 일류국가의 길From Third World to First》이었다.

> 우리는 공공질서, 개인의 안전, 경제적·사회적 발전과 번영이 자연적인 사물의 질서가 아니라는 사실을 잊어서는 안 된다. 그것은 정직하고 효율적인 정부가 끊임없는 노력과 주의를 기울여야만 얻을 수 있고, 국민은 바로 그러한 정부를 선출해야만 한다. [2000] [8]

## 민주주의가 아닌 민주주의

노팅엄 대학교의 윌리엄 F. 케이스William F. Case는 1996년 싱가포르를 가리켜 대단히 적절한 용어를 사용한 적이 있다. 그는 싱가포르를 반半민주주의semidemocracy라고 불렀다. 케이스는 싱가포르가 실제 선거를 실시하기는 하지만, 핵심 유권자들이 사회에서 가장 커다란 발언권을 확보할 수 있도록 인민행동당이 보장하고 있다는 사실에 주목했다. 여기서 핵심 유권자란 전통적인 엘리트나 가난한 사람들이 아니라 중간계급이다. "따라서 싱가포르의 핵심 엘리트들은 계급을 골고루 망라하는 자유로운 참여를 제한함으로써 국가 권력을 유지하고, 정기적인 선거를 시행한다. 동시에 이들은 중간계급에 (정부와의 대화를 위한) 이면의 경로를 열어주며 중간계급을 편애하는 태도를 취한다."9

여기서 이면 경로, 다시 말해 중간계급에게 정부가 자신들의 주장을 귀담아듣고 있다고 느끼게 만드는 메커니즘은 무엇인가? 케이스는 이렇게 말한다. "1985년 만들어진 피드백 유닛Feedback Unit, 1987년 도입된 정부의회위원회, 1988년 만들어진 정책연구소를 포함해서, 중간계급과의 대화를 위한 포럼들은 새롭게 등장한 중간계급 유권자들과 더불어 성장하며, 그 유권자들이 더 자율적인 참여 형태를 추구하지 않도록 설득하고 있다."10

이렇게 인민행동당은 중간계급이 자신들의 목소리를 정치인들이 듣고 있다고 느끼게 만들면서 정치적 지지를 확보하고 있다. 그리고 실제로도 이러한 메커니즘을 통해 인민행동당은 중간계급이 무엇을 원하고 있는지를 더 많이 알 수 있게 된다. 이런 형태가 민주주의는 아니다. 모든 사람의 목소리를 잘 들어주지 않기 때문이다. 하지만 반反민주주의라고는 할 수 없다. 어쨌든 핵심 유권자의 목소리는 잘 듣고 있기 때문이다. 그리고 모든 사람이 억눌린 감정을 분출할 수 있는 공명정대한 선거를 시행하고 있기 때문이다.


## 싱가포르의 지혜

어떤 나라를 겨우 며칠 여행해놓고 그 나라에 대해 잘 안다고 말할 수는 없다. 너무나 당연한 이 말은 차치하고, 나는 개인적으로 두 번 싱가포르를 여행한 일이 있다. 한 번은 관광으로, 다른 한 번은 학술대회 참가 목적으로 방문했다. 두 번의 여행은 그야말로 환상적이었다. 하지만 이 짧은 여행으로 싱가포르의 기적을 제대로 파악할 수는 없었다. 나는 통계를 보며 다른 나라와 비교하고, 역사책을 읽으며 싱가포르에 대해 훨씬 많은 것을 알 수 있었다. 이렇게 해서 나는 싱가포르가 아마도 전 세계의 부유한 민주주의 국가들보다 50퍼센트 적은 민주주의를 가지고 있을지는 모르지만, 우리가 이제껏 논의했던 것과 같은 경로를 통해 기적을 이루었음을 알게 되었다.

첫째, 싱가포르 시민들은 놀라울 정도로 똑똑하다. 싱가포르는 전 세계적인 시험의 평균 점수가 가장 높은 나라 중 하나다. 실제로 싱가포르는 에피스토크라시의 한 요소를 이미 가지고 있는 셈이다.

나의 경험을 예로 들어보자. 싱가포르에 도착한 첫날 나는 신문을 집어 들었다. 신문에는 싱가포르 창이 국제공항 확장에 관해 설명하는 정부 고위 관리의 인터뷰가 실려 있었다. 인터뷰 중 정부 관리는 정부가 이 공항으로 인한 긍정적 외부효과에 관심이 있다고 말했다. 내 경험상 외부효과externality라는 용어는 경제학 수업 시간을 제외하고는 듣기 힘든 말이었다. 우리끼리 하는 말로는 '부수효과' 같은 것이다. 예를 들어 옆집 사람이 잔디를 잘 관리하고, 오후 9시 이후에 시끄러운 음악을 틀지 않으면 내 집의 시장 가치는 얼마나 오를까 하는 것이다.[11] 하지만 나는 사람들이 그 용어를 일반적인 상황에서 사용하는 것을 들은 적이 없다. 예를 들어 내가 상원에서 일할 때도 상원의원의 연설 초안에 감히 넣지 못했고, 지금도 신문의 오피니언란에 기고를 할 때도 가급적 피하는 단어다. 하지만 싱가포르의 관리는 아무런 설명도 없이 그 단어를 사용했다. 그 이후의 경험을 통해서 이 일화가 일반적인 사례라는 것을 알게 되었다. 싱가포르 정치인들은 일상적으로나 신문의 인터뷰에서조차 대단히 높은 수준에서 정책에 관해 이야기한다. 이는 싱가포르가 반半민주주의 이상의 나라일 수도 있다는, 다시 말해 세계 최초의 반半에피스토크라시 국가일 수도 있다는 사실을 보여주는 증거다.

둘째, 싱가포르에는 세계사법정의프로젝트World Justice Project와 세계은행으로부터 높은 법치주의 지수를 받은 상당히 독립적인 사법부가 있다.

세계은행 지수에서 싱가포르는 2017년 덴마크보다 두 단계 아래인 8위를 기록했다. 세계사법정의프로젝트에 따르면, 싱가포르는 2019년 13위를 기록하여 아시아에서 가장 높은 순위를 차지했다. 덴마크는 세계 1위를 차지했다. 어떤 쪽을 보더라도 싱가포르는 세계적 기준에서 높은 수준의 사법체계를 가지고 있다.

싱가포르의 금융정책은 어떤가? 아쉽게도, 정치제도에서 완전히 독립되어 있지는 않다. 싱가포르 통화국의 현재 수장은 대중적인 사랑을 받는 타르만 샨무가라트남Tharman Shanmugaratnam 부총리가 겸임하고 있다. 하지만 싱가포르가 반半민주주의 국가라는 사실을 참작할 때, 중앙은행은 유권자들의 목소리를 듣지 않는 것이 확실하다.

셋째, 싱가포르 선출직 공무원의 임기는 4~5년으로 충분히 길다. 하지만 그 임기는 그저 서류상의 임기일 뿐이다.

앞서 말했듯이 리콴유는 수십 년간 권력을 장악했고, 그 밖의 싱가포르 정치 엘리트들도 오랫동안 재직하는 전통을 가지고 있다. 따라서 이들은 장기적인 시야를 갖고 있다. 이는 민주주의 지도자들 사이에서 너무도 찾아보기 힘든 특징이다.

넷째, 인민행동당이 대단히 효과적인 정치 기계라는 데는 의심의 여지가 없다.

실제로 중간계급의 이야기를 귀담아듣는 싱가포르 위원회라는 말을 들으면, 앞서 플런킷의 일화에서 등장했던 합창단의 현대 버전이 아닐까 하는 생각이 든다. 싱가포르 위원회는 결국 유권자를 인민행동당이라는 기계에 접목하는 접착제 같은 것이 아닐까 하는 생각 말이다. 싱가포르는 정치적 현실주의를 받아들였다.

이러한 기준으로 볼 때, 싱가포르의 반민주주의적 방식은 동시에 더 커다란 번영을 향해 나아가는 경로이기도 했다. 나는 많은 국가에 싱가포르로 가는 길을 택하라고 제안하지는 않을 것이다.

부유한 민주주의 국가로서는 자칫 잘못하면 잃는 게 너무 많을 수 있기 때문이다. 하지만 혹시 어떤 국가에서는 그런 길을 천천히 걸어보는 것도 나쁘지 않을 수 있다.

# 적절한 분량의 민주주의

◆

모든 정부 형태는 결함이 있다고 말하고 싶다. 좋은 세 정체는 수
명이 짧다는 점에서, 나쁜 세 정체는 본질적으로 해롭다는 점에
서 그렇다.

_아리스토텔레스

알렉산더 해밀턴은 정치 과학을 믿었던 사람이다. 〈연방주의자
논집〉9호에 해밀턴은 이렇게 썼다.

정치라는 과학은 … 다른 과학과 마찬가지로 크게 발전했다. 고대
인들은 전혀 알지 못했거나 불완전하게 알고 있었던 다양한 원리들
은 지금은 진실이라고 받아들여지고 있다. 다양한 기관에 규범에
따라 권력을 분배하는 것(이 책의 3장을 참조할 것). 행실이 올바른
한 자리를 보전하는 판사들로 구성되는 사법부(이 책의 4장, 긴 임기
에 대해서는 2장을 참조할 것). 국민이 선출한 의원들로 구성되는 대
의제 의회(2장을 참조할 것. 직접 민주주의를 찬양하고 있지 않다
는 데에 유의할 것). 이들은 완전히 새로운 발견이거나 혹은 근대에

거의 완벽한 쪽으로 크게 발전한 현상이다. 이들은 공화 정부(다시 말해 대의 민주주의)의 수월성을 유지하는 동시에 그 불완전성을 감소시키거나 회피할 수 있게 하는 도구, 그것도 강력한 도구이다.

6장에서 미국 최초 재무장관이던 알렉산더 해밀턴이 국채보유자들에 대해 '일반적으로 교양있는 사람들'이라고 믿었던 것을 기억할 것이다. 사실 이 책의 3장과 4장, 6장은 물론이고 2장까지도 해밀턴의 생각을 기반으로 하고 있다고 봐도 무방하다. 해밀턴 역시 100퍼센트 순수한 민주주의를 옹호한 사람은 아니었다. 해밀턴은 나와는 다른 자신만의 방식으로 시민들의 영향이라는 편익과 시민들이 권력을 휘두르지 못하도록 국가 기관을 독립적으로 만드는 편익 사이에 균형을 잡는 민주주의 래퍼 곡선의 정점을 찾으려 했다.

해밀턴과 마찬가지로 나 역시 정치 과학을 믿고 있다. 정치 과학은 정치 문제에 대해 생각하는 사람들이 이론과 데이터의 결합에 진지한 관심을 기울이는 곳이라면 어디에나 존재한다. 앞에서 나는 그 결합 방법을 제시해보고자 했다. 오래되었지만 새로운 아이디어가 오늘날 부유한 민주주의 국가의 거버넌스를 개혁하는 데 도움이 될 수 있을지 검증해보았다. 해밀턴의 시대에 정치학이라는 과학을 연구하는 사람들은 사례 연구를 훑어보며 자신들의 아이디어를 검증해야만 했다. 당시에는 군주제, 독립적인 판사 혹은 여러 다른 개혁을 시도해본 국가들의 몇 가지 사례밖에는 검증할 방법이 없었다. 따라서 정치적 논쟁에서는 과거의 사례만이 난무했다.

제2차 세계대전 이후 광범위한 데이터를 축적한 정부와 다양한 싱크탱크, 기업과 대학은 물론이고 전 세계적으로 풍요로운 민주주의 국가들이 등장하면서 정부 개혁에 관한 주장을 그 어느 때보다 철저하게 검증해볼 수 있게 되었다. 훌륭한 거버넌스를 만드는 방법에 대해서라면 적어도 해밀턴보다는 더 많은 말을 할 수 있게 되었다. 아마도 그 이유에 대해 해밀턴의 시대에 비해 우리 시대 이론이 훨씬 더 앞서 있기 때문이라고 할 수도 있다. (특히 나는 20세기 사회과학의 위대한 창조물이라 할 수 있는 게임이론의 역할을 지적하고 싶다.) 하지만 더 중요한 이유는 대체로 우리가 좀 더 많은 데이터를 가지고 있기 때문이다.

우리가 가지고 있는 자료는 어떤 이론을 뒷받침하고 있는가? 그 결과로 어떠한 개혁안이 제시하고 있는가? 내가 내린 잠정적 결론은 다음과 같다.

- 임기가 길어질수록 정치인들은 최소한 조금이라도 담대해지고, 좀 더 테크노크라시를 지향하게 되고, 포퓰리즘에 덜 의지하게 된다. 이러한 발견에 근거하여, 나는 2년에서 3년의 임기를 가지고 있는 나라들은 최소한 4년 임기를 고려해야 한다고 제안한다.
- 중앙은행이 민주주의와 거리를 둘수록 공짜 점심에 가까워진다.

인플레이션율은 낮게 유지되고, 금융위기의 위험을 줄어든다. 부유한 국가들은 대체로 독립적인 중앙은행을 가지고 있다. 하지만 3장에서 지적했듯이, 은행이 서류상으로 독립적이라고 해서 그것이 실제로도 독립적이라는 의미는 아니다. 대통령이나 수상과 같은 최고 선출직 공무원들은 경제적 상황과 관계없이 항상 중앙은행의 독립성을 보장해주어야 한다. 그렇지 않으면 중앙은행의 독립성이란 그저 원칙에 그치고 말 것이다. 전 세계에서 중앙은행의 독립성을 위한 싸움은 계속되고 있다.

• 판사와 사법기관은 유권자로부터 약간 거리를 두고 떨어져 있을 때 훨씬 더 좋은 결과를 얻는 경향이 있다. 따라서 조금 덜 민주적이면서 조금 더 과두정치적인 사법부가 좋은 사법부라고 할 수 있다. 이러한 방향으로 사법부를 개혁하는 데 드는 비용은 미미한 반면에 편익은 크다.

• 좀 더 지식이 많은 유권자에게 상원의원의 선출에서 약간의 가중치를 주는 것은 대의제 민주주의가 에피스토크라시로 나아가는 한 걸음이 될 수 있다.

조금 더 불확실하기는 하지만, 사회과학 이론과 유용한 비유를 통해 얻은 추측을 바탕으로 다음과 같이 한 걸음 더 나아간 결론을 내릴 수 있다.

• 한 나라의 국채보유자들은 그 나라의 장기적인 이익에 관심이

많은 집단이다. 이제 이들을 정부 주식보유자처럼 취급할 때가 되었다. 이들에게 주주처럼 투표권을 포함한 모든 권리를 보장할 필요가 있다. 이들은 이미 암묵적으로 정부 정책에 영향을 미치고 있다. 따라서 이들을 명시적으로 권력의 중심부로 끌어들이는 것도 좋은 방법이다. 이들은 분명 국가의 경제적 이익에 대한 좋은 아이디어를 가지고 있을 것이다.

• 양극화되고, 적대감을 드러내는 소셜미디어가 등장하면서 시민들의 목소리에는 그 어느 때보다도 잡음이 많이 포함되고 있다. 브루킹스 연구소의 조너선 라우치가 주장하는 것처럼 정당의 내부자들이 정당 정치에 좀 더 많은 영향력을 행사하는 것이 현명할 수 있다.

• 가장 잠정적인 결론으로, 부담이 적은 선거를 자주 시행하면 정부 정책에 대한 '언론의 이달의 분노'의 영향을 줄일 수 있다. 예를 들어 6년에 한 번 국회의원을 모두 선출하는 것보다는 3년마다 국회의원의 절반을 선출하는 방식이 낫다. 미국 상원은 이러한 방식을 채택하고 있다. 미국에서는 2년마다 상원의원 중 3분의 1에 대한 선거가 치러진다. 유권자들이 현명하지 못할 때는 의회의 안정성이라도 유지하는 것이 현명하다.

이러한 개혁안 중 많은 부분을 받아들이고도 그 정부가 계속해서 '민주주의'라고 불릴 수 있을까? 나는 정의나 정확한 용어에 대해 심각하게 고민하지는 않지만, 민주주의라는 말은 사람마다 다른 의미로 사용되고 있을 정도로 다양한 의미를 가지고 있으므로 잠깐 시간을 내어 수 세기 동안 민주주의에 어떤 의미가 있었는지 살펴보고, 다른 유명한 대안적 정부 형태들과 비교해보려 한다. 이를 통해 현재 우리의 정부 형태를 살펴보고 우리가 원하는 정부가 과연 100퍼센트 민주적 정부인지 파악할 수 있을 것이다.

〈연방주의자 논집〉의 집필에 참여했던 제임스 매디슨과 마찬가지로 해밀턴도 자신의 시대에 민주주의라는 말에는 부정적인 함의가 있음을 알고 있었다. 그래서 해밀턴과 매디슨은 우리가 지금대의 민주주의, 다시 말해 공직자를 선출하여 유권자의 의지를 어느 정도까지는 대변하게 만드는 제도를 '공화주의'라고 불렀다. 매디슨과 해밀턴은 민주주의와 공화주의는 분명히 다르다고 했다. 이들은 매디슨이 〈연방주의자 논집〉 10호에서 썼던 것처럼 '순수 민주주의, 다시 말해 소수의 시민으로 구성된 사회에서 모든 시민들이 함께 모여 직접 정부 일을 집행하는 것'을 민주주의라고 불렀다. 같은 논문에서 매디슨은 해밀턴과 마찬가지로 공화주의라는 말을 우리의 '대의제 민주주의'의 의미로 사용하며 이렇게 말했다. "대의 정치 정부를 의미하는 공화정은 다른 전망을 제시하며, 우리가 추구하고 있는 치료를 약속하고 있다. 공화주의가 순수 민주주의와 다른 점을 살펴보기로 하자."

〈연방주의자 논집〉 전체에 걸쳐서 해밀턴과 매디슨은 당시 13개 주에서 비준을 기다리고 있던 미국 헌법에 대해 '순수 민주주의'

를 위한 계획안이 아니라는 점을 강조했다. 미국 헌법은 민주주의가 아닌 다른 어떤 것을 위한 계획안이었다. 그것은 일단 어느 정도는 과두정치의 요소를 가진 정부였다. 특히 유권자가 아닌, 주 입법부에 의해 선택되어 구성되는 상원에서 그러한 요소를 찾을 수 있다. 또한 군주정치의 요소도 가진 정부였다. 선거인단에 의해 선출되는 강력한 대통령이 바로 그러한 요소다. 선거인단은 처음에는 로마에 모여 교황이라고 알려진 선출 군주를 선택하는 추기경회와 같은 형태를 구상했다. 그리고 사법부 역시 군주정치와 과두정치의 요소를 가지고 있었다. 사법부 판사들은 올바른 행동을 하는 한 평생 재임할 수 있다. 이러한 요소는 당시에는 관심의 대상이 아니었지만, 이후 몇 세기에 걸쳐 점차 눈에 띄는 특징이 되었다.

100퍼센트 순수 민주주의는 근대인들의 메뉴에는 아예 존재하지 않았다. 대서양 양쪽에 있는 계몽주의 시대 사상가들에게 민주주의라는 말은 특히 고대 아테네를 떠오르게 했다. 한마디로 아테네는 대단히 지적인 시민을 가지고 있었을 뿐만 아니라 엄청난 부를 축적하고 드넓은 해외 제국을 거느린 도시였지만, 펠로폰네소스 전쟁에서 전제주의적인 도시 국가 스파르타에 패배하고, 민주적인 표결을 통해 위대한 철학자 소크라테스를 죽음으로 몰아넣은 도시다. 아테네가 민주주의를 대표하는 최고의 사례라고 한다면, 많은 계몽주의 사상가는 민주주의가 과대평가되고 있다는 판단을 내렸을 것이다. 고대 아테네 다음으로는, 공포 정치와 더불어 그 밖의 모든 혼란을 포함한 프랑스혁명이 순수 민주주의에 가까운 예로 등장하면서 순수 민주주의의 주가는 곤두박질쳤고, 아직도 회복되고 있지 않다.

## 훌륭한 정부를 위한 역사의 조언

수세기에 걸쳐 정치 사상가들은 가장 훌륭한 형태의 정부는 분명 순수 민주주의가 아니며, 민주주의, 귀족정치(가장 부유한 사람에 의한 통치가 아닌, 가장 훌륭하고, 가장 덕이 높은 사람에 의한 통치), 그리고 아마도 군주정치를 합친 것이라는 결론을 내려왔다. 아리스토텔레스Aristoteles, 폴리비우스Polybios, 마키아벨리Niccolò Machiavelli는 각각 기원전 4세기, 기원전 2세기, 15세기 사람이다. 이들 모두는 다른 경로를 통해 같은 결론에 도달했다. 세 사상가는 이런 세 형태의 정부에 (마치 지킬 박사에게 하이드 씨가 있는 것처럼) 각각 사악한 측면이 존재한다는 점을 강조했다. 민주주의는 중우정치衆愚政治가 될 수 있고, 가장 훌륭한 사람의 통치라는 귀족정치는 소수의 사람이 자신의 이익을 위해 통치하는 과두정치가 될 수 있으며, 장기적인 전망에 초점을 맞춘 자애로운 통치라는 군주정치는 사담 후세인과 같은 독재자를 낳을 수 있다.

근대 이전의 정치적 사유의 장점을 하나 들자면, 가장 모범적인 사례가 유능한 정부라는 이름의 깡통따개가 아니라는 점이다. 이들은 오히려 정반대의 가정, 다시 말해 정부와 시민은 애초에 결함이 있다는 가정에서 출발했다. 영화의 마지막 장면에서 반드시 패배시켜야 할 최고의 악당이 없는 것처럼, 거버넌스의 황금기를 맞기 위해서 반드시 싸워 이겨야 하는 최종 보스란 존재하지 않는다. 모든 것이 혼란스러운 상태에서 제도의 타락이라는 힘에 맞서는 지속적인 투쟁만 있을 따름이다.

불행한 죽음을 맞은 소크라테스의 제자였던 플라톤의 제자 아리스토텔레스는 어느 정도의 균형이 좋은 정부를 낳을 수 있다고 강조했다.

《니코마코스 윤리학》에서 말했던 것처럼 중용에 덕이 있다는 말이 옳다면, 삶을 살아가는 가장 좋은 방법은 중용이며, 중용은 모든 사람이 가질 수 있는 태도다. 중용이라는 기준은 국가가 훌륭하게 구성되어 있는지 그렇지 않은지를 판단하는 데에도 사용되어야 한다. … 모든 국가는 세 부류로 구성된다. 매우 부유한 사람들, 매우 가난한 사람들, 그리고 중간계급이다.[1]

그런 다음 아리스토텔레스는 ('중용' 혹은 평균계급이라 할 수 있는) 중간계급의 장점을 공들여 설명한다. 그에 따르면 중간계급은 합리적인 이야기를 귀담아들을 줄 알며(5장을 참조할 것), 서로 닮은 점이 많다 보니 상호우호와 사회적 형평성이 증진되고, 부자들처럼 정부 권력을 원하지도 않고, 가난한 사람과 달리 세금도 잘 낸다. 아리스토텔레스는 이렇게 결론짓는다. "따라서 국가를 구성하고 있는 집단이라는 관점에서 볼 때, 당연히 중간계급에 의지하는 국가가 가장 훌륭하게 구성된 국가라는 것이 우리의 의견이다. … 이 모든 것은 중간계급이 권력을 가진 국가가 최고의 국가라는 사실을 보여준다."[2]

하지만 모든 국가가 중간계급에만 권력을 줄 수는 없다. 아리스토텔레스 시대에는 많은 국가에 충분히 많은 중간계급이 없었지만, 현대 민주주의 사회에는 보통선거가 이미 문화적 규범처럼 자리 잡고 있기 때문이다. 불평등이 심해질 때, 아리스토텔레스는 희망이 없다고 보며 다음과 같이 말했다. "중간계급이 없고, 가난한 사람들이 부유한 사람들보다 훨씬 많을 때, 문제는 생겨나기 마련이고 국가는 조만간 산산이 조각나고 말 것이다."[3]

따라서 어느 정도 부유하면서 합리적인 시민을 가지고 있다는 것은 좋은 일이다. 그러나 (오늘날에는 '노동계급'이라 부를 수 있는) 가난한 사람들이나 부자들이 좀 더 강력하다면, 이에 대한 좋은 대안 혹은 최고의 대안은 과연 무엇일까? 일종의 균형, 하지만 조금 다른 방식의 균형으로 아리스토텔레스가 '폴리티polity'라고 부르는 것이 있다. "폴리티는 일반적으로 말하자면 과두정치와 민주주의의 혼합이라고 할 수 있다. 하지만 이 용어는 흔히 민주주의에 경도되어 있는 국가를 가리키는 말로 사용된다."[4]

아리스토텔레스 시대에 과두정치란 어떤 것이었을까? 그는 다음과 같은 예를 들고 있는데, 나를 포함한 오늘날의 많은 사람이라면 대단히 민주적이라고 부를 만하다. "선거라는 과정에 의해 … 행정 수반을 임명하는 것이 … 과두정치로 간주된다."[5] 이미 앞서 살펴보았듯이 아리스토텔레스 시대 사람들은 민주주의를 문자 그대로 받아들여, 시민들이 정치에 직접 참여해야만 하는 것으로 생각했다.

이제 폴리티 개념을 살펴보기로 하자. 폴리티가 훌륭하게 작동하고 있는지 어떻게 알 수 있을까? 정의를 쪼개고 또 쪼개는 데 익숙했던 아리스토텔레스는 이번에는 우리의 기대를 저버리고 있다. 그는 우리가 정확하게 폴리티를 정의할 수 없을 때, 폴리티가 잘 작동하고 있다고 말한다. "과두정치와 민주주의가 만족스럽게 결합하고 있는가를 판단할 수 있는 기준은 하나의 국가를 민주주의인 동시에 과두정치라고 설명할 수 있는가이다."[6]

따라서 대중의 참여를 보장하면서도 내부자들이 많은 영향을 가지고 있다는 점에서, 성공적인 폴리티는 현대적인 '민주주의'와 흡사한 것으로 보인다. 아리스토텔레스는 과두정치인과 대중이 서로 균형을 잡고, 지배적인 중간계급의 편익을 도모하는 것을 긍정적으로 평가했던 것 같다. 대중이 정치적인 문제에 참여하고 엘리트들은 중요한 부가적인 역할을 담당하며 두 계급이 결합하는 것, 그것이 바로 아리스토텔레스가 '폴리티'라고 부르고, 우리가 민주주의라고 즐겨 부르는 것이다. 평균에서 10퍼센트 이쪽으로 가든 저쪽으로 가든 간에 그 이름은 바뀌지 않을 것이다.

## 100퍼센트 민주주의의 오류

로마 공화국의 황금기를 연구했던 그리스 역사가 폴리비우스는 연합 형태의 정부가 최고라고 강조한 것으로 유명하다. 그러나 연합 형태의 정부에 어떤 요소들이 들어가야 하는가에 대한 그의 생각은 아리스토텔레스의 생각과는 달랐다. 그는 이렇게 썼다. "최고의 정부 형태라는 주제에 대해 신뢰할 만한 지침을 주었던 사람들 대부분은 세 종류의 정체政體(국가의 조직 형태)를 구별하여 왕정, 귀족정, 민주정이라고 불렀다."[7]

하지만 폴리비우스는 대부분의 고대의 전문가들을 대단치 않게 평가했다. 그 이유로는 이들이 세 가지 선택권 중 하나만을 선택해야 한다고 주장하고 있기 때문이라고 말했다. 이런 점에서 폴리비우스는 〈프린세스 브라이드Princess Bride〉(로브 라이너 감독이 1987년에 제작한 판타지 영화−옮긴이)에서 월리스 숀Wallace Shawn이 연기한 비지니와 같다. 이 무능한 납치범은 영화에서 이렇게 외친다. "플라톤, 아리스토텔레스, 소크라테스라고 들어나 봤어? 멍청한 놈들!"

폴리비우스는 자신의 전임자들이 어떤 부분에서 잘못 생각하고 있었는지 설명한다. "왜냐하면, 이 세 요소 모두를 포함하는 정체가 최고의 정체라는 것은 너무도 당연하기 때문이다."[8] 그런 다음 그는 역사적 일화들을 제시하면서 자신의 주장에 근거를 더했다. 폴리비우스의 생각은 옳았지만, 자신의 주장을 세심하게 검증할 만한 근거와 경험적 방법은 부족했다.

마키아벨리도 마찬가지였다. 그의 대표작이라 할 수 있는《군주론The Prince》보다 길고, 민주주의에 더 많은 초점을 맞추고 있는《로마사 논고Discourses on Livy》에서 마키아벨리는 대체로 폴리니우스와 같은 견해를 밝히고, 역시 폴리니우스처럼 역사적 일화들을 주요 근거로 이용하고 있다. 민주정, 귀족정, 왕정이라는 고결한 세 정체와 이들의 사악한 쌍둥이라고 할 수 있는 무정부 상태, 과두정, 독재를 언급한 후 마키아벨리는 이렇게 말한다. "따라서, 나열된 모든 정부 형태들은 결함이 있다고 말하고 싶다. 좋은 세 개의 정체는 수명이 짧다는 점에서, 나쁜 세 개의 정체는 본질적으로 해롭다는 점에서 그렇다."[9]

따라서 (모든 것을 조금씩 섞어 만드는) 섞어찌개 정부가 해결방안으로 제시된다. "그러므로 법을 제정하는 데 신중했던 사람들은 이 사실을 파악하고, 단 하나의 형태를 피하면서 모든 형태를 합쳤다. 그러한 정부가 좀 더 흔들림 없이 안정될 수 있다고 판단했다. 왜냐하면 하나의 도시 국가에 공정公政, principality(대공prince이 다스리는 정치, 여기서는 왕정과 유사하다 - 옮긴이), 귀족정, 민주정이 함께 있을 때, 각각의 형태는 다른 형태들을 감시하게 되기 때문이다."[10]

마키아벨리는 견제와 균형을 강조하며 서로를 감시하는 정치적 경쟁이야말로 정부를 관리하는 최고의 방법이라고 찬양하고 있다. 이 책에서 나는 마키아벨리와는 다른 방법을 강조했다. 하지만 우리는 같은 결론에 도달했다. 순수한 민주주의는 추구해야 할 이상이 아니며, 오히려 회피해야 할 오류에 가깝다. 그리고 마키아벨리의 정부 개혁을 위한 이론과는 달리 나의 이론은 정확도가 의심스러운 고대의 일화에 기반을 두고 있지 않다.

## 그래도 지켜야 할 가치

전통적인 정치학에서 보자면 예일 대학교의 로버트 달은 20세기 후반 민주주의에 대한 가장 위대한 이론가임이 틀림없다. 나는 특히 그의 짧은 책《누가 통치하는가?Who Governs?》를 가장 좋아한다.[11] 이 책은 예일 대학교가 위치한 코네티컷주의 뉴헤이번 지방 정부가 실제로 작동하고 있는 방식에 대해 거의 인류학적으로 개괄하고 있다. 달은 민주주의에 대해 많은 심오한 책을 썼지만,《민주주의》야말로 그가 다두정多頭政, polyarchy이라 불렀던 대의 민주주의의 장점에 대해 무르익은 성찰을 보여주고 있는 책이라 할 만하다.[12] 5장에서 그는 민주주의에 대한 자신의 주장을 정립하고 있는데, 어떤 정체가 민주주의라고 정의되기에는 10개의 요소가 필요하다고 말하고 있다. 여기서 그 10개의 요소를 내 나름대로 다시 정리해보겠다.

다음의 한 가지는 그가 옳다고 믿는다. 민주주의는 독재를 방지한다. 어떤 정부가 독재임을 보여주는 하나의 지표는 그 정부가 시민들을 학살하는 것이다. 1장에서 보았듯이 전통적인 정치 권력 지수에서 민주주의라고 평가된 나라들이 자신의 시민을 학살하는 경우는 극히 드물었다. 하지만 이 지수에서 정부가 상위 25퍼센트에 속하기만 해도 시민들을 죽이지 않았다. 최소한 이 문제에서는 적은 양의 민주주의도 커다란 효과가 있는 것으로 보인다. 이 상관관계가 민주주의가 확장되며 생긴 것인지는 확신할 수 없지만, 여러 상황을 미루어볼 때, 그렇게 믿어도 상관없을 것 같다. 이어질 질문은 다음과 같다. "적절한 분량의 민주주의는 얼마만큼인가? 많은 분량의 민주주의에는 비용이 얼마나 드는가?"

다음으로 달은 좀 더 모호한 민주주의의 장점을 이야기한다. 정치적 평등이다. 그리고 난 후 달은 한참 동안 이 정치적 평등이 과연 순편익net benefit인지 아닌지의 문제를 놓고 씨름한다. 실제 세계에서는 모든 사람이 평등하게 정치 담론에 가치를 더해줄 수 없다는 사실을 잘 알고 있기 때문이다. 최근 에피스토크라시를 찬성하는 논의가 확장되면서, 달이 책을 썼을 당시에 비해 투표함 앞에서 정확하고 보편적인 정치적 평등이 있어야 한다는 주장은 약해졌다고 할 수 있다. 그렇게 되는 게 당연하다.

'민주주의'의 편익이라고 주장하는 범주는 다음과 같이 과두정치적인 혹은 거의 군주정치적인 사법부에 달려 있는 것들이다.

- 보편적 자유
- 기본적 사익 보호
- 자기결정권
- 도덕적 자율성
- 기본적 권리

개인의 자유, 시민권, 자기결정권에 관련해서 우리가 현대 민주주의에서 가장 신뢰하는 것은 유권자도 아니고 입법부도 아닌 사법부다. 인권에 대한 호소는 더 많은 민주주의보다는 더 적은 민주주의를 호소하는 것이 되기 마련이다.

다음의 마지막 세 가지 범주를 보면 과연 민주주의가 이 중 어떤 결과를 도출할 수 있을지 예측하기 힘들다.

- 인간 개발
- 평화 추구
- 번영

1장에서 보았듯이 대중 유권자들의 참여로 어떤 나라가 더 풍요를 누리고, 평화를 누릴 수 있는가에 관해서는 일치된 의견이 없다. 민주주의가 오히려 부유한 국가들이나 구매할 수 있는 사치품이 아닌가 하는 역인과관계나, 자유주의와 같은 제3의 힘이 평화와 번영의 조건을 낳는 것이 아닌가 하는 데에도 역시 일치된 의견이 없다.

달은 현명한 학자다. 비록 다소 지나치게 이상적인 면도 없지는 않지만 민주주의의 가치에 대한 그의 성찰은 귀담아들을 만하다. 나는 그에게서 정말 많은 것을 배웠다. 그러나 우리가 달의 성찰을 데이터에 대입하는 순간, 최대한의 민주주의라는 주장은 갑자기 근거가 박약한 주장이 되어버린다. 그 대신 다소 적은 민주주의가 합리적이고, 심지어 매력적인 대안으로 드러난다.

## 자유주의와 민주주의의 상충관계

시민들 사이의 동등한 개인적·사회적·종교적 권리, 개인의 자유에 대한 강한 추정, 높은 정도의 경제적 자유, 튼튼한 사회안전망을 의미하는 유럽식 자유주의는 순수 민주주의의 단짝은 아니다. 유권자들은 충동적이고, 근시안적이며, 보이지 않는 손을 흔히 보지 못하고, 지금 현재의 사회 상황을 지지하는 경향이 있다. 오늘날 순수 민주주의는 선택지에서 제외되어 있지만, 대의 민주주의는 아직 우리의 선택지 안에 있다. 하지만 선출된 판사가 임명직 판사보다 덜 유능했던 앞의 예에서도 살펴보았듯이, 사법부라는 측면에서 볼 때, 대의 민주주의가 훌륭한 선택은 아니었다. 사법부는 자유주의의 토대가 되는 많은 자유를 보장해주는 최고의 기관이므로, 사법부와 시민들 사이의 연결고리를 강화하는 친민주적 개혁은 오히려 자유주의를 약화하는 경향이 있다.

따라서 현대의 비교적 풍요로운 국가가 더 많은 자유주의를 원하고 있다면, 그 국가는 아마도 더 적은 민주주의를 원하고 있는 셈이다. 순수하지 않은 민주주의는 언제나 논의의 출발점이 되어야 한다. 거기에서부터 어느 정도 수준의 비순수성이 최선일까에 대해 논쟁해야 한다. 프랑스는 8퍼센트 덜 순수해야 하는가? 일본은 12퍼센트 덜 순수해야 할까? 정확한 수치를 제시하는 것보다는 개혁의 일반적인 방향이 더 중요하다. 정치학이라는 과학은 정밀성보다는 근사치가 중요하다는 점에서 약품의 최적 용량을 찾는 것과 흡사하다. 정치 개혁을 주장하는 현명한 사람들은 철학자 카베스 리드Carveth Read의 충고를 따르고 있다. "정확하게 틀린 것보다는 모호하게 올바른 것이 낫다."[13]

저명한 정치 사상가 대부분은 순수 민주주의의 장점을 당연시하거나, 자신들이 선호하는 모든 제도적 개혁을 '진정한 민주주의'라고 부른다. 사상가 대부분이 이런 식의 실수를 저지르고 있는 상황에서, ('민주주의가 곧 좋은 것'이라고 전제하지 않고, 훌륭한 이론과 현대의 경험적 방법을 결합한) 민주주의에 대해 모호하게 올바른 태도를 보이는 추세 역행적 접근방식은 훌륭한 제도적 개혁으로 나아가는 커다란 도약이 될 수 있을 것이다.

## 적절한 분량의 민주주의

나는 여러분에게 개인적 윤리에 부합하는 수준의 민주주의를 지지하라고 권하고 싶다. 여러분의 개인적 윤리가 보통 선거, 투표 강제, 국회의원의 3년 임기, 소득세율 변화에 대한 스마트폰 국민투표를 받아들이고 있다면, 여러분은 그 정도 수준의 민주주의를 지지하는 것이다. 지금 현재 가지고 있는 도덕적 관점을 고수하는 상태에서 어느 정도 수준의 개혁을 받아들일 수 있는지 생각해보는 게 가장 좋은 방법이다. 개혁에는 예를 들어 다음과 같은 것들이 포함될 수 있다.

- 의회의 상원에 한정해서, 대학 학위가 있어야만 투표할 수 있다.
- 선출 판사직과 선출 재무관을 없앤다.
- 대통령에게 6년 임기를 보장한다.

10% 적은
민주주의

다음 단계로는 여러분의 도덕적 관점을 고수하며, 다양한 개혁 안들이 가진 편익과 비용을 비교해본다.

물론, 정반대의 다른 방법도 있다.

우선, 이 책 전체에서 제시된 민주주의를 축소하는 여러 개혁의 비용과 편익을 비교해본다. 그리고 이러한 개혁을 디딤돌 삼아 여러분 나름의 가능한 개혁을 생각해보는 것이다.

두 번째, 약간은 적은 민주주의가 가진 장단점을 비교해본 후에는, 여러분의 개인적인 윤리가 어느 정도까지 그런 개혁을 감당할 수 있는지 충분한 시간을 두며 성찰해본다. 훌륭해 보이는 개혁 중 어떤 것이 여러분의 도덕적 세계관과 충돌하고 있는지 생각해본다.

어느 정도 확신을 두고 나는 여러분에게 10퍼센트 적은 민주주의의 장점은 대단히 많다고 보장할 수 있다. 여러분이 좀 더 유연하고, 합리적인 윤리관을 가져야 하지 않을까 생각해보게 할 정도로 10퍼센트 적은 민주주의의 장점은 대단히 많다.

# 감사의 글

이 책을 쓰는 과정에서 조지메이슨 대학교 경제학과의 동료들에게 커다란 도움을 받았다. 사실 그들은 내가 대학에 가기 전부터 동료들은 나의 지적 세계 형성에 도움을 주었다. 십대 시절에는 월터 윌리엄스Walter Williams의 신문 칼럼을 탐독했고, 대학원을 다니면서는 제임스 뷰캐넌, 리처드 와그너, 고든 털럭의 책을 읽었고, 타일러 코웬Tyler Gowen과 알렉스 태버럭Alex Tabarrok의《한계혁명 Marginal Revolution》이라는 블로그는 거의 처음부터 구독해 읽었다.

《한계혁명》에 처음 올라온 글은 2003년 8월 태버럭의 '루나멘 Lunar Men'이라는 제목의 포스팅이었다. 이 논문은 계몽주의 시대 영국의 위대한 지식인들에 관해 다루고 있었는데, "이래즈머스 다윈Erasmus Darwin, 매튜 볼턴Matthew Boulton, 제임스 와트James Watt, 조지아 웨지우드Josiah Wedgwood 등은 보름달이 뜨는 밤 정기적으로 만나 과학에 관한 토론을 했다"라고 한다. 조지메이슨 대학교에서 우리는 달빛 아래서 만나지는 않았지만, 점심을 같이 먹거나 서로의 사무실에 불쑥 찾아가고는 했다. 하지만 조지메이슨 대학교 경제학과에서 우리가 과학에 관해 토론했던 수준은 그 옛날 달빛 아래 모임에 필적할 정도의 수준이었다고 해도 과언이 아닐 것이다. 12년 동안 재직하면서 동료들은 내 지적 수준을 끌어올려주었고, 이에 대해 나는 언제나 고마움을 잊지 않을 것이다.

조지메이슨 대학교의 경제학부 클럽 경제학회에서 2015년 처음 '10퍼센트 적은 민주주의'라는 주제를 놓고 강연했다. 이들의 초대에 대단한 감사를 표하는 바이다. 그 강연을 통해 나는 우리 문화의 더 많은 민주주의에 대한 근거 없는 강박이야말로 훌륭한 정부를 이해하는 데 장애가 된다는 사실을 깨우칠 수 있었다. 나는 이 책과 관련된 아이디어를 발표할 기회를 준 서던메소디스트 대학교의 전 세계 시장과 자유를 위한 오닐 센터와 더불어 이 책의 초고를 기반으로 강연할 기회를 제공한 조지메이슨 대학교 공공선택연구소의 댄 클라인Dan Klein이 연 '보이지 않는 손' 세미나에 감사하는 바이다. 특히 공공선택연구소는 이 책의 연구를 재정적으로 후원해주었다.

존 나이John Nye, 마크 코야마Mark Kyama, 케사르 마르티넬리 Cesar Martinelli, 아놀드 킹Arnold King, 댄 클라인Dan Klein, 노엘 존슨

Noel Johnson, 팀 케인Time Kane, 다니엘 클라인Daniel Klein, 존 조겐슨Jon Jorgensen, 애미 코디Amy Cody는 통찰력 있는 지적과 더불어 지적 영감을 주었다. 로빈 핸슨Robin Hanson은 유럽연합에 관한 장에 많은 충고를 아끼지 않았다. 팀 그로스클로스Tim Groseclose는 여러 입법부에 대해 코멘트 해주었다. 특히 태버럭은 에피스토크라시와 독립적인 기관들을 다룬 장들에 관해 많은 제안을 해주었다. 조지메이슨 대학교 동료 제인 페리Jane Perry는 편집에 대해 제안을 해주었다. 나의 친구 맷 드브리스Matt DeVries, 타냐 드셀Tanya DeCell, 카렌 존슨Karen Johnson은 초교를 정성스레 읽고 코멘트를 해주었다. 그리고도 이 책에서 발견할 수 있는 오류가 있다면, 그 오류는 모두 나의 오랜 벗이자 뮤즈라고 할 수 있는 맷 드브리스가 저지른 실수이다.

스탠퍼드 대학교 출판사의 편집자 마고 베스 플레밍Margo Beth Fleming은 이 책을 어떻게 써야 하는지 가르쳐주었으며, 지금도 그에게서 계속 배우고 있다. 이 책의 편집자 스티브 카탈라노Steve Catalano는 이 책이 완성될 수 있도록 나를 이끌어주었다. 그의 엄청난 지원과 도움에 감사한다. 수나 준Sunna Juhn, 앤 푸질리에Anne Fuzeller와 교열을 담당한 베브 밀러Bev Miller 덕분에 편집과 수정의 마지막 단계가 수월할 수 있었다. 이름을 모르는 두 명의 리뷰어는 통찰력 깊은 충고와 중요한 비판을 제시해주었다.

나의 조카 시에나Sienna, 코코Coco, 에단Ethan, 맥Mac이 좀 더 훌륭하고, 현명하고, 좀 더 장기적인 전망을 가진 정부 아래서 살 수 있

10% 적은
민주주의

으면 좋겠다는 바람으로 이 책을 썼다. 그들 모두에게 나의 사랑하는 마음을 전한다.

# 주

## 머리말

1 Natalie Schulhof, "'Less Democracy, Better Government,' Says Mason Porfessor," *Fourth Estate,* March 3, 2015, http://gmufourestate.com/2015/03/03/less-democracy-better-government-says-mason-professor.

2 Ben Norton, "Koch-Funded Economist Wants 'Less Democracy,'" Counterpunch.org, March 27, 2015, https://www.counterpuch.org/2015/03/27/koch-funded-economist-wants-less-democracy/.

3 내가 혹시 상원에 다시 자리를 잡을 수 있을까 하여 상원에 대해 좋은 말을 하고 있다고 생각할 수도 있다. 그런 이유로 모든 사람이 예전 상사로 모시던 상원의원에 대해 좋은 말을 하고 있을 수도 있다. 정치에 대한 냉소주의는 언제나 올바른 태도이다. 하지만 여기서는 내 말을 믿어야 할 두 가지 근거가 있다.

1. 내 경험상 의원 보좌관들은 자신의 상사에 관해 이야기하길 즐긴다. 온종일 이래라저래라 명령하는, 엄격하거나 거만하고 심지어는 비열한 상원의원을 모시고 있다는 데 일종의 자부심을 느끼고 있는 사람도 있다.

2. 해치 상원의원은 40년의 임기를 마치고 2019년 은퇴했다. 은퇴할 당시 그는 다수당에서도 가장 원로의원이었고, 이에 따라 임시 의장직을 맡기도 했다. 그러나 상원의원이 자리에서 물러나는 순간, 그 특정한 의원과 맺고 있는 정치적 관계의 가치는 급속도로 하락한다. 2012년 주요 경제학술지에 발표된 한 연구에 따르면 "관계를 맺고 있는 상원의원이 물러나면, 로비스트의 수입은 평균 24퍼센트 감소한다." Jordi Blanes i Vadal, Mirko Draca, and Christian Fons-Rosen, "Revolving Door Lobbyists," American Economic Review 102, no. 7(2012): 3731-3748. 따라서 아무리 냉소주의자라도 이러한 근거를 살펴보면 내가 작년과 비교하면 예전 상사에게 좋은 이야기를 할 만한 경제적 동기가 상당히 줄어들었다는 사실을 알게 될 것이다. 내가 진실을 말하고 있을 가능성이 그만큼 크다는 말이다.

Chapter 1

1   Amartya K, Sen, *Development as Freedom* (New York: Oxford University Press, 2001), 16.

2   William Easterly, Roberta Gatti, and Sergio Kurlat, "Development, Democracy, and Mass Killings," *Journal of Economic Growth* 11, no. 2 (2006): 137.

3   Seymour Martin Lipset, "Some Social Requisites of Democracy: Economic Development and Political Legitimacy," *American Political Science Review* 53 (1) (1959): 69-105.

4   John Gerring, Philip Bond, William T. Barndt, and Carola Moreno, "Democracy and Economic Growth: A Historical Perspective," World Politics 57, no. 3 (2005): 323. The fixed-effects regressions they discuss offer "before-and-after" evidence on democracy and growth.

5   Gerring et al., "Democracy and Economic Growth," 323-324.

6   Daron Acemoglu, Suresh Naidu, Pascual Restrepo, and James A, Robinson, "Democracy Does Cause Growth," *Journal of Political Economy* 127, no. 1 (2019): 47-100.

7   Robert A. Dahl, On Democracy (New Haven: Yale University Press, 1998), 38.

8   Mark S. Bell and Kai Quek, "Authoritarian Public Opinion and the Democratic Peace," *International Organization* 72, no.1 (2018): 227

9   Albert O. Hirschman, *The Passions and the Interests: Political Arguments for Capitalism Before Its Triumph* (Princeton: Princeton University Press, 1977), 14.

10  John R. Oneal and Bruce Russett, "Assessing the Liberal Peace with Alternative Specifications: Trade Still Reduces Conflict," *Journal of Peace Research* 36, no.4 (1999): 423

11  Håvard Hegre, "Democracy and Armed Conflict," Journal of Peace Research 51, no.2 (2014): 159.

12  Håvard Hegre, Michael Bernhard, and Jan Teorell, "Reassessing the Democratic Peace: working paper (2018), 1

13  Monty G. Marshall and Ted Robert Gurr, *Polity IV Project: Political Regime Characteristics and Transitions*, 1800-2016. *Dataset Users' Manual* (Vienna, VA: Center

for Systemic Peace, 2017), 14

14 Marshall and Gurr, Polity Ⅳ Project, 15.

15 Lee Hsiang Liow, Mikael Fortelius, Ella Bingham, Kari Lintulaakso, Heikki Mannila, Larry Flynn, and Nils Chr. Stenseth, "Higher Origination and Extinction Rates in Larger Mammals," *Proceedings of the National Academy of Sciences* 105, no. 16(2008): 6097-6102.

16 Jewel Stolarchuk, "'Buffet-Syndrome' Explanation Is 'Completely at Odds with Reality':SDP Chairman," Independent(Singapore), March 15, 2018, http://theindependent.sg/buffet-syndrome-explanation-is-completely-at-odds-with-reality-sdp-chairman/.

17 Robert J. Barro, "Democracy and Growth," *Journal of Econimic Growth* 1, no. 1 (1996): 14.

18 -1.6퍼센트라는 결과는 민주주의의 낮은 수준, 중간 수준, 높은 수준이라는 범주에 대한 배로의 더미변수추정에서 나왔다. 그의 민주주의 이차형추정을 해석하면, 0-1 값의 변수에서 0.5 민주주의 점수가 1.0 민주주의 점수로 이동하면 일인당 소득의 연간 소득 증가는 -1.3퍼센트라는 예측 효과를 낳는다.

19 Rafael Di Tella, Robert J, MacCulloch, and Andrew Oswald, "Preferences over Inflation and Unemployment: Evidence from Surveys of Happiness," *American Economic Review* 91, no. 1(2001): 340.

20 Gregory N. Mankiw, *Princeples of Macroeconomics*, 8th ed. (Boston: Cengage, 2018).

21 Robert J. Barro, "Inflation and Economic Growth," *Annals of Economics and Finance* 14, no. 1(2013): 121-144.

22 William Easterly, "National Policies and Economic Growth: A Reappraisal," in *Handbook of Economic Growth*, edited by Philippe Aghion and Steven Durlauf, vol. 1, pp. 1015-1059. New York: Elsevier, 2005.

23 Benjamin F. Jones and Benjamin A. Olken, "Do Leaders Matter? National Leadership and Growth Since World War Ⅱ," *Quarterly Journal of Economics* 120, no. 3(2005): 835-864.

Chapter 2

1　David R. Mayhew, *Congress: The Electoral Connection*(New Haven: Yale University Press, 1974).

2　Frédéric Bastiat, "What Is Seen and What is Not Seen." *Ideas on liberty* 51(2001): 12.

3　Kenneth A. Shepsle, Robert P. Van Houweling, Samuel J. Abrams, and Peter C. Hanson, "The Senate Electoral Cycle and Bicameral Appropriations Politics," *American Journal of Political Science* 53, no. 2(2009): 343-359.

4　Ray C. Fair, "Presidential and Congressional Vote? Share Equations," *American Journal of Political Science* 53, no. 1(2009): 59.

5　공정위에 따르면 예측 관계의 정확성 측도인 t-통계량이 호황 분기보다 선거 연도에 더 크다.

6　"Trade Within Europe," IGM Forum, December 7, 2016.

7　"China-Europe Trade," IGM Forum, April 12, 2018.

8　Matthew F. Daley, Nocole Liddon, Lori A. Crane, Brenda L. Beaty, Jennifer Barrow, Christine Babbel, Lauri E, Markowitz et al., "A National Survey of Pediatrician Knowledge and Attitudes Regarding Human Papillomavirus Vaccination," *Pediatrics* 118, no. 6(2006): 2280-2289, and Matthew F. Daley, Lori A. Crane, Lauri E. Markowitz, Sandra R. Black, Brenda L. Beaty, Jennifer Barrow, Christine Babbel et al., "Human Papillomavirus Vaccination Practices: A Survey of US Physicians 18 Months After Licensure," *Pediatrics* 126, no. 3(2010): 425-433.

9　Paola Conconi, Giovanni Facchini, and Maurizio Zanardi, "Pokicymakers' Horizon and Trade Reforms: The Protectionist Effect of Elections," *Journal of International Economics* 94, no. 1(2014);n. 3.

10　Conconi, Facchini, and Zanardi, "Policymakers' Horizon and Trade Reforms," 111.

11　Paola Conconi, David R. DeRemer, Georg Kirchsteriger, Lorenzo Trimarchi, and Maurizio Zanardi, "Suspiciously Timed Trade Disputs," *Journal of International Economics* 105(2017): 57.

12　두 독자적인 소스를 통해, 대선 이전 무역 분쟁이 일어났을 때 미국 대통령이 취했던 정책에 관한 이야기를 들었다. 당시 대통령은 대선 직전, 문제에 봉착한 산업을 도와

주기 위해 관세를 부과하는 결정을 내렸다. 내가 들었던 두 이야기 모두는 이 대통령이 두 훌륭한 경제학자들에게 좋은 정치와 좋은 경제 사이의 잔인한 트레이드오프에 대해 직설적으로 설명했다는 이야기였다. 몇 년의 시차를 두고 전혀 다른 사람들을 대상으로 했던 이 두 이야기가 일치하는 것에 대해, 나는 많은 주요 정치인들이 재선과 정부를 잘 운영하는 것 사이에 잔인한 트레이드오프가 있다고 생각하는 신호로 받아들이고 있다.

13  Stephanie J. Rickard and Teri L. Caraway, "International Negotiations in the Shadow of National Elections," *International Organization* 68, no. 3(2014): 701-720.

14  "France's Labor Market," IGM Forum, May 17, 2017.

15  IGM의 설문조사 응답에는 "답변하지 않았다"는 항목도 있었기 때문에 100퍼센트가 되지 않는다.

16  Rickard and Caraway, "International Organizations," 710.

17  Jeffry Frieden, Piero Ghezzi, and Ernesto Stein, "Politics and Exchange Rates: A Cross-Counry Approach to Latin America," in *The Currency Game: Exchange Rate Politics inLatin America*, ed. Jeffry Frieden and Ernesto Stein (Baltomore, MD: Johns Hopkins University Press, 2009), 59.

18  Mareike Kleine and Clement Minaudier, "Negotiating Under Political Uncertainty: National Elections and the Dynamics of International Co-Operation," *British Journal of Political Science* 49, no. 1(2019): 315-337.

19  Edurdo Alemán and Ernesto Calvo, "Analyzing Legislative Success in Latin America: The Case of Democratic Argentina," in *The Study of New Democracies in Latin America*, ed. Guillermo O'Donnell, Joseph Tuhlchin and Augusto Varas. with Adam Stubits(Washington, DC: Woodrow Wilson International Center for Scholars, 2008).

20  Frank R, Baumgartner, Sylvain Brouard, Emiliano Grossman, Sebastien G. Lazardeux, and Jonathan Moody, "Divided Government, Legislative Productivity, and Policy Change in the USA and France," *Governance* 27, no. 3(2014): 423-447.

21  Kleine and Minaudier, "Negotiating Under Political Uncertainty," 2.

22  Enrnesto Dal Bó and Martín A. Rossi, "Term Length and the Effort of Politician," *Review of Economic Studies* 78, no, 4(2011): 1237-1263.

23  Dal Bó and Rossi, "Term Length," 1238.

24  Dal Bó and Rossi, "Term Length," 1237.

25 Dal Bó and Rossi, "Term Length," 1239.

26 Rocio Titiunik, "Drawing Your Senator from a Jar: Term Length and Legislative Behavior," *Political Science Research and Methods* 4, no, 2(2016): 293.

27 Rovert Dahl, *On Democracy*(New Haven: Yale University Press, 1998)

Chapter 3

1 Alberto Alesina and Lawrence H. Summers, "Central Bank Independence and Macroeconomic Performance: Some Comparative Evidence," *Journal of Money, Credit and Banking* 25, no. 2(1993): 151-162.

2 James Tobin, "On Improving the Economic Status of the Negro," in The Negro American, ed. Talcott Parsons and Kenneth Bancroft Clark(Boston: Houghton Mifflin, 1966), 457-458. Paul A. Samuelson and Robert M. Solow, "Analytical Aspects of Anti-Inflation Policy," *American Economic Review Papers and Proceedings* 50, no. 2(1960): 177-194도 참조할 것.

3 Alesina and Summers, "Central Bank Interpendence," 153.

4 Alesina and Summers, "Central Bank Interpendence," 153.

5 Alberto Posso and George B. Tawadros, "Does Greater Central Bank Indeependence Really Lead to Lower Inflation? Evidence from Panel Data," *Economic Modelling* 33(213): 244-247.

6 Alex Cukierman, *Central Bank Strategy, Credibility, and Inderpencence: Theory and Evidence* (Cambridge, MA: MIT Press, 1992). Vittorio Grilli, Donato Masciandaro, and Guido Tabellini, "Political and Monetary Institutions and Public Financial Policies in the Industrial Countries," *Economic Policy* 6, no. 13(1991): 341-392도 참조할 것

7 Alesina and S ummers, "Central Bank Independence," 159.

8 Alesina and S ummers, "Central Bank Independence," 159.

9 Alex Cukierman, "Central Bank Independence and Policy Results: Theory and Evidence," lecture prepared for the Bank of Mezico international conference, "Stability

and Economic Growth: The Role of the Central Bank," Mexico City, 2005.

10  Kenneth Rogoff, "The Optimal Degree of Commitment to an Intermediate Monetary Target," *Quarterly Journal of Economics* 100, no. 4(1985): 1169–1189.

11  Finn E. Kydland and Deward C. Prescott, "Time to Build and Aggregate Fluctuations," *Econometrica*(1982): 1345–1370. John B, Long Jr. and Charles I. Plosser, "Real Business Cycles," *Journal of Political Ecomomy* 91, no 1(1983): 39–69도 참조할 것.

12  Orson Scott Card, *Ender's Game* (New York: Tor Books, 1985).

13  Jeroen Klomp and Jakob De Haan, "Central Bank Independence and Financial Instability," *Journal of Financial Stability* 5, no. 4(2009): 321–338.

14  Alberto Alesina and Andrea Stella, "The Politics of Montary Policy," in *Handbook of Monetary Ecomomics*, vol. 3, ed. Benjamin Friedman and Michael Woodford(Amsterdam: North-Holland, 2010), 1001–1054.

15  Alan S, Blinder, *Central Banking in Theory and Practice*(Cambridge, MA: MIT Press, 1999), 56.

16  Blinder, Central Banking, 55.

17  Blinder, Central Banking, 56.

18  James Duesenberry, "Comment on 'An Economic Ananysis of Fertility,'" in *Demographic and Economic Change in Develiped Countries*(Cambridge, MA: National Bureau of Economic Research, 1960), 233.

19  Bryan Caplan, "Persuasion, Slack, and Traps: How Can Economists Change the World?" *Public Choice* 142, no. 1–2(2010): 1–8.

20  Blinder, Central Banking, 59.

Chapter 4

1  Alan Blinder, "Is Government Too Political?" Foreign Affairs 76, no. 6(1997): 117.

2  Blinder, "Is Government Too Political?" 117.

3 Ezra Klein, "The Supreme Court vs. Democracy," Vox.com, July 9, 2018.

4 Richard Neely, *The Product Liability Mess: How Business Can Be Rescued from State Court Politics*(New York: Free Press, 1988), 4. 탁월한 통찰력을 보여주는 같은 작가의 다음 책도 추천한다. Richard Neely, How Courts Govern America(New Haven: Yale University Press, 1983).

5 Alexander Tabarrok and Eric Helland, "Court Politics: The Political Economy of Tort Awards," *Journal of Law and Economics* 42, no. 1(1999): 157-188. Eric Helland and Alexander Tabarrok, "The Effect of Electoral Institutions on Tort Awards," *American Law and Economics Review* 4, no. 3(2002): 341-370도 참조할 것.

6 Elliott Ash and W. Bentley MacLeod, "The Performance of Electd Officials: Evidence from State Supreme Courts," NBER working paper 22071(2016), 1.

7 John Haley, "The Japlnese Judiciary: Maintaining Integrity, Autonomy and the Public Trust," in *Law in Japan: A Turning Point*, ed. Daniel J, Foote(Seattle: University of Washington Press, 2007), 102-103.

8 Courts and Tribunals Judiciary, "Judicial Appointments," accessed August 20, 2018, https://www.judiciary.uk/about-the-judiciary/the-judiciary-the-government-and-the-constitution/jud-acc-ind/jud-appts/.

9 Jimmy Carter, *Why Not the Best? The First 50 Years* (Fayetteville: University of Arkansas Press, 1975).

10 Ash and McLeod, "Performance of Elected Officials," 3.

11 Ash and McLeod, "Performance of Elected Officials," 3.

12 Rafael La Porta, Florncio Lopez-de-Silanes, Cristian Pop-Eleches, and Andrei Shleifer, "Judicial Checks and Balances," *Journal of Political Economy* 112, no. 2(2004): 445-470.

13 La Porta et al., "Judicial Checks," 457.

14 Michael Baldassare, "The Orange County Bankruptcy: Who's Next?" Public Policy Institute of California Research brief (April 1998).

15 Whalley, "Elected versus Aoopinted," n. 7.

16 Dwight D. Eisenhower, "Farewell Address," (1961), accessed May 23, 2019, https://www.eisenhower.archives.gov/all_about_ike/speeches/farewell_address.pdf.

17 Timothy Besley and Stephen Coate, "Elected Versus Appointed Regulators: Theory and Evidence," *Journal of the European Economic Association* 1, no, 5 (2003): 1176–1206. Thmothy Besley and Stephen Coate, "Elected Versus Appointed Regulators: Theory and Evidence," *NBER Working Paper* 7579 (2000). Guy L. F. Holburn and Pablo T. Spiller, "Interest Group Representation in Administrative Institutions: The Impact of Comsumer Advocates and Elected Commissioners on Regulatory Policy in the United States," working paper (2002)도 참조할 것.

18 Dino Falaschetti, "Electoral Accountability and Consumer Monopsonists: Evidence from Elected vs. Appointed Regulators," working paper (2007).

19 Falaschetti, "Electoral Accountability," 4.

20 Besley and Coate, "Elected Versus Appointed," 1178.

21 Friedrich August Hayek, "The Use of Knowledge in Society," *American Economic Review* 35, no. 4 (1945): 526.

22 Geoff Edwards and Leonard Waverman, "The Effect of Public Ownership and Regulatory Independence on Regulatory Outcomes," Journal of REgulatory Economics 29, no. 1 (1997): 1–4.

23 Edwards and Waverman, "Effect of Public Ownership," 37.

24 Warrick Smith, "Utility Regulators: The Independence Debate," *Public Policy for the Private Sector* 127, no. 1 (1997): 1–4.

25 Lisa Schultz Bressman and Robert B. Thompson, "The Future of Agency Independence," *Vanderbilt Law Review* 63 (2010): 611.

26 Alan S. Blinder, Advice and Dissent: *Why America Suffers When Economics and Politics Collide* (New York: Basic Books, 2018), 9.

27 Blinder, Advice and Dissent, 285.

28 Blinder, Advice and Dissent, 296.

29 Blinder, Advice and Dissent, 296.

30 Blinder, Advice and Dissent, 297.

31 Blinder, Advice and Dissent, 297.

32 Blinder, Advice and Dissent, 298.

Chapter 5

1   American Convention on Human Rights, accessed May 23, 2019, https://
    en.wikisource.org/wiki/American_Convention_on_Human_Rights.

2   United Nations Office of the High Commissioner on Human Rights, "United
    Nations Guide for Minorities. Pamphlet No. 5: Protection of Minority Rights in the
    Inter-American Human Rights System," accessed October 29, 2018, https://www.
    ohchr.org/en/issues/minorities/pages/minoritiesguide.aspx.

3   Koji Maeda and Kaori H. Okano, "Connecting Indigenous Ainu, University and
    Local Industry in Japan: The Urespa Project," *International Education Journal:
    Comparative Perspectives* 12, no. 1 (2013): 45–60.

4   Steve Strand, "Ethnicity, Deprivation and Educational Achievement at Age 16 in
    England: Trends over Time," Department for Education research report (2015).

5   National Center for Education Statistics, "Public High School Graduation Rates," U.S.
    Department of Education (May 2018), https://nces.ed.gov/programs/coe/indicator_
    coi.asp.

6   Chiefs Assembly on Education, "Information Package," Assembly of First
    Nations (October 2012), http://www.treatysix.org/pdf/Afn%20Education%20
    Assembly%20Information%20Package_ENG.pdf.

7   Vincenzo Memoli, "How Does Political Knowledge Shape Support for Democracy?
    Some Research Based on the Italian Case," Bulletin of Italian Politics 3, no. 1 (2011):
    79–102.

8   Jan-Willem van Prooijen, "Why Education Predicts Decreased Belief in Conspiracy
    Theories," *Applied Cognitive Psychology* 31, no. 1 (2017): 50–58.

9   Bryan Caplan, *The Myth of the Rational Voter: Why Democracies Choose Bad
    Policies* (Princeton: Princeton University Press, 2011).

10  Alan Blinder, *Advice and Dissent: Central Banking in Theory and Practice* (Cambridge,
    MA: MIT Press, 1999), 255.

11  European Union Agency for Fundamental Rights, "The Rights of People with Mental
    Health Problems and Intellectual Disabilities to Take Part in Politics" (November 2010),

http://fra.europa.eu/sites/default/files/fra_reoprt_on_right_to_vote_as_easy_to_read.pdf.

12 James R. Hansen, First Man: *The Life of Neil A. Armstrong* (New York: Simon and Schuster, 2012).

13 Jason Brennan, *Against Democracy: New Preface* (Princeton: Princeton University Press, 2017).

14 Jody Heymann, Adèle Cassola, Amy Raub, and Lipi Mishra, "Constitutional Rights to Health, Public Health and Protections in 191 Countries," *Global Public Health* 8, no. 6 (2013): 644.

15 Matthias Doepke, Michele Tertilt, and Alessandra Voena, "The Economics and Politics of Women's Rights," *Annual Reviews of Economics* 4, no. 1 (2012): 339-372.

16 Alan de Bromhead, "Women Voters and Trade Protectionism in the Interwar Years," Oxford Economic Papers 70, no. 1 (2017): 22-46.

17 Robert A. Heinlein, *Starship Troopers* (New York: Putman, 1959).

18 Benjamin Franklin, *Poor Richard's Almanack* (New York: Barnes & Nobel, 2004).

19 Daniel Stockemer and François Rocher, "Age, Political Knowledge and Electoral Turnout: A Case Study of Canada," *Commonwealth and Comparative Politics* 55, no. 1 (2017): 41-62.

20 Giorgio Del Vecchio, "Universal Suffrage and Political Capacity," *Loyola Law Review* 11, no. 1 (1961): 1-7.

21 American Civil Liberties Union, "Out of Step with the World: An Analysis of Felony Disenfranchisement in the U.S. and Other Democracies," ACLU (2006).

22 Caroline Wolf Harlow, "Education and Correctional Populations: Bureau of Justice of Statistics Special Report" (2003).

23 Gordon Tullock, "The Transitional Gains Trap," *Bell Journal of Economics* 6, no. 2 (1975): 671-678.

24 Mark J. Perry, "Chart of the Day: Creative Destruction, the Uber Effect, and the Slow Death of the NYC Taxi Cartel," *Carpe Diem*, March 17, 2018, http://www.aei.org/publication/chart-of-the-day-creative-destruction-the-uber-effect-and-the-slow-death-of-the-nyc-yelllow-taxi/.

25  American Medical Association. "AMA Code of Medical Ethics: Treating Self or Family," accessed October 29, 2018, https://www.amaassn.org/delivering-care/treating-self-or-family.

26  Robert Anson Heinlein, *Expanded Universe: The New Worlds of Robert A. Heinlein* (New York: Grosset & Dunlap, 1980).

## Chapter 6

1   Alexander Hamilton to Robert Morris, April 30, 1781, U.S. National Archives.

2   Marcia Stigum and Anthony Crescenzi, *Stigum's Money Market*, 4th ed. (New York: McGraw-Hill, 2007), 305-307.

3   Ed Chrisman, "The Whole Story Behind David Bowie's $55 Million Wall Street Traiblaze," *Billboard*, January 13, 2016.

4   Chrisopher A. Sims, "Paper Money," *American Economic Review* 103, no. 2 (2013): 563-584.

5   이후 10년간 재무부의 만기는 명목금리가 9퍼센트, GDP 인플레이션율이 2.6퍼센트로 나타났다.

6   Miwi Murphy, "Ministry Goes Offshore to Diversify Holders of JGBs," *Japan Times*, June 27, 2006.

7   Martin A. Weiss, "The Paris Club and International Debt Relief," Congressional Research Service (Washington, DC: Library of Congress, 2013), 1.

8   Club de Paris, "The Si ㅌ Principles," accessed May 24, 2019, http://www.clubdeparis.org/en/communications/page/the-six-principles.

9   Alexander Hamilton, *First Report on the Public Credit* (Washington, DC: US Government Printing Office, 1908).

10  Douglass C. North and Barry R. Weingast, "Constitutions and Commitment: The Evolution of Institutions Governing Public Choice in Seventeenth-Century England," *Journal of Economic History* 49, no. 4 (1989): 803-832.

11 Hilton L. Root, "Tying the King's Hands: Credible Commitments and Royal Fiscal Policy During the Old Regime," *Rationality and Society* 1. no. 2 (1989): 240–258.

12 Sebastian Edwards, "Sovereign Dafault, Debt Restructuring, and Recovery Rates: Was the Argentinean 'Haircut' Excessive?" *Open Economics Review* 26, no. 5 (2015): 839–867.

13 Thomas Freidman, "Don't Mess with Moody's" *New York Times*, February 22, 1995.

## Chapter 7

1 William L. Riordan, *Plunkitt of Tammany Hall: A Series of Very Plain Talks on Very Practical Politics* (New York: Penguin, 1995), 3.

2 Riordan, Tammany Hall, 6.

3 Riordan, Tammany Hall, 24.

4 Carol Hanosch, "The Personal Is Political," in *Notes from the Second Year: Women's Liberation*, ed. Shulamith Firestone (New York: Shulamith Firestone, 1970).

5 Riordan, *Tammany Hall*, 25.

6 *Merriam-Webster's Collegiate Dictionary*, 11th ed. (New York: Merriam-Webster, 2014).

7 Donald A. Wittman, *The Myth of Democratic Failure: Why Political Institutions Are Efficient* (Chicago: University of Chicago Press, 1995).

8 Donald Wittman, "Why Democracies Produce Efficient Results," *Journal of Political Economy* 97, no. 6 (1989): 1395–1424.

9 Tyler Cowen, "The Wisdom of Garett Jones, a Continuing Series," *Marginal Revolution*, January 26, 2010, https://marginalrevolution.com/marginalrevolution/2010/01/the-wisdom-of-garett-jones-a-continuing-series.html.

10 Tyler Cowen, "Congress Needs to Bring Back Earmarks," *Bloomberg Opinion*, January 9, 2018.

11 Cowen, "Congress Needs to Bring Back Earmarks."

12 Rauch, *Political Realism*, 7.

13 Rauch, *Political Realism*, 11.

14 Rauch, *Political REalism*, 11.

15 Martin Gurri, *The Revolt of the Public and the Crisis of Authority in the New Millennium* (San Francisco: Stripe Press, 2018).

16 Christopher Nolan, *The Dark Knight Trilogy* (London: Faber & Faber, 2012).


Chapter 8


1 European Parliament, "Exploratory Study: Major Trends in European Public Opinion with Regard to the European Union," Directorate-General for Communication, updated November 2015, http://www.europarl.europa.eu/pdf/eurobarometre/2015/major_change/eb_historical_deskresearch_en.pdf. European Commission, "Eurobarometer 69: 4. The European Union and Its Citizens," Directorate-General for Communication. November 2008, http://ec.europa.eu/commfrontoffice/publicopinion/archives/eb/eb69/eb69_part2_en.pdf도 참조할 것

2 Andrew Moravsik, "Reassessing Legitimacy in the European Union," *Journal of Common Market Studies* 40, no. 4 (2002): 603-624.

3 Morten Egeberg, Åse Gornitzka, and Jarle Trondal, "A Not So Technocratic Executive? Everyday Interaction Between the European Parliament and the Commossion." *West European Politics* 37, no 1 (2014): 1-18.

4 Agnieszka Walczak and Wouter van der Brug, "The Quality of Rᴄpresentation in European Elections," in *Proceedings of the 6th ECPR General Conference*, University of Iceland, 2011, 25-27.

5 Ryan Heath, "Europeans Love the EU (and Populists too)," *Politico*, May 23, 2018, https://www.politico.eu/article/europeans-love-the-eu-and-populist-too/.

6 Charlie Dunnmore, "EU Finds Time to Tell Restaurants How to Serve Olive Oil," Reuters, May 18, 2013.

7 Joshua C. Hall, Robert A. Lawson, and Rachael Wogsland, "The European Union and Economics Freedom," *Global Economy Journal* 11, no. 3 (2011): 1850232. Danko

Tarabar and Andrew T. Young. "Liberalizing Reforms and the European Union: Accession, Membership, and Convergence," *Southern Economic* Journal 83, no. 4 (2017): 932-951도 참조할 것.

8   Robert D, Putnam, "E Plutibus Unum: Diversity and Community in the Twenty? First Century: The 2006 Johan Skytte Prize Lecture," *Scandinavian Political Studies* 30, no. 2 (2007): 137-174.

9   Edward L. Glaeser, David I. Laibson, Jose A. Scheinkman, and Christine L. Soutter, "Measuring Trust," *Quarterly Journal of Economics* 115, no, 3 (2000): 811-846.

10  Jonas Hjort, "Ethnic Divisions and Production in Firms," Quarterly Journal of Economics 129, no. 4(2014): 1899-1946.

11  Patrick Joseph O'Brien, *Will Rogers, Ambassador of Good Will, Prince of Wit and Wisdom* (John C. Winston, 1935).

12  W. J. Wagner, "May 3, 1791, and the Polish Constitutional Tradition," Polish Review 36, no. 4(1991): 383-395.

13  Knut Wicksell, *Finanztheoretische Untersuchungen: Nebst Darstellung und Kritik des Steuerwesens Schwedens* (G. Fischer, 1896).

14  James M. Buchanan and Gordon Tullock, *The Calculus of Consent* (Ann Arbor: University of Michigan Press, 1962).

15  Buchanan and Tullock, *Calculus*, 85.

16  Buchanan and Tullock, *Calculus*, 89.

17  Buchanan and Tullock, *Calculus*, 96.

18  Robert A, Mundell, "A Theory of Optimum Currency Areas," *American Economic Review* 51, no. 4 (1961): 657-665.

19  Matthew Yglesias, "The Eurozone Is a Political Project, Not an Economic One," *Vox*, July 6, 2015.

20  Phillip Connor, "The Most Common Mediterranean Migration Paths to European Have Changed Since 2009," FactTank: News in the Numbers, Pew Research Center, September 18, 2018. http://www.pewresearch.org/fact-tank/2018/09/18/the-most-common-mediterranean-migration-paths-into-europe-have-changed-since-2009/.

21 Jacopo Barigazzi and Maïa de la Baume, "EU Forces Through Refugee Deal," *Politic*, September 21, 2015. European Commission, "Relocation and Resettlement: EU Member States Urgently Need to Deliver," press release, Brussels, March 16, 2016도 참조할 것.

22 Eric Maurice, "EU Buries Migration Dispute for Now." *EU Observer*, October 20, 2016, https"//euobserver.com/migration/135576.

23 Nikolaj Nielsen and Eszter Zalan, "Slzburg Summit Presses for Bigger Frontex Mandate," *EU Observe*, September 21, 2018, https://euobserver.com/migration/142917.

24 Dyfed Loesche, "Refugee Arrivals in the Mediterranean in Perspective," *Statista*, July 19, 2017, https://www.statista.com/chart/10327/migrant-sea-arrivals-across-mediterranean/.

25 Mark Akkerman, "Europe's Solution to Migration Is to Outsource It to Africa," *EU Observer*, May 10, 2018, https://euobserver.com/opinion/141784.

## Chapter 9

1 Lant Pritchett and Michael Woolcock, "Solutions When the Solution Is the Problem: Arraying the Disarray in Development," *World Development* 32, no. 2 (2004): 204.

2 Pritchett and Woolcock, "Solutions," 192.

3 Pritchett and Woolcock, "Solutions," 192.

4 Monty G. Marshall, Ted Gurr, and Keith Jaggers, "Center For Systemic Peace: Polity IV Country Report 2010: Singapore," *Polity IV Project*, 2011, http://www.systemicpeace.org/polity/Singapore2010.pdf.

5 Economist Intelligence Unit, *Democracy Index 2018: Me Too? Political Participation, Protest and Democracy* (London: Economist, 2018), 11.

6 Lee Kuan Yew, *The Wit and Wisdom of Lee Kuan Yew* (Paris: Editions Didier Millet, 2013), Kindle.

7 Lee, *Wit and Wisdom*.

8   Lee, *Wit and Wisdom*.

9   William F. Case, "Can the 'Halfway House' Stand? Semidemocracy and Elite Theory in Three Southeast Asian Countries," *Comparative Politics* 28, no. 4 (1996): 437–464.

10  Case, *Semidomocracy*, 443.

11  Purely hypothetical: I have great neighbors.


Conclusion


1   Aristotle, *Aristotle's Politics and Athenian Constitution*, trans. John Warrington (New York: Dutton, 1959), book IV, sec. 1295.

2   Aristotle, *Aristotle's Politics*, book IV, sec. 1295

3   Aristotle, *Aristotle's Politics*, book IV, sec. 1296.

4   Aristotle, *Aristotle's Politics*, book IV, sec. 1293.

5   Aristotle, *Aristotle's Politics*, book IV, sec. 1294.

6   Aristotle, *Aristotle's Politics*, book IV, sec. 1295.

7   Polybius, *The Histories, in The Portable Greek Historians: The Essence of Herodotus, Thucydides, Xenophon, Polybius*, ed. Moses I. Finley (New York: Penguin, 1977), book IV, para. 3.

8   Polybius, *The Histories*, book IV, para. 3.

9   Peter Bondanela and Mark Musa, *The Portable Machiavelli* (New York: Penguin Books, 1979), book I, chap. 2, 179.

10  Bondanela and Musa, *The Portable Machiavelli*, book I, chap. 2, 179.

11  Robert A. Dahl, *Who Governs? Democracy and Power in an American City* (New Haven: Yale University Press, 2005).

12  Robert A. Dahl, *On Democracy* (New Haven: Yale University Press, 2008).

13  Carveth Read, *Logic, Deductive and Inductive* (A. Moring, 1909).

## 참고문헌

Acemoglu, Daron, Suresh Naidu, Pascual Restrepo, and James A. Robinson. "Democracy Does Cause Growth." *Journal of Political Economy* 127, no. 1 (2019): 47-100.

Akkermanm Mark. "Europe's Solution to Migration Is to Outsource It to Africa." *EU Observer*, May 10, 2018. https://euobserver.com/opinion/141784.

Alemán, Eduardo, and Ernesto Calvo. "Analyzing Legislative Success in Latin America: The Case of Democratic Argentina." *In The Study of New Democracies in Latin America*. Edited by Guillermo O'Donnell, Joseph Tulchin, and Augusto Varas, with Adam Stubits. Washington, DC: Woodrow Wilson International Center for Scholars, 2008.

Alesina, Alberto, and Andrea Stella. "The Politics of Monetary Policy." *In Handbook of Monetary Economics*, vol. 3, edited by Benjamin Friedman and Michael Woodford, pp. 1001-105. Amsterdam: North-Holland, 2010.

Alesina, Alberto, and Lawrence H. Summers. "Central Bank Independence and Macroeconomic Performance: Some Comparative Evidence." *Journal of Money, Credit and Banking* 25, no. 2 (1993): 151-162.

Almond, Gabriel Abraham, and Sidney Vera. *The Civic Culture: Political Attitudes and Democracy in Five Nations*. Princeton: Princeton University Press, 2015.

American Civil Liberties Union. "Out of Step with the World: An Analysis of Felony Disenfranchisement in the U.S. and other Democracies." ACLU, 2006.

American Convention on Human Rights. Accessed May 23, 2019, https://en.wikisource.org/wiki/American_Convention_on_Human_Rights.

American Medical Association. "AMA Code of Medical Ethics: Treating Self or Family." Accessed October 29, 2018, https://www.ama-assn.org/delivering-care/treating-self-or-family.

Aristotle. *Aristotle's Politics and Athenian Constitution*. Translated by John Warrington. New York: Dutton, 1959.

Ash, Elliott, and W. Bentley MacLeod. "The Performance of Elected Officials: Evidence from State Supreme Court." NBER working paper 22071, 2016.

Baldassare, Michael. "The Orange County Bankruptcy: Who's Next?" Public Policy Institute of California Research brief. April 1998.

Barigazzi, Jacopo, and Maïa de la Baume, "EU Forces Through Refugee Deal." *Politico*, September 21, 2015.

Barro, Robert J. "Democracy and Growth." *Journal of Economic Growth* 1, no. 1(1996):1-27.

————. "Inflation and Economic Growth," *Annals of Economic and Finance* 14, no. 1(2013): 121-144.

Bastiat, Frédéric. "What Is Seen and What Is Not Seen." *Ideas on Loberty* 51 (2001): 12-16.

Baumgartner, Frank R., Sylvain Brouard, Emiliano Grossmanm, Sebastien G. Lazardeux, and Jonathan Moody. "Divided Government, Legislative Productivity, and Policy Change in the USA and France." *Governance* 27, no. 3(2014): 423-447.

Beckman, Ludvig. The Frontiers of Democracy: The Right to Vote and Its Limits. Berlin: Springer, 2009.

Bell, Mark S., and Kai Quek. "Authoritarian Public Opinion and the Democratic Peace." *International Organization* 72, no. 1 (2018): 227-242.

Besley, Timothy, and Stephen Coate. "Elected Versus Appointed Regulators: Theory and Evidence." NBER working paper 7579, 2000.

————. "Elected Versus Appointed Regulators: Theory and Evidence." *Journal of the European Economic Association* 1, no. 5(2003): 1176-1206.

Blanes i Vidal, Jordi, Mirko Draca, and Christian Fons-Rosen, "Revolving Door Lobbyists." *American Economic Review* 102, no, 7 (2012): 3731-3748.

Blinder, Alan S. *Advice and Dissent: Why America Suffers When Economics and Politics Collide*. New York: Basic Books, 2018.

————. *Central Banking in Theory and Practice*. Cambridge, MA: MIT Press, 1999.

————. "Is Government Too Political?" *Foreign Affairs* 76. no. 6 (1997): 115-126.

Bondonela, Peter, and Mark Musa. *The Portable Machiavelli*. New York: Penguin Books, 1979.

Brennan, Jason. *Against Democracy: New Preface*. Princeton: Princeton University Press, 2017.

Bressman, Lisa Schultz, and Robert B. Thompson. "The Furure of Agency Independence." *Vanderbilt Law Review* 63 (2010): 599-672.

Buchanan, James M., and Gordon Tullock. *The Calculus of Consent*. Ann Arbor: University of Michigan Press, 1962.

Caplan, Bryan. "Persuasion, Slack, and Traps: How Can Economists Change the World?" *Public Choice* 142, no. 1-2 (2010): 1-8.

_____ . *The Myth of the Rational Voter: Why Democracies Choose Bad Policies*. Princeton: Princeton University Press, 2011.

Card, Orson Scott. Ender's Game. New York: Tor Books, 1985.

Carter, Jimmy. *Why Not the Best? The First 50 Years*. Fayetteville: University of Arkansas Press, 1975.

Case, William F. "Can the 'Halfway House' Stand? Semidemocracy and Elite Theory in Three Southeast Asian Countries." *Comparative Politics* 28, no. 4 (1996): 437-464.

Chiefs Assembly on Education. "Information Package." Assembly of First Nations, October 2012. http://www.treatysix.org/pdf/AFN%20Education%20Assembly%20Information20Package_ENG.pdf.

Club de Paris, "The Six Principles." Accessed May 24, 2019, http://www.clubdeparis.org/en/communications/page/the-six-principles.

Conconi, Paola, David R. DeRemer, Georg Kirchsteiger, Lorenzo Trimarchi, and Maurizio Zanardi. "Suspiciously Timed Trade Disputes." *Journal of International Economics* 105 (2017): 57-76.

Conconi, Paola, Giovanni Facchini, and Maurizio Zanardi. "Policymakers' Horizon and Trade Reforms: The Protectionist Effect of Elections." *Journal of International Economics* 94, no. 1 (2014): 102-118.

Connor, Phillip. "The Most Common Mediterranean Migration Paths to Europe Have Changed Since 2009." *FactTank: New in the Numbers*. Pew Research Center, September 18, 2018. http://www.pewresearch.org/fact-tank/2018/09/18/the-most-common-mediterranean-migration-paths-into-europe-have-changed-since-2009/.

Cowen, Tyler. "Congress Needs to Bring Back Earmarks." *Bloomberg Opinion*, January 9, 2018.

————. "The Wisdom of Garett Jones, a Continuing Series," *Marginal Revolution*, January 26, 2010. https://marginalrevolution.com/marginalrevolution/2010/01/the-wisdom-of-garett-jones-a-continuing-series.html.

Cukierman, Alex. "Central Bank Independence and Policy Results: Theory and Evidence." Lecture prepared for the international conference on Stability and Economic Growth: The Role of the Central Bank, Mexico City, 2005.

————. *Central Bank Strategy, Credibility, and Independence: Theory and Evidence.* Cambridge, MA: MIT Press, 1992.

Dahl, Robert A. *On Democracy.* New Haven: Yale University Press, 1998.

Dal Bó, Ernesto, and Martín A. Rossi. "Term Length and the Effort of Politicians." *Review of Economic Studies* 78, no. 4 (2011): 1237-1263.

Daley, Matthew F., Lori A. Crane, Lauri E. Markowitz, Sandra R. Black, Brenda L. Beaty, Jennifer Barrow, Christine Babbel et al. "Human Papilliomavirus Vaccination Practices: Survey of US Physicians 18 Months After Licensure." *Pediatrics* 126, no. 3 (2010): 425-433.

Daley, Matthew F., Nicole Liddon, Lori A. Crane, Brenda L. Beaty, Jennifer Barrow, Christine Babbel, Lauri E. Markowitz et al. "A National Sursvey of Pediatrician Knowledge and Attitudes Regarding Human Papilomavirus Vaccination." *Pediatrics* 118, no. 6 (2006): 2280-2289.

de Bromhead, Alan. "Women Voters and Tade Protectionism in the Interwar Years." *Oxford Economic Papers* 70, no. 1 (2017): 22-46

Del Vecchio, Giorgio. "Universal Suffrage and Political Capacity." *Loyola Law Review* 11, no. 1 (1961): 1-7.

Di Tella, Rafael, Robert J. MacCulloch, and Andrew Oswald. "Perferences over Inflation and Unemployment: Evidence from Surveys of Happiness." *American Economic Review* 91, no. 1 (2001): 335-341.

Doepke, Matthias, Michele Tertilt, and Alessandra Voena. "The Economics and Politics of Women's Rights." *Annual Review of Economics* 4. no. 1 (2012): 339-372.

Donadio, Rachel. "The 'Submission' of Michel Houellebecq: Interciew Excerpts." *New York Times*, October 12, 2015.

Duesenberry, James. "Comment on 'An Economic Analysis of Fertility'" In *Demographic and Economic Change in Developed Countries*. Cambridge, MA: National Bureau of Economic Research, 1960.

Dunmore, Charlie. "EU Finds Time to Tell Restaurants How to Serve Olive Oil." Reuters, May 18, 2013.

William Easterly, "National Policies and Economic Growth: A Reappraisal," in *Handbook of Economic Growth*, edited by Philippe Aghion and Steven Durlauf, vol. 1, pp. 1015-1059. New York: Elsevier, 2005.

Easterly, William, Roberta Gatti, and Sergio Kurlat. "Development, Democracy, and Mass Killings." *Journal of Economic Growth* 11, no. 2 (2006): 129-156.

Eberhardt, Markus, and Andrea F. Presbitero. "Public Debt and Growth: Heterogeneity and Non-Linearity." *Journal of International Economics* 97, no. 1(2015): 45-58.

Economist Intelligence Unit. Democracy Index 2018: *Me Too? Political Participation, Protest and Democracy*. London: Economist, 2018.

Edwards, Geoff, and Leonard Waverman, "The Effects of Public Ownership and Regulatory Independence on Regulatory Outcomes." *Journal of Regulatory Economics* 29, no. 1 (2006): 23-67.

Edwards Sebastian and Andrea F. Presbitero. "Sovereign Default, Debt Restructuring, and Recovery Rates: Was the Argentinean 'Haircut' Excessive?" *Open Economics Review* 26, no, 5 (2015): 839-867.

Egeberg, Morten, Åse Gornitzka, and Jarle Trondal. "A Not So Technocratic Executive? Everyday Interaction Between the European Parliament and the Commission." *West European Politics* 37, no. 1 (2014): 1-18.

Eisenhower, Dwight D. "Farewell Address." 1961. https://eisenhower.archives.gov/all_about_ike/speeches/farewell_address.pdf.

European Union Agency for Fundamental Rights. "The Rights of People with Mental Health Problems and Intellectual Disabilities to Take Part in Politics." November 2010. http://fra.europa.eu/sites/default/files/fra_report_on_right_to_vote_as_easy_to_read.pdf.

European Commission. "Eurobarometer 69: 4. The European Union and Its Citizens." Directorate-General for Communication. November 2008. http://ec.europa.eu/commfrontoffice/publicopinion/archives/eb/eb69/eb69_part2_en.pdf.

European Commission. "Relocation and Resettlement: EU Member States Urgently Need to Deliver." Press release, Brussels, March 16, 2016.

European Parliament. "Exploratory Study: Major Trends in European Public Opinion with Regard to the European Union." Directorate-General for Communication, November 2015. http://www.europarl.europa.eu/pdf.durobarometre/2015/major_change/eb_historical_deskresearch_en.pdf.

Fair, Ray C. "Presidential and Congressional Vote? Share Equations." *American Journal of Political Science* 53, no. 2 (2009): 55-72.

Falaschetti, Dino. "Electoral Accountability and Consumer Monopsonist: Evidence from Elected vs. Appointed Regulators." Working paper, 2007.

Franklin, Benjamin. *Poor Richard's Almanack*. New York: Barnes & Noble, 2004.

Frieden, Jeffry, Piero Ghezzi, and Ernesto Stein. "Politics and Exchange Rates: A Cross-Country Approach to Latin America." *In The Currency Game: Exchange Rate Politics in Latin America*. Edited by Jeffry Frieden and Ernesto Stein. Baltimore, MD: Johns Hopkins University Press, 2001.

Friedman, Thomas "Don't Mess with Moody's" *New York Times*, February 22, 1995.

Gerring, John, Philip Bond, William T. Barndt, and Carola Moreno. "Democravy and Economic Growth: A Historical Perspective." *World Politics* 57, no. 3 (2005): 323-364.

Glaeser, Edward L., David I. Laibson, Jose A. Scheinkman, and Christine L. Soutter. "Measuring Trust." *Quarterly Journal of Economics* 115, no. 3 (2000): 811-846.

Grilli, Vittorio, Donato Mascinadaro, and Guido Tabellini. "Political and Monetary Institutions and Public Financial Policies in the Industrial Countries." *Economic Policy* 6, no. 13 (1991): 341-392.

Gurri, Martin. *The Revolt of the Public and the Crisis of Authority in the New Millennium*. San Francisco: Stripe Press, 2018.

Haley, John. "The Japanese Judiciary: Maintaining Integrity, Autonomy and the Public

Trust." in *Law in Japan: A Turning Point.* Edited by Daniel J. Foote. Seattle: University of Washington Press, 2007.

Hall, Joshua C., Robert A. Lawson, and Rachael Wogsland. "The European Union and Economic Freedom." *Global Economy Journal* 11, no. 3 (2011): 1850232.

Hamilton, Alexander. *First Report on the Public Credit.* Washington, DC: U.S. Government Printing Office, 1908.

————. Letter to Robert Morris, April 30, 1781. U.S. National Archives.

Hanisch, Carol. "The Personal Is Political." In *Notes from the Second Year: Women's Liberation.* New York: Shulamith Firestone, 1970.

Hansen, James R. *First Man: The Life of Neil A. Armstrong.* New York: Simon and Schuster, 2012

Harlow, Caroline Wolf. "Education and Correctional Populations." Bureau of Justice Statistics special report. 2003.

Hayek, Friedrich August. "The Use of Knowledge in Society." *American Economic Review* 35, no. 4 (1945): 519-530.

Heath Ryan. "Europeans Love the EU (and Populists Too)." *Politico.* May 23, 2018. http://www.politico.eu/article/european-love-the-eu-and-populists-too/.

Hegre, Håvard. "Democracy and Armed Conflict." *Journal of Peace Research* 51, no. 2 (2014):159.

Hegre, Håvard, Michael Bernhard, and Jan Teorell. "Reassessing the Democratic Peace: A Novel Test Based on the Varieties of Democracy Data." Working paper, 2018.

Heinlein, Robert Anson. *Expanded Universe: The New Worlds of Robert A. Heinlein.* New York: Grosset & Dunlap, 1980.

————. *Starship Troopers.* New York: Putnam, 1959.

Helland, Eric, and Alexander Tabarrok. "The Effect of Electoral Institutions on Tort Awards." *American Law and Economics Review* 4, no. 2 (2002): 341-370.

Heymann, Jody, Adèle Cassola, Amy Raub, and Lipi Mishra. "Constitutional Rights to Health, Public Health and Medical Care: The Status of Health Protections in 191 Countries." *Global Public Health* 8, no. 6 (2013): 639-653.

Hirschman, Albert O. *The Passions and the Interests: Political Arguments for Capitalism*

*Before Its Triumph.* Princeton: Princeton University Press, 1977.

Hjort, Jonas. "Ethnic Divisions and Production in Firms." *Quarterly Journal of Economics* 129, no. 4 (2014):1899-1946.

Holburn, Guy L. F., and Pablo T. Spiller. "Interest Group Representation in Administrative Institutions: The Impact of Consumer Advocates and Elected Commissioners on Regulatory Policy in the United States." Working paper, 2002.

Initiative on Global Markets Forum. "France's Labor Market." May 17, 2017.

―――. "Trade Within Europe." December 7, 2016.

―――. "China-Europe Trade" April 12, 2018.

Jones, Benjamin F., and Benjamin A. Olken. "Do Leaders Matter? National Leadership and Growth Since World War II ." *Quarterly Journal of Economics* 120, no. 3 (2005): 835-864.

Klein, Ezra. "The Supreme Court vs. Democracy." *Vox.com*, July 9, 2018.

Kleine, Mareike, and Clement Minaudier. "Negotiating Under Political Uncertainty: National Elections and the Dynamics of International Co-operation." *British Journal of Political Science* 49, no 1(2017): 315-337.

Klomp, Jeroen, and Jakob De Haan. "Central Bank Independence and Financial Instability." *Journal of Financial Stability* 5, no, 4 (2009): 321-338.

Kydland, Finn E., and Edward C. Prescott. "Time to Build and Aggregate Fluctuations." *Econometrica* (1982): 1345-1370.

La Porta, Rafael, Florencio Lopez-de-Silanes, Cristian Pop-Eleches, and Andrei Shleifer. "Judicial Checks and Balances." *Journal of Political Economy* 112, no. 2(2004): 445-470.

Liow, Lee Hsiang, Mikael Fortelius, Ella Bingham, Kari Lintulaakso, Heikki Mannila, Larry Flynn, and Nils Chr. Stenseth. "Higher Origination and Extinction Rates in Larger Mammals." *Proceedings of the National Academy of Sciences* 105, no. 16(2008): 6097-6102.

Lipset, Seymour Martin. "Some Social Requisites of Democracy: Economic Development and Political Legitimacy." *American Political Science Review* 53, no. 1 (1959): 69-105.

Long Jr., John B., and Charles I. Plosser. "Real Business Cycles." *Journal of Political Economy* 91, no. 1 (1983): 39-69.

Machiavelli, Niccoló. The *Discourses*.

Maeda, Koji, and Kaori H. Okano. "Connecting Indigenous Ainu, University and Local Industry in Japan: The Urespa Project." *International Education Journal: Comparative Perspectives* 12, no. 1 (2013): 45-60.

Mankiw, Gregory N. *Principles of Macroeconomics*, 8th ed. Boston: Cengage, 2018.

Marshall, Monty G., and Ted Robert Gurr, *Polity IV Project: Political Regime Characteristics and Transitions*, 1800-2016. *Dataset Users' Manual.* Vienna, VA: Center for Systemic Peace. 2017.

Marshall, Monty G., Ted Gurr, and Keith Jaggers. "Center for Systemic Peace: Polity IV Country Reoprt 2010; Singapore." Vienna, VA: Center for Systemic Peace, 2011. http://www.systemicpeace.org/polity/Singapore2010.pdf.

Maskin, Eric, and Jean Tirole. "The Politician and the Judge: Accountability in Government." *American Economic Review* 94, no. 4(2004): 1034-1054.

Maurice, Eric. "EU Buries Migration Dispute for Now." *EU Observer*, Pctober 20, 2016. https://euobserver.com/migration/135576.

Mayhew, David R. Congress: The Electoral Connection. New Haven: Yale University Press, 1974.

Memoli, Vincenzo. "How Does Political Knowledge Shape Support for Democracy? Some Research Based on the Italian Case." *Bulletin of Italian Politics* 3, no. 1 (2011): 79-102.

*Merriam-Webster's Collegiate Dictionary*, 11th ed. New York: Merriam-Webster, 2014.

Moravcsik, Andrew. "Reassessing Legitimacy in the European Union." *Journal of Common Market Studies* 40, no. 4 (2002): 603-624.

Mundell, Robert A. "A Theory of Optimum Currency Ares." *American Economic Review* 51, no, 4(1961): 657-665.

Murphy, Miwa. "Ministry Goes Offshore to Diversify Holders of JGBs." *Japan Times*, June 27, 2006.

National Center for Education Statistics. "Public High School Graduation Rates." Washington, DC: U.S. Department of Education, May 2018. http://nces.ed.gov/programs/coe/indicator_coi.asp.

Neely, Richard. *How Courts Govern America*. New Haven: Yale University Press, 1983.

————. *The Product Liability Mess: How Business Can Be Rescued from State Court Politics*. New York: Free Press. 1988.

Nielsen, Nikolaj and Eszter Zalan. "Salzburg Summit Presses for Bigger Frontex Mandate." EU Observer, September 21, 2018. https://euobserver.com/migration/142917

Nolan, Christopher. *The Dark Knight Trilogy,* London: Faber & Faber, 2012.

North, Douglass C., and Barry R. Weingast. "Constitutions and Commitment: The Evolution of Institutions Governing Public Choice in Seventeenth-Century England." *Journal of Economic History* 49, no. 4 (1989): 803-832.

Norton, Ben. "Koch-Funded Economist Wants 'Less Democracy.'" Counterpunch. org, March 27, 2015. https://www.counterpunch.org/2015/03/27/koch-funded-economist-wants-less-democracy/.

O'Brien, Patrick Joseph. *Will Rogers, Ambassador of Good Will, Prince of Wit and Wisdom*. Philadelphia: John C. Winston, 1935.

Oneal, John R., and Bruce Russett. "Assessing the Liberal Peace with Alternative Specifications: Trade Still Reduces Conflict." *Journal of Peace Reaesrch* 36, no. 4 (1999): 423-442.

Perry, Mark J. "Chart of the Day: Creative Destruction, the Uber Effect, and the Slow Death of the NYC Taxi Cartel." Carpe Diem, March 17, 2018. http://www.aei.org/publication/chart-of-the-day-creative-destruction-the -uber-effect-and-the-slow-death-of-the-nyc-yellow-taxi/.

Polybius. *The Histories, in The Portable Greek Historians: The Essence of Herodotus, Thucydides, Xonophon, Polybius,* edited by Moses I. Finley, book IV, para. 3. New York: Penguin, 1977.

Posso, Alberto, and George B. Tawadros. "Does Greater Central Bank Independence Really Lead to Lower Inflation? Evidence from Panel Data." *Economic Modelling* 33(2013): 244-247.

Pritchett, Lant, and Michael Woolcock. "Solutions When the Solution Is the Problem: Arraying the Disarray in Development." *World Development* 32, no. 2(2004): 191-212.

Putnam, Robert D. "E Pluribus Unum: Diversity and Community in the Twenty-First Century; The 2006 Johan Skytte Prize Lecture." *Scandinavian Political Studies* 30, no. 2(2007): 137-174.

Rauch, Jonathan. *Political Realism: How Hacks, Machines, Big Money, and Back-Room Deals Can Strengthen American Democracy.* Washington, DC: Brookings Institution Press, 2015.

Read, Carveth. *Logic, Deductive and Inductive.* A. Moring, 1909.

Rickard, Stephanie J., and Teri L. Caraway. "International Negotiations in the Shadow of National Elections." *International Organization* 68, no. 3(2014): 701-720.

Riordan, William L. *Plunkitt of Tammany Hall: A Series of Very Plain Talks on Very Practical Politics.* New York: Penguin, 1995.

Rogoff, Kenneth. "The Optimal Degree of Commitment to an Intermediate Monetary Target." *Quarterly Journal of Economics* 100, no. 4 (1985): 1169-1189.

Root, Hilton L. "Tying the King's Hands: Credible Commitments and Royal Fiscal Policy During the Old Regime." *Rationality and Society* 1, no. 2(1989): 240-258.

Rousseau, Jean-Jacques. "The Social Contract." In *"The Social Contract" and Other Later Political Writings,* 39-152. Cambridge: Cambridge University Press, 1997.

Samuelson, Paul A., and Robert M. Solow. "Analytical Aspects of Anti-Inflation Policy." *American Economic Review Papers and Proceedings* 50(2): 177-194.

Schulfof, Natalie. "'Less Democracy, Better Government,' Says Mason Professor." *Fourth Estate,* March 3, 2015. http://gmufour thestate.com/2015/03/03/less-democracy-better-government-says-mason-professor.

Schelker, Mark. "The Influence of Auditor Term Length and Term Limits on US State General Obligation Bond Ratings." *Public Choice* 150, no. 1-2 (2012): 27-49.

Sen Amartya K. *Development as Freedom.* New York: Oxford University Press, 2001.

Shepsle, Kenneth A., Robert P. Van Houweling, Samuel J. Abrams, and Peter C. Hanson. "The Senate Electoral Cycle and Bicameral Appropriations Politics." *American Journal of Political Science* 53, no. 2(2009): 343-359.

Sims, Christopher A. "Paper Money." *American Economic Review* 103, no. 2 (2013): 563-584.

Smith, Warrick. "Utility Regulators: The Independence Debate." *Public Policy for the Private Sector* 127, no. 1 (1997): 1-4.

Stigum, Marcia, and Anthony Crescenzi. *Stigum's Money Market*, 4th ed. New York: McGraw-Hill, 2007.

Stockmer, Daniel, and François Rocher. "Age, Political Knowledge and Electoral Turnout: A Case Study of Canada." *Commonwealth and Comparative Politics* 55, no. 1(2017):41-62.

Stolarchuk, Jewel. "'Buffet-Syndrome' Explanation Is 'Completely at Odds with Reality': SDP Chairman." Independent(Singapore), March 15, 2018. http://theindependent. sg/buffet-syndrome-explanation-is-completely-at-odds-with-reality-sdp-chairman/.

Strand, Steve. "Ethnicity, Deprivation and Educational Achievement at Age 16 in England: Trends over Time." Department for Education Research Report, 2015.

Tabarrok, Alexander, and Eric Helland. "Court Politics: The Political Economy of Tort Awards." *Journal of Law and Economics* 42, no. 1(1999): 157-188.

Tarabar, Danko, and Andrew T. Young. "Liberalizing Reforms and the European Union: Accession, Membership, and Convergence." *Southern Economic Journal* 83, no. 4 (2017): 935-951.

Titiunik, Rocio. "Drawing Your Senator from a Jar: Term Length and Legislative Behavior." *Political Science Research and Methods* 4, no. 2 (2016): 293-316.

Tobin, James, "On Improving the Economic Status of the Negro." In The Negro American, edited by Talcott Parsons and Kenneth Bancroft Clark. Boston: Houghton Mifflin, 1966.

Tullock, Gordon. "The Transitional Gains Trap." Bell Journal of Economics 6, no. 2 (1975): 671-678.

U.K. Courts and Tribunals Judiciary. "Judicial Appointments." Accessed August 20, 2018, https://www.judiciary.uk/about-the-judiciary/the-judiciary-the-government-and-the-constitution/jud-acc-ind/jud-appts/.

United Nations Office of the High Commissioner on Human Rights. "United Nations Guide for Minorities. Pamphlet No. 5: Protection of Minority Rights in the Inter-American Human Rights System." Accessed October 29, 2018, https://www.ohchr. org/en/issues/minorities/pages/minoritiesguide.aspx.

United Nation Women Watch. *Women and Elections: Guide to Promoting the Participation of Women in Elections*. New York: United Nations, 2005. http://www.un.org/womenwatch/osagi/wps/publication/Chapter4.htm.

van Prooijen, Jan?Willem. "Why Education Predicts Decreased Belief in Conspiracy Theories." *Applied Cognitive Psychology* 31, no. 1(2017): 50-58.

Wagner, W. J. "May 3, 1791, and the Polish Constitutional Tradition." *Polish Review* 36, no. 4(1991): 383-395.

Walczak, Agnieszka, and Wouter van der Brug. "The Quality of Representation in European Elections." In Proceedings of the Sixth ECPR General Conference, University of Iceland, 2011.

Weiss, Martin A. "The Paris Club and International Debt Relief." Congressional Research Service. Washington, DC: Library of Congress, 2013.

Whalley, Alexander. "Elected Versus Appointed Policy Makers: Evidence from City Treasurers." *Journal of Law and Economics* 56, no. 1(2013): 39-81.

Wicksell, Knut. *Finanztheoretische Untersuchungen: Nebst Darstellung und Kritik des Steuerwesens Schwedens*. G. Fischer, 1896.

Wittman, Donald A. *The Myth of Democratic Failure: Why Political Institutions Are Efficient*. Chicago: University of Chicago Press, 1995.

————. "Why Democracies Produce Efficient Results." *Journal of Political Economy* 97, no. 6 (1989): 1395-1424.

Yglesias, Matthew. "The Eurozone Is a Political Project, Not an Economic One." *Vox*, July 6, 2015.

KI신서 9390

# 10% 적은 민주주의

1판 1쇄 인쇄 2020년 10월 19일
1판 1쇄 발행 2020년 10월 26일

**지은이** 가렛 존스
**옮긴이** 임상훈
**펴낸이** 김영곤
**펴낸곳** (주)북이십일 21세기북스

**정보개발본부장** 최연순
**정보개발1팀** 이종배 이정실
**해외기획팀** 정미현 이윤경
**마케팅팀** 강인경 한경화 박화인
**영업본부장** 한충희
**출판영업팀** 김한성 이광호 오서영
**제작팀** 이영민 권경민
**디자인** 박소희

**출판등록** 2000년 5월 6일 제406-2003-061호
**주소** (우 10881) 경기도 파주시 회동길 201 (문발동)
**대표전화** 031-955-2100 **팩스** 031-955-2151 **이메일** book21@book21.co.kr

**(주)북이십일** 경계를 허무는 콘텐츠 리더

21세기북스 채널에서 도서 정보와 다양한 영상자료, 이벤트를 만나세요!
페이스북 facebook.com/21cbooks       포스트 post.naver.com/21c_editors
인스타그램 instagram.com/jiinpill21     홈페이지 www.book21.com
유튜브 www.youtube.com/book21pub
서울대 가지 않아도 들을 수 있는 명강의! 〈서가명강〉
유튜브, 네이버, 팟빵, 팟캐스트에서 '서가명강'을 검색해보세요!

ISBN 978-89-509-9232-3 03340